21 世纪全国高等院校物流专业创新型应用人才培养规划教材

物流管理实验教程

主　编　李晓龙
副主编　周永军　秦娟娟

北京大学出版社
PEKING UNIVERSITY PRESS

内 容 简 介

本书在内容上，简明、真实地展现了第三方物流企业基础管理中的设备管理、人力资源管理、客户项目管理和合作伙伴管理，物流职能管理中的仓储管理、运输管理和配送管理，以及供应链综合管理的主要内容。本书综合反映了第三方物流企业日常经营活动，通过整合供应链及企业各环节物流管理系统的各种资源，实现信息共享与数据交换，从而实现整个物流运作系统的有效管理。

本书可作为高等院校、高职院校物流专业实践环节的教学用书，也可作为物流行业及相关行业人员参考用书。

图书在版编目(CIP)数据

物流管理实验教程/李晓龙主编. —北京：北京大学出版社，2012.8

(21 世纪全国高等院校物流专业创新型应用人才培养规划教材)

ISBN 978-7-301-21094-9

Ⅰ. ①物… Ⅱ. ①李… Ⅲ. ①物流—物资管理—高等学校—教材 Ⅳ. ①F252

中国版本图书馆 CIP 数据核字(2012)第 186383 号

书　　名：物流管理实验教程
著作责任者：李晓龙　主编
策 划 编 辑：李　虎　刘　丽
责 任 编 辑：刘　丽
标 准 书 号：ISBN 978-7-301-21094-9/U・0078
出　版　者：北京大学出版社
地　　址：北京市海淀区成府路 205 号　100871
网　　址：http://www.pup.cn　http://www.pup6.cn
电　　话：邮购部 62752015　发行部 62750672　编辑部 62750667　出版部 62754962
电 子 邮 箱：pup_6@163.com
印　刷　者：北京大学印刷厂
发　行　者：北京大学出版社
经　销　者：新华书店
787mm×1092mm　16 开本　11.75 印张　264 千字
2012 年 8 月第 1 版　　2012 年 8 月第 1 次印刷
定　　价：25.00 元

21世纪全国高等院校物流专业创新型应用人才培养规划教材

编写指导委员会

(按姓名拼音顺序)

主任委员	齐二石			
副主任委员	白世贞	董千里	黄福华	李荷华
	王道平	王槐林	魏国辰	徐　琪
委　　员	曹翠珍	柴庆春	丁小龙	冯爱兰
	甘卫华	高举红	郝　海	阚功俭
	李传荣	李学工	李向文	李晓龙
	李於洪	林丽华	刘永胜	刘元洪
	柳雨霁	马建华	孟祥茹	倪跃峰
	乔志强	汪传雷	王海刚	王汉新
	王　侃	吴　健	肖生苓	易伟义
	于　英	张　军	张　浩	张　潜
	张旭辉	赵丽君	周晓晔	周兴建

丛书总序

物流业是商品经济和社会生产力发展到较高水平的产物，它是融合运输业、仓储业、货代业和信息业等的一种复合型服务产业，是国民经济的重要组成部分，涉及领域广，吸纳就业人数多，促进生产、拉动消费作用大，在促进产业结构调整、转变经济发展方式和增强国民经济竞争力等方面发挥着非常重要的作用。

随着我国经济的高速发展，物流专业在我国的发展很快，社会对物流专业人才需求逐年递增，尤其是对有一定理论基础、实践能力强的物流技术及管理人才的需求更加迫切。同时随着我国教学改革的不断深入以及毕业生就业市场的不断变化，以就业市场为导向，培养具备职业化特征的创新型应用人才已成为大多数高等院校物流专业的教学目标，从而对物流专业的课程体系以及教材建设都提出了新的要求。

为适应我国当前物流专业教育教学改革和教材建设的迫切需要，北京大学出版社联合全国多所高校教师共同合作编写出版了本套《21世纪全国高等院校物流专业创新型应用人才培养规划教材》。其宗旨是：立足现代物流业发展和相关从业人员的现实需要，强调理论与实践的有机结合，从“创新”和“应用”两个层面切入进行编写，力求涵盖现代物流专业研究和应用的主要领域，希望以此推进物流专业的理论发展和学科体系建设，并有助于提高我国物流业从业人员的专业素养和理论功底。

本系列教材按照物流专业规范、培养方案以及课程教学大纲的要求，合理定位，由长期在教学第一线从事教学工作的教师编写而成。教材立足于物流学科发展的需要，深入分析了物流专业学生现状及存在的问题，尝试探索了物流专业学生综合素质培养的途径，着重体现了“新思维、新理念、新能力”三个方面的特色。

1. 新思维

(1) 编写体例新颖。借鉴优秀教材特别是国外精品教材的写作思路、写作方法，图文并茂、清新活泼。

(2) 教学内容更新。充分展示了最新的知识以及教学改革成果，并且将未来的发展趋势和前沿资料以阅读材料的方式介绍给学生。

(3) 知识体系实用有效。着眼于学生就业所需的专业知识和操作技能，着重讲解应用型人才培养所需的内容和关键点，与就业市场结合，与时俱进，让学生学而有用，学而能用。

2. 新理念

(1) 以学生为本。站在学生的角度思考问题，考虑学生学习的动力，强调锻炼学生的思维能力以及运用知识解决问题的能力。

(2) 注重拓展学生的知识面。让学生能在学习了必要知识点的同时也对其他相关知识有所了解。

(3) 注重融入人文知识。将人文知识融入理论讲解，提高学生的人文素养。

3. 新能力

(1) 理论讲解简单实用。理论讲解简单化，注重讲解理论的来源、出处以及用处，不做过多的推导与介绍。

(2) 案例式教学。有机融入了最新的实例以及操作性较强的案例，并对案例进行有效的分析，着重培养学生的职业意识和职业能力。

(3) 重视实践环节。强化实际操作训练，加深学生对理论知识的理解。习题设计多样化，题型丰富，具有启发性，全方位考查学生对知识的掌握程度。

我们要感谢参加本系列教材编写和审稿的各位老师，他们为本系列教材的出版付出了大量卓有成效的辛勤劳动。由于编写时间紧、相互协调难度大等原因，本系列教材肯定还存在不足之处。我们相信，在各位老师的关心和帮助下，本系列教材一定能不断地改进和完善，并在我国物流专业的教学改革和课程体系建设中起到应有的促进作用。

齐二石

2009 年 10 月

齐二石　本系列教材编写指导委员会主任，博士、教授、博士生导师。天津大学管理学院院长，国务院学位委员会学科评议组成员，第五届国家 863/CIMS 主题专家，科技部信息化科技工程总体专家，中国机械工程学会工业工程分会理事长，教育部管理科学与工程教学指导委员会主任委员，是最早将物流概念引入中国和研究物流的专家之一。

前　言

随着我国经济规模的不断扩大，经济系统面临组织的创新和结构的调整，物流作为经济系统的重要职能要素，对整个经济系统的良好运行具有越来越重要的作用。与此同时，信息技术在现代物流管理中的应用日益广泛。物流管理系统使物流系统各要素形成一个共同的信息平台，为制造商、分销商、物流服务商提供快捷、高效、安全、统一的现代物流服务。作为物流专业学生，既需要在课堂上系统学习物流行业运行特点和规律，以及物流企业管理的理论与技能，又需要借助物流管理软件系统在实验平台上进行操练。为此，我们编写了本书，希望能搭建起理论与实践的桥梁，学生通过在模拟环境中的角色扮演，了解物流各个基本环节的操作与管理，掌握物流信息的基本流程，了解各物流管理岗位上需要的技能，掌握物流设备的原理与基本操作，培养设计物流系统的能力。通过实践与理论的结合，深化学生对现代物流理论的理解，培养学生的物流管理水平和操作能力。

本书以第三方物流公司运作作为管理实验设计背景，将物流企业运营中的基础管理、仓储管理、运输管理、配送管理等功能要素有机结合，通过实际的物流运作管理活动，将各个理论要点和技能应用融会贯通，达到物流教学中理论与实际相结合的目的。

本书内容具体包括 7 章，共 19 个实验。第 1 章介绍了物流管理软件概况和物流管理实验系统各子系统的特点与功能；第 2 章包括 3 个实验，分别是基本信息管理、合作伙伴管理和客户管理；第 3 章包括 8 个实验，分别是库房管理、货品管理、配置管理、入库作业、出库作业、移库作业、盘点作业和库存管理；第 4 章包括 4 个实验，分别是运输线路管理、运单管理、调度作业和场站作业；第 5 章包括 2 个实验，分别是配送作业管理和配送中心选址；第 6 章包括啤酒游戏实验；第 7 章包括库存管理与风险分担实验。本书第 2～7 章在内容安排上，设置教学要点、导入案例、实验内容、本章小结、关键术语和实际操作训练 6 个栏目。

本书主要具有以下特色。

(1) 涵盖物流主要功能要素，实验贴近第三方物流企业实际。本书以第三方物流公司运作作为管理实验设计背景，将物流管理的主要功能要素集中体现在实验教学活动过程中，使学生既能从功能要素角度，深入理解仓储管理、运输管理、配送管理，又能从企业经营整体角度，将各项物流功能融合于现代物流企业经营管理系统中，以实现第三方物流企业的一体化动态管理。

(2) 实验设计突出物流管理关键环节，内容丰富，可操作性强。本书遵循第三方物流企业物流管理流程，实验设计突出物流管理关键环节，挖掘理论与实践结合紧密的运营管理内容，强化了实验的可操作性。

(3) 注重实验背景知识阐述，突出知识性与技能性的结合。本书不仅强调对学生操作技能的培养，还力求使学生能灵活运用物流管理知识，拓展学生的思考能力。为此，本书在每个实验前都安排了背景知识的详细介绍，在实验后要求学生通过独立思考，把理论知识和操作技能结合起来，体现在实验报告中。

本书第 1 章和第 2 章由李晓龙、周永军、温平平编写，第 3 章由周永军、秦娟娟、房雪莲、韩凤编写，第 4 章由李晓龙、秦娟娟、曹金旭编写，第 5 章由周永军、温平平编写，第 6 章和第 7 章由秦娟娟、温平平编写，全书由李晓龙、周永军和秦娟娟总纂。本书的编写工作得到了天津财经大学、北京金文天地信息咨询有限公司的大力支持，北京大学出版社各位编辑对本书提出了很多有益的建议，在此向他们表达我们深深的谢意！

由于编者水平有限，书中难免存在错误和缺点，殷切希望读者批评指正。

编　者

2012 年 6 月

目　录

第1章 物流管理实验系统概述

【教学要点】

- 了解物流行业管理软件的概况。
- 了解仓储管理系统、运输管理系统、配送管理系统、供应链管理系统的功能与特点。

1.1 物流管理软件概况

近年来，随着我国物流行业的迅速发展，物流管理软件开发行业亦随之兴起，市场上涌现出了众多物流管理软件开发商。目前，市场上开发的物流管理软件按其用途可划分为两大类型：第一类是企业应用型物流管理软件；第二类是教学用物流管理软件。

1. 企业应用型物流管理软件

1) 应用于物流某一技术领域的物流管理软件

有些企业开发的软件系统专注于对某项物流技术的应用，如堆栈管理系统、集装箱管理系统、物流配送线路优化系统等。这些软件系统能够直接应用于企业物流管理活动中，并有效地与仓储管理、配送管理等系统实现对接，提高企业的管理效率。专注于这类应用型物流管理软件的开发商，需要针对各个企业的不同需求进行定制化开发，深入了解企业对物流应用技术的需求细节，在这一开发领域做得较好的企业多为小型软件公司，如西普、东方纪元、好易达等。

2) 应用于物流管理某一环节的物流管理软件

针对整个物流供应链中仓储、配送、运输等环节进行软件开发，是多数软件开发商所专注的开发领域，产品有仓储管理系统、配送管理系统、运输管理系统等。这些物流管理软件系统具有一定的通用性，可适用于同类产品的生产企业，一套软件系统基本能够满足某一行业内企业的使用需求。专注于这类应用软件的开发商，需要对物流的整体流程有清晰的认识，对各个行业的物流管理流程有深入的了解。在这一领域做得较好的企业有金文天地、洛捷斯特等。

3) 应用于物流管理整体流程的物流管理软件

物流管理软件开发行业的领军企业，往往具备很强的开发能力，其技术人员覆盖的专业领域较为广泛，具备开发企业物流整体流程软件的能力，如 ERP、第三方物流管理系统、供应链管理系统等。这些物流管理软件应用范围能够覆盖企业整体的物流过程，其目标客户定位在大中型企业。从事这类软件开发的企业多为行业内的领导者企业，比较典型的有博科资讯、用友、金蝶等知名软件开发商。

2. 教学用物流管理软件

1) 物流管理教学软件

近年来，高等院校对物流教学软件的需求呈现出不断增长的趋势，这使得众多物流软件开发商开始关注高校市场。具备独立开发能力的软件开发商在原有的企业应用型软件基础上，陆续开发出适宜高等院校教学用的物流管理教学软件。这些软件多是结合企业使用的物流管理系统再配以教学管理模块而形成的，贴近企业管理的实际情况，有利于学生学习企业物流管理的知识，提高学生的动手实践能力。用友、金蝶等知名软件开发商纷纷将产品打入高校市场，重视产品从企业应用向教学应用的转变，众多软件开发商也纷纷跟进，金文天地、洛捷斯特等软件商都开发出了适用于高校教学的物流管理软件系统。

2) 物流仿真教学软件

物流仿真教学软件注重对现实的模拟，区别于结合企业应用开发出的物流管理教学软件。物流仿真教学软件通过可视化的 3D 效果，将真实的物流过程通过计算机进行模拟，使得学生能够直观地感受物流运作的流程。物流仿真教学软件较为出色的产品当属 Flexsim 仿真软件。从 1993 年起，Flexsim 软件产品就进入了仿真软件市场，并逐渐确立了在仿真领域的领导地位。经过十多年在仿真行业的经验积累，Flexsim 已经形成了集建模、仿真以及业务流程可视化于一体的物流仿真教学系统。

本书采用金文物流管理教学软件的原因在于金文公司长期以来致力于第三方物流管理软件的研究开发，在行业内享有良好的声誉，软件系统受众面较广，在高等院校中享有良好的声誉。

1.2 物流管理实验系统

1.2.1 仓储管理系统

1. 简介

仓储管理系统是通过入库业务、出库业务、仓库调拨、库存调拨和虚仓管理等功能，将批次管理、物料对应、库存盘点、质检管理、虚仓管理和即时库存管理等功能综合运用的管理系统。该系统能够有效控制并跟踪仓库业务的物流和成本管理全过程，对企业仓储信息实现完善的管理。

此外，仓储管理系统还集成条形码技术、RFID(radio frequency indentification，射频识别)技术、自动化立体仓库技术、电子标签技术、RF(radio frequency，射频)拣选系统、无线手持数据采集系统等，使该系统具备更强的扩展功能。

2. 功能

仓储管理系统主要包含以下 6 个功能模块，如图 1.1 所示。

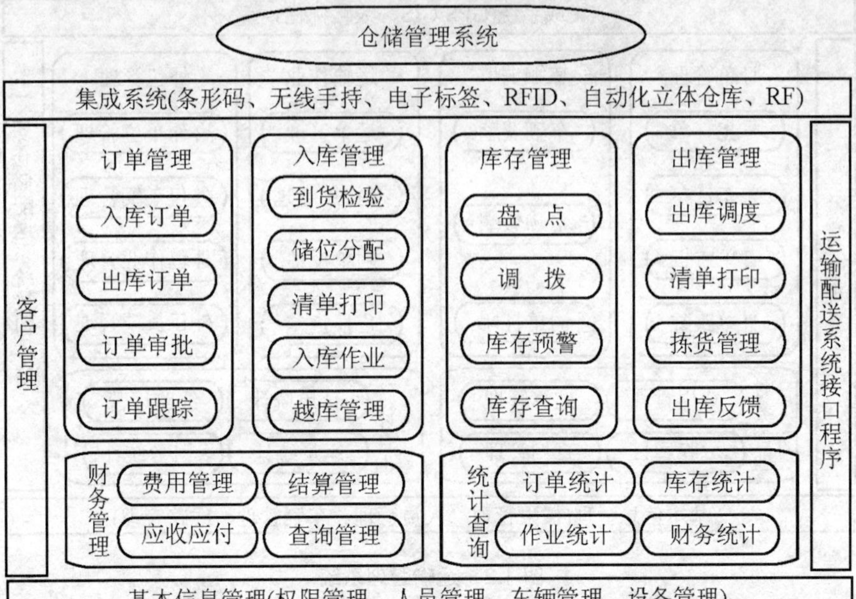

图 1.1 仓储管理系统

(1) 订单管理：包括入库订单、出库订单、订单审批、订单跟踪等功能。

(2) 入库管理：包括到货检验、储位分配、清单打印、入库作业、越库管理等功能。通过手持设备进行现场点货，然后将信息输入计算机进行入库。

(3) 库存管理：包括盘点、调拨、库存预警、库存查询等功能。

(4) 出库管理：包括出库调度、清单打印、拣货管理、出库反馈等功能。根据提货单、发货通知，通过手持设备进行现场点货，然后将信息输入计算机进行出库操作。

(5) 财务管理：包括费用管理、结算管理、应收应付、查询管理等功能。

(6) 统计查询：包括订单统计、库存统计、作业统计、财务统计等功能。

1.2.2 运输管理系统

1. 简介

运输管理是物流业务的最基本环节，而现代化的运输管理是保证物流企业实现利润增长的有效手段。运输管理通过对运输资源的整合、货物资源的共享、合理调度、货物信息跟踪反馈以及业务管理自动化为物流企业节约成本，提高效率。

运输管理系统是在总结大量运输公司的运输业务基础上开发出的一套大型信息管理系统，主要包括订单管理、运输调度、运输作业、GPS 车辆定位系统、线路优化管理、车辆管理、人员管理、数据报表、基本信息维护、系统管理等模块。该系统对车辆、驾驶员、线路等进行全面详细的统计考核，能大大提高运作效率，降低运输成本。

2. 功能

运输管理系统主要包含以下 6 个功能模块，如图 1.2 所示。

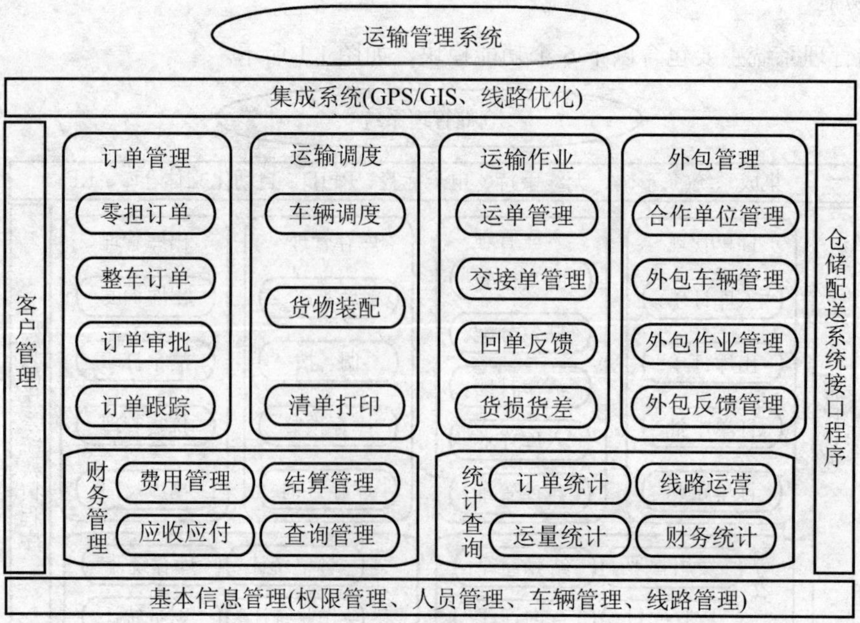

图 1.2 运输管理系统

1) 订单管理

订单管理是对订单的受理、输入、分配、查询等进行处理，主要包括订单受理、订单输入、订单类型、订单分配、订单查询、订单打印等功能。订单类型包括零担订单、整车订单。

2) 运输调度

运输调度是由调度中心根据订单的信息、客户的要求综合各方面因素，制订出计划并生成发运单，将信息发布到各个相关环节。同时能对异常情况以及货量的增加进行及时处理，并能对已经制订好的计划进行修改。建立调度日志，可对日志进行查询，对运输工具及货物实现跟踪查询。

对客户要求变更运地、改变路线、改变发运计划等突发事件，应及时将信息反馈到调度中心，调度中心接到信息后，及时处理，将新的路线、发运计划、处理结果返回到系统相关的环节，如订单管理、中转地、目的地等。

3) 运输作业

运输作业是记录车辆的载货情况、行车情况以及车辆考核等，主要包括运单打印、在途标志、行车单撤销、出车情况分析、装载率统计、车辆跟踪、考核管理、线路管理等。

4) 外包管理

外包管理包括全部外包业务管理和部分业务外包管理。主要包括合作单位管理、外包车辆管理、外包作业管理、外包反馈管理等功能。

5) 财务管理

财务管理主要包括以下几个部分。

(1) 车辆管理费用类型管理(货运基金、养路费、车船费、运管费、其他费用)。

(2) 运输费用标准管理：维护运输的基本费用。

(3) 应收费用管理：系统对各种运输过程中产生的业务单据按照一定的标准生成应收账单，财务人员根据应收账单进行结算管理，录入产生的资金往来。

(4) 应付费用管理：对运输业务产生的司机工资、养路费、过桥费、外包费用等进行管理。

6) 统计查询

统计查询是对运输过程中所发生的运输量、业务收入、各项支出、运输载体的利用率等进行统计分析。

1.2.3 配送管理系统

1. 简介

配送管理系统是一套专门针对配送行业实现销售管理的软件系统，全面适用于物流配送领域中的各级各类经营企业。该系统能够紧密跟踪配送业务的各个环节；实现完善的销售管理；生成丰富多样的销售报表；具有严密的操作使用权限控制。配送管理系统一般需要与仓储系统、运输系统实现对接。

2. 功能

配送管理系统主要包含以下5个功能模块，如图1.3所示。

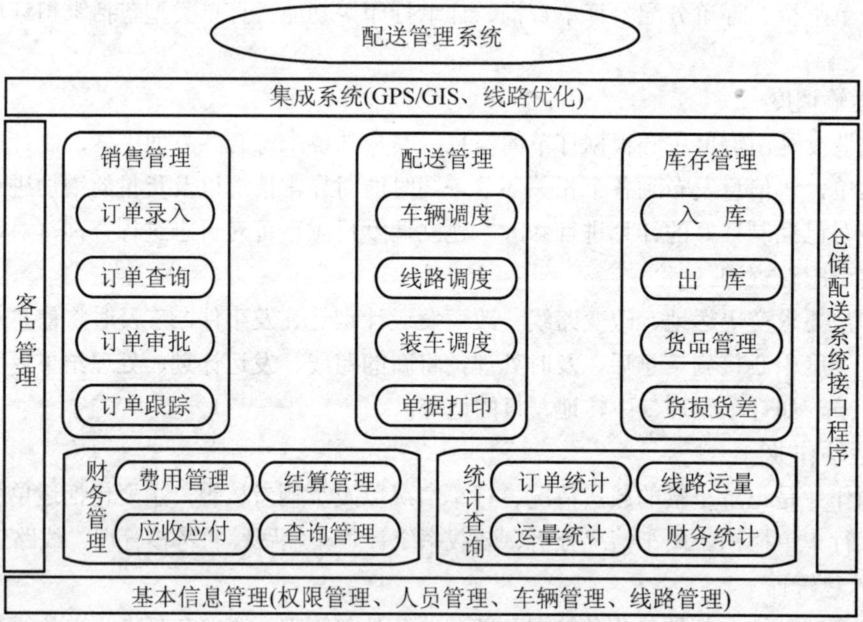

图 1.3 配送管理系统

1) 销售管理

销售管理模块是对销售订单以及销售情况等进行管理，主要包括订单录入、订单查询、订单审批、订单跟踪等功能。

2) 配送管理

配送管理模块主要是对订单、车辆进行合理安排，主要包括车辆调度、线路调度、装车调度和单据打印等功能。

3) 库存管理

库存管理模块是对库存货物进行内部的操作处理，主要包括入库管理、出库管理、货品管理、货损货差管理等功能。

4) 财务管理

财务管理模块主要对客户的仓储费、运输费、过境过桥费等费用进行结算处理。同时对承运单位作运费支出处理。主要包括费用种类、结算方式、收款处理、付款处理、应收款查询、应付款查询、客户业绩查询、客户业绩统计等功能。

5) 统计查询

统计查询模块主要是对库存、销售、运输、财务等进行查询统计。

(1) 库存类报表。主要包括库存汇总表、库存明细表、库存动态汇总表、库存动态明细表、客户销售出库汇总表、客户销售出库明细表等。

(2) 销售类报表。主要包括客户销售汇总表、客户销售明细表、产品销售汇总表、产品销售明细表、区域销售汇总表、区域销售明细表等。

(3) 运输类报表。主要包括客户运量汇总表、客户运量明细表、产品运量汇总表、产品运量明细表、区域运量汇总表、区域运量明细表、车辆运量汇总表、车辆运量明细表等。

(4) 财务类报表。主要包括应收款汇总表、应收款明细表、应付款汇总表、应付款明细表等。例如，应收款汇总表由业务员代码、业务员、销售额、税额、已收金额、差额等组成。

1.2.4 供应链管理系统

1. 简介

供应链管理系统是以生产企业的业务模型为基础的一套面向供应链管理和生产企业物流运作的大型综合管理系统，系统由供应商管理系统、生产企业管理系统、分销管理系统和物流公司系统构成，这几个系统集成在同一个数据库中。同时能够通过数据接口与系统交换数据。

2. 功能

供应链管理系统主要包含以下4个功能模块，如图1.4所示。

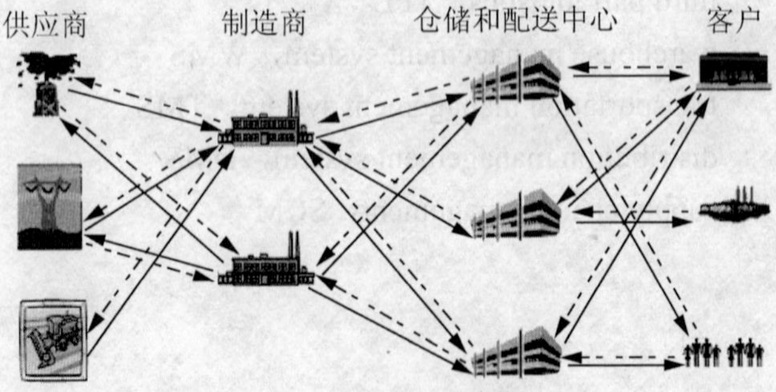

图1.4 供应链管理系统

1) 供应商管理系统

供应商管理系统对采购计划、采购订单生成、采购开票处理以及供应商发货业务进行统一管理，并能够对相关报表进行查询。

2) 制造商管理系统

系统依据分销商的订单进行设计。依据MRP原理，系统可根据订单，自动计算对原材料的用量需求并安排生产工序，具有很高的自动化程度，能有效减少工作人员的工作量，并降低出错的概率。具体环节包括投产指令，生产计划安排，生产领料、入库、退料，车间库存盘点、生成生产报表以及生产能力分析等，根据生产计划和材料清单严格控制领料环节。

3) 仓储和配送管理系统

仓储管理系统是通过入库业务、出库业务、仓库调拨、库存调拨和虚仓管理等功能，综合批次管理、物料对应、库存盘点、质检管理、虚仓管理和即时库存管理等功能综合运用的管理系统，该系统能够有效控制并跟踪仓库业务的物流和成本管理全过程，对企业仓储信息实现完善的管理。

配送管理系统能够紧密跟踪配送业务的各个环节；实现完善的销售管理；生成丰富多样的销售报表；具有严密的操作使用权限控制。配送管理系统一般需要和仓储系统实现对接。

4) 客户管理系统

客户管理系统是对客户的基本信息、信用、应收款、应付款、业绩等进行管理，主要包括客户档案管理、信用管理、合同管理、客户查询等功能。

本 章 小 结

本章介绍了我国物流管理软件的概况，着重介绍了仓储管理系统、运输管理系统、配送管理系统、供应链管理系统的功能与特点。通过本章的学习，能够使学生加深对物流行业各种管理系统的认识与了解。

关键术语

第三方物流	third part logistics，TPL
仓储管理系统	warehouse management system，WMS
运输管理系统	transportation management system，TMS
配送管理系统	distribution management system，DMS
供应链管理系统	supply chain management，SCM

第2章 基础信息管理

【教学要点】

- 加深学生对设备、员工、客户、合作伙伴等基础信息管理的理解与认识，掌握基础信息管理的技能，了解设备、员工、客户、合作伙伴管理对物流企业的作用。
- 熟悉设备、员工、客户、合作伙伴管理的一系列技术，增强学生的实际操作能力。
- 编制有关基础管理的各种管理制度，做好设备管理、客户管理以及合作伙伴维护工作。

导入案例

西门子的供应商关系管理

作为全球领先的电子电气工程公司，西门子高度重视采购工作，并且在全球采购市场扮演着举足轻重的角色。西门子每年的采购量大约有 110 多亿欧元，主要的采购来源仍然在欧洲。2010 年，西门子在亚洲的采购量已经达到了约 15 亿欧元/年的水平。在这 15 亿欧元的采购中，在中国采购并且在中国使用的约 8 亿欧元。

全球经济一体化的发展使得西门子这样的企业可以在全球范围内采购其所需要的零部件，以降低采购成本，提高其竞争力。同时，如何对全球供应商进行有效管理也是众多跨国公司面临的新挑战。因此，选择并管理好散布于世界各地的供应商是大型跨国企业保证质量和信誉的关键。

供应商与西门子合作能在很大程度上提升他们的价值。西门子对采购零部件的质量要求非常高，对供应商的要求也非常严格。因此，能够与西门子建立长期的业务联系，对于这个供应商来讲，获得的不仅仅是财务收益，还可以大大提升企业的管理水平和市场声誉。

供应商管理是整个供应系统管理的基础。供应系统由原材料供应商、生产商、经销商和最终用户组成，每一个环节既是上一个环节的用户，又是下一个环节的供应商。供应系统的所有环节组成了广泛意义上的全体供应商联盟，该联盟的目标是共同努力来击败真正的竞争者——其他供应系统联盟，而不是在供应系统内部相互竞争，消耗内力。

西门子公司在其供应商管理战略中明确提出："你们的成功就是我们的成功，我们的成功就是你们的成功。"(Your success is our success，our success is your success.)将传统意义上企业与供应商之间短期的、松散的、互为竞争对手的关系转变为长期的、紧密的、互为合作伙伴的关系。西门子将与供应商的关系置于经营战略的高度来考虑是有其实际原因的：近年来，西门子公司原材料、零部件的采购成本，外包服务的采购成本已经超过公司年销售收入的 50%，而且这种成本上涨趋势还在继续，若不及时采取措施降低成本、提高质量，将无法在竞争中立于不败之地。因此，西门子提出供应商管理的目标就是与所有供应商结成战略合作伙伴关系，共同"在中国市场上具有竞争力"。

西门子的供应商管理战略主要包括管理目标、供应商的选择、供应商的评估和供应商类型及发展战略 4 个方面。

1. 管理目标

在供应商管理的目标上，西门子公司要求各级供应商必须不断地改进工作，降低运费，缩短订货时间，及时送货；而且还必须通过 ISO 质量体系认证，并达到西门子公司自身的质量标准，尽量降低失误率。供应商还必须与西门子签订严格的质量保证协议。

为实现上述目标，西门子对现有的三大类 100 多个原材料、零部件供应商进行严格的评估和筛选，留下其中的 40 余名佼佼者作为基本供应商，并着手与其中的数家建立战略合作伙伴关系，共谋发展。

2. 供应商的选择

供应物料的质量、价格和交货期是选择供应商的关键指标。因此，在供应商系统管理中，依据关键指标对供应商进行选择至关重要。

与其他大型公司一样，西门子从全面质量管理的角度出发，针对每一个零部件注重选择数量有限的可靠供应商，甚至是单一的供应商，以便发展合作关系。

西门子在供应商选择方面的具体目标是：与供应商发展高标准的信任与合作关系，把买卖关系从互为对手、胜利者—失败者、契约—讨价还价的关系改变为合作型、团队型关系，使彼此能为对方考虑；与供应商建立一种能促进其不断降低成本、提高产品质量的契约关系；与供应商达成长期共识、彼此在物流流程的高度一体化下同步展开业务；与供应商之间开放沟通渠道，实现信息共享、共担风险、共享利益；使供应商参与到产品的设计和创新过程中，使每个供应商真切感觉到“西门子的用户就是我的用户，让用户满意是我应尽的责任”。

3. 供应商的评估

供应商的选择依赖于对供应商的全面评估，因此供应商的评估也可以看做供应商选择的核心环节。西门子由采购部、技术部、生产部和质保部联手组成评估小组，制定了正规的评价体系和评价标准，从价格、质量、后勤服务和技术服务等方面对每一个现实和潜在的供应商进行严格的打分、内部交流及结果比较，将综合评价结果作为选择供应商的依据。

1) 技术能力的评估

技术水平是供应商选择的基础。评价从供应商是否是业内的佼佼者甚至领导者入手。众所周知，西门子在世界电气行业中占有举足轻重的地位，因此，根据彼此依存的理念必然要求比竞争对手拥有更为优秀的供应商，西门子坚信技术和设计能力的完善是改进和发展产品性能的保障，因此技术能力的评估还要考察供应商是否有对质量不断深入研究和发展的过程，其中尤为重要的是供应商对研究部门的重视程度，这关系到西门子产品的不断升级和换代。

2) 价格和成本评估

评价内容包括价格行为及政策、降低成本的努力、适应市场和西门子要求的能力、服务和支持表现4个方面。

第一方面以现行的市场价格水平和两年来各供应商的价格走向为基准，兼顾付款条件打分。

第二方面考虑降低成本的努力，目的是鼓励供应商主动加入到西门子降低成本的努力中，以达到有效削减西门子生产成本和运作成本、提高整体竞争力的目的。

第三方面从避免有财务问题的供应商对整个供应系统造成危害的方面考虑，同时考虑到供应商的生产能力和国际化水平。

第四方面的评估主要是对其销售人员素质及上层领导者对与西门子建立长期合作伙伴关系方面的认识进行考察。

3) 质量评估

质量评估是从质量性能、质量体系、对质量重要性的认识、合作服务和支持服务综合考虑的。质量性能包括以往到货材料的质量情况与价格的相关性等方面；质量体系指供应商已通过哪些国际质量认证和对这些认证有效性的审核，以及供应商对通过国际质量认证的态度；服务方面的考察主要是对发生质量问题情况下的反应和处理速度，提供紧急服务及必要的免费服务方面的主动性及有关人员提供技能支持的能力。

4) 后勤考察

后勤考察主要是交货方面的评估。及时交货是精益生产的必要条件。同时为了减少库存，西门子正在努力推行包括减少批量、频繁和可靠的交货计划、压缩运转周期、采购高质量供应物料的准时采购制。根据不同材料及零部件各自的特点保证西门子生产活动的物流准时、畅通。

4. 供应商类型及发展战略

经过严格的评估，所有的供应商被分为四类，即良好型供应商、可以接受型供应商、受限制型供应商和终止型供应商。

被评为良好型供应商的是西门子将要与之发展为战略伙伴的供应商，寻找到这类供应商也是西门子整个供应商管理战略的灵魂所在。西门子的评选方法是尽量提高向这类供应商采购的数量，定期进行政策透明的沟通，并随时邀请其参加有关新产品的研制，以便听取和吸收宝贵意见。同时在必要时向此类战略伙伴提供适时的培训与技术支持，还可以考虑帮助关键零部件厂建立自己的供应商管理体系，使西门子从源头就获得比其他竞争对手更具优势的供应体系，真正做到“双赢”，利益共享，责任共担。

对可以接受型供应商，西门子要根据材料需求的实际情况，与之保持一定的供货关系，并将其视为可能的战略伙伴关系，帮助其建立自我优化目标，作为防范供货危险的必要手段。而对受限制型的供应商，已经不再适宜进一步发展关系，采取保守合作的态度，降低采购量并不再考虑与之长期发展关系。对终止型供应商，西门子采取的是尽快终止合作的策略。

资料来源：http://www.doc88.com/p-204225843561.html

【问题与思考】

西门子是如何对供应商进行选择和评估的？它如何维护与供应商的关系？

2.1 实验一 基本信息管理

2.1.1 实验目的

本实验主要是对设备资源、工作人员的信息进行建立和录入，便于物流企业实施管理。实验目的主要如下。

(1) 了解设备管理、人力资源管理的业务流程。

(2) 通过后台建立起设备、工作人员的基础资料信息库，了解查询需要的人员、设备信息的方法。

(3) 掌握对设备资源、工作人员进行调整或新增的技术。

2.1.2 实验准备

1) 教师准备

通过“金文第三方物流系统”中的基础信息管理中设备资源管理、人力资源管理实验平台，完成设备资源、人力资源的增加、删除、修改以及查询实验。

2) 学生准备

掌握设备资源管理以及人力资源管理的基本知识。

2.1.3 背景知识

1. 设备管理

设备管理是以企业经营目标为依据，通过一系列技术、经济、组织措施，对设备的全过程进行的科学管理，即实行从设备的规划工作起直至报废的整个过程的管理。

1) 设备管理的分类

设备管理分为自有设备管理和租赁设备管理。自有设备按照设备折旧、使用台班进行自有机械费的核算；租赁的机械费按照租赁时间和单价核算机械租赁费；自有机械使用费、机械租赁费共同构成工程项目的机械费，进行成本核算。

2) 设备管理的基础内容

设备管理的基础内容包括凭证管理、数据管理、定额管理、设备档案与资料管理和设备管理规章制度。

(1) 凭证管理。在设备的技术管理和经济管理中，用于记录设备管理和技术活动，以及经济核算，并明确管理各方责任的书面证明，就是设备管理凭证。

(2) 数据管理。数据管理是指通过对数据收集、处理加工和解释，使其成为对管理决策有用的信息，包括对数据进行收集、分类、排序、检索、修改、存储、传输、计算、输出(报表或图形)等。

(3) 定额管理。企业定额是产品生产过程中消耗的一种数量标准，是指在一定时期内和一定的生产技术组织条件下，为完成单位合格产品或任务所规定的物化劳动和活劳动的消耗量。

(4) 设备档案与资料管理。设备技术档案是指在设备管理的全过程中形成，并经整理应归档保存的图纸、图表、文字说明、计算资料、照片、录像、录音等科技文件与资料，通过不断收集、整理、鉴定等工作归档建立的设备档案。

(5) 设备管理规章制度。设备管理规章制度是指指导、检查有关设备管理工作的各种规定，是设备管理、使用、修理各项工作实施的依据与检查的标准。设备管理规章制度可分为管理和技术两大类。管理类包括管理制度和办法；技术类包括技术标准、工作规程和工作定额。规章制度的管理，是指规章制度的制定、修改与贯彻。

2. 人力资源管理

人力资源管理，就是指运用现代化的科学方法，对与一定物力相结合的人力进行合理的培训、组织和调配，使人力、物力经常保持最佳比例，同时对人的思想、心理和行为进行恰当的诱导、控制和协调，充分发挥人的主观能动性，使人尽其才、事得其人、人事相宜，以实现组织目标。

人力资源管理体系的运行主要有4个步骤：第一步，由各部门经理根据工作岗位要求填写《公司招聘人员需求表》，提出人员需求的理由；第二步，由各部门会同人力资源部门人员共同研究，提出对所招聘人员的详细岗位要求；第三步，上报公司人力资源总监审批；第四步，审批通过后，由人力资源部组织招聘，对应聘人员进行初选。

人力资源管理的核心是价值链管理，人力资源价值链管理包含3个方面的内容：一是企业中哪些要素参与了价值的创造，这涉及人力资源管理中价值分析问题。农业经济社会价值创造的关键因素是劳动力和土地，工业社会价值创造的关键因素是企业家、知识、资本和劳动。对这个问题的认识是人力资源价值链管理的基础。二是企业中这些要素创造了多少价值，这涉及人力资源管理中价值评价的问题。采用何种的价值评价标准和如何进行价值评价是人力资源管理中一个最困难的问题。三是如何进行价值分配，包括分配的方式、分配的标准等。

人力资源管理目标是指企业人力资源管理需要完成的职责和需要达到的绩效。人力资源管理既要考虑组织目标的实现，又要考虑员工个人的发展，强调在实现组织目标的同时实现个人的全面发展。人力资源管理目标包括全体管理人员在人力资源管理方面的目标任务与专门的人力资源部门的目标任务。

人力资源管理具有五大基本功能。

1) 获取

根据企业目标确定所需员工的条件，通过规划、招聘、考试、测评、选拔、获取企业所需人员。获取职能包括工作分析、人力资源规划、招聘与选拔、使用等活动。

(1) 工作分析：人力资源管理的基础性工作。在这个过程中，要对每一职务的任务、职责、环境及任职资格作出描述，编写出岗位说明书。

(2) 人力资源规划：将企业对人员数量和质量的需求与人力资源的有效供给相协调。需求源于组织工作的现状与对未来的预测，供给则涉及内部与外部的有效人力资源。

(3) 招聘与选拔：根据对应聘人员的吸引程度选择最合适的招聘方式，如利用报纸广告、网上招聘、职业介绍所等。选拔有多种方法，如利用求职申请表、面试、测试和评价中心等。

(4) 使用：经过上岗培训，给合格的人安排工作。

2) 整合

对企业文化、信息沟通、人际关系和谐、矛盾冲突的化解等进行有效整合，使企业内部的个体，群众的目标、行为、态度趋向企业的理念，形成高度的合作与协调，发挥集体优势，提高企业的生产力和效益。

3) 保持

通过薪酬、考核、晋升等一系列管理活动，保持员工的积极性、主动性、创造性，维护劳动者的合法权益，保证员工在工作场所的安全、健康，以增进员工满意感，使其安心工作。保持职能包括两个方面的活动：一是保持员工的工作积极性，如公平的报酬、有效的沟通与参与、融洽的劳资关系等；二是保持健康安全的工作环境。

(1) 报酬：制定公平合理的工资制度。

(2) 沟通与参与：公平对待员工，疏通关系，沟通感情，参与管理等。

(3) 劳资关系：处理劳资关系方面的纠纷和事务，促进劳资关系的改善。

4) 评价

对员工工作成果、劳动态度、技能水平以及其他方面作出全面考核、鉴定和评价，为做出相应的奖惩、升降、去留等决策提供依据。评价职能包括工作评价、绩效考核、满意度调查等。其中绩效考核是核心，它是奖惩、晋升等人力资源管理及其决策的依据。

5) 发展

通过员工培训、工作丰富化、职业生涯规划与开发，促进员工知识、技巧和其他方面素质提高，使其劳动能力得到增强和发挥，最大限度地实现其个人价值和对企业的贡献率，达到员工个人和企业共同发展的目的。

(1) 员工培训：根据个人、工作、企业的需要制订培训计划，选择培训的方式和方法，对培训效果进行评估。

(2) 职业发展管理：帮助员工制订个人发展计划，使个人的发展与企业的发展相协调，满足个人成长的需要。

2.1.4 实验步骤

1. 设备资源管理

在【基本信息管理】→【资源管理】→【设备资源管理】界面中，单击【新增】按钮，填写设备资源信息后，单击【提交】按钮新增完成。

操作界面如图 2.1 和图 2.2 所示。

2. 人力资源管理

在【基本信息管理】→【资源管理】→【人力资源管理】界面中，单击【新增】按钮，填写个人信息和人员工种信息后，单击【提交】新增完成。

操作界面如图 2.3～图 2.7 所示。

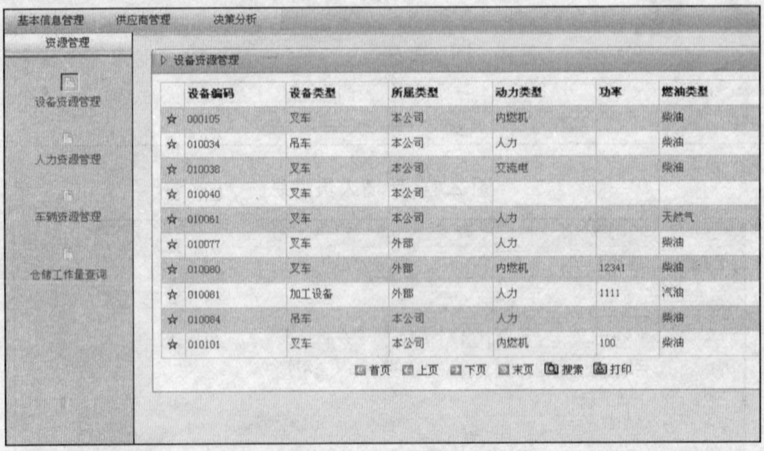

	设备编码	设备类型	所属类型	动力类型	功率	燃油类型
☆	000105	叉车	本公司	内燃机		柴油
☆	010034	吊车	本公司	人力		柴油
☆	010038	叉车	本公司	交流电		柴油
☆	010040	叉车	本公司			
☆	010061	叉车	本公司	人力		天然气
☆	010077	叉车	外部	人力		柴油
☆	010080	叉车	外部	内燃机	12341	柴油
☆	010081	加工设备	外部	人力	1111	汽油
☆	010084	吊车	本公司	人力		柴油
☆	010101	叉车	本公司	内燃机	100	柴油

图 2.1　设备资源管理

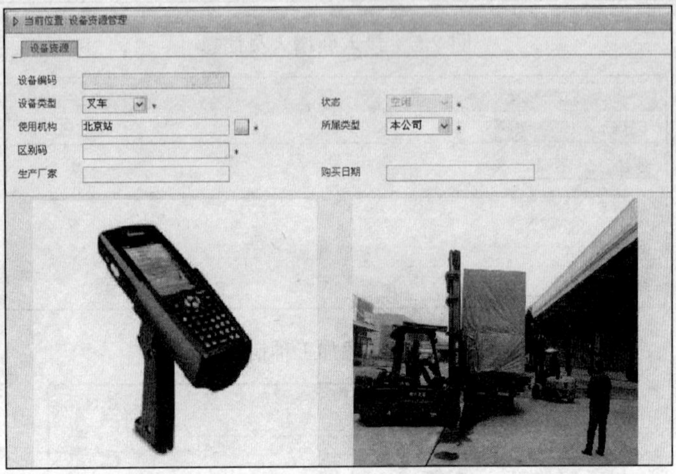

图 2.2　录入设备信息

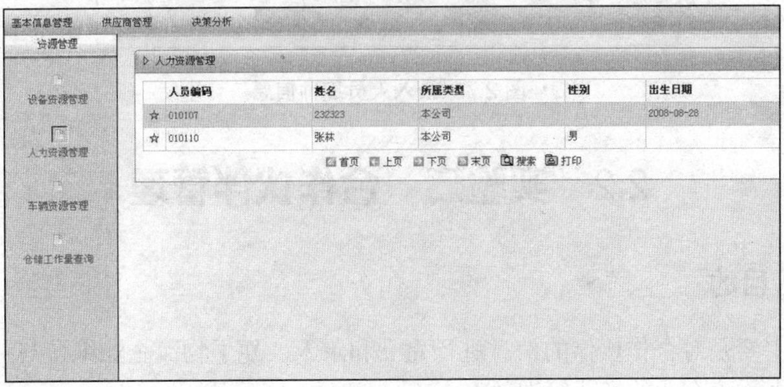

	人员编码	姓名	所属类型	性别	出生日期
☆	010107	232323	本公司		2008-08-28
☆	010110	张林	本公司	男	

图 2.3　人力资源管理模块

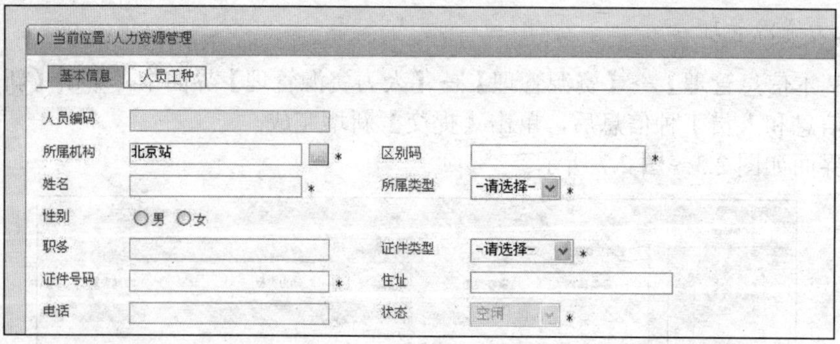

图 2.4　新增人员信息

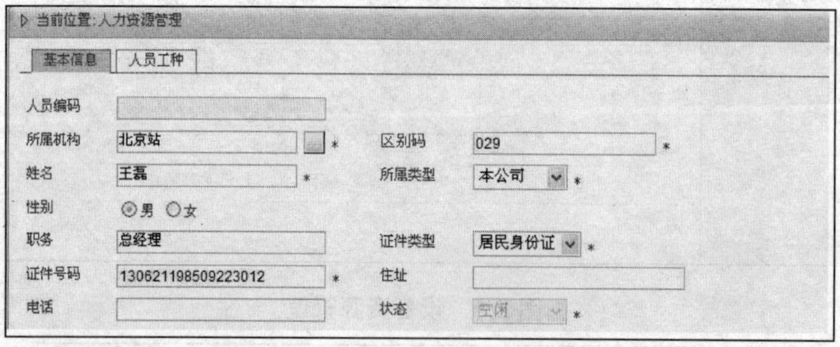

图 2.5　录入新增人员信息

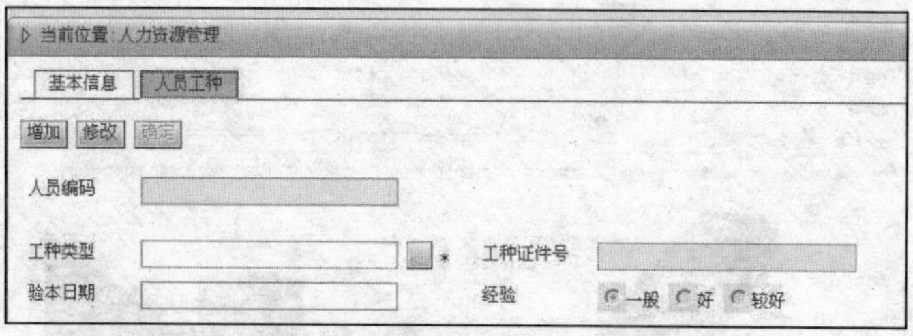

图 2.6　添加工种信息

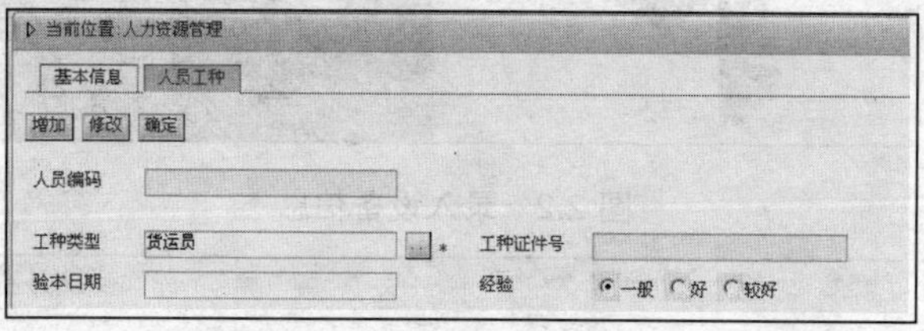

图 2.7　录入人员工种信息

2.2　实验二　合作伙伴管理

2.2.1　实验目的

本实验主要是对合作伙伴的信息进行建立和录入，便于物流企业维持与业务合作伙伴的关系，提高物流企业的经营管理效率。

实验目的主要如下。

(1) 了解合作伙伴管理的基本业务流程。

(2) 通过后台建立起合作伙伴的基础资料信息库，了解查询合作伙伴信息的方法。

(3) 掌握对合作伙伴进行调整的技术。

2.2.2 实验准备

1) 教师准备

通过“金文第三方物流系统”中的客户管理中合作伙伴管理实验平台，完成企业对合作伙伴信息的增加、删除、修改以及查询实验。

2) 学生准备

企业管理理论中合作伙伴管理的相关知识。

2.2.3 背景知识

合作伙伴关系管理主要包含利益关系管理、情理关系管理和情感关系管理 3 方面内容。

1. 利益关系管理

利益关系是伙伴关系的基础，没有利益关系，也就不可能建立伙伴关系。利益关系管理要求合作伙伴各方必须强化合作意识和合作精神的教育培训，让每一个员工从自身利益和企业整体利益的高度出发，形成对内、对外的合作意识和合作精神。必须定期对自己所拥有的合作资源——支点资源进行清算，并制订支点资源的发展积累规划，以提高整合合作伙伴资源的能力。在合作谋划之前，必须充分考虑合作伙伴的具体利益要求，并站在对方的立场上，思考建立和巩固这种伙伴关系的作用和意义。在合作过程之中，必须严格遵守合作协议，并避免斤斤计较于不关根本利益的小利，以表现自身的合作诚意和决心。在合作发生矛盾时，必须主动从对方的立场上思考检查自身的行为，是否因为自己行为的不当而造成了对对方利益的损害。必须健全完善合作实施行为规范，并通过合作实施行为规范的完整贯彻，保障合作双方的公平合理利益。必须定期检查分析合作实施过程，在努力保障合作伙伴利益的同时，是否能保证合作总体利益的最大化，而不是短期利益最大化。必须定期检查合作意识和合作精神的贯彻落实情况，清理、清除妨碍合作的行为，查处妨碍合作的事件，以稳固和提升全体员工合作意识和合作精神。

2. 情理关系管理

企业之间的合作关系，是由人与人之间的合作关系体现的。情理关系也就是把利益关系置于情理联系之中。凡事用情理自我审定，超越情理，尽管合法但伤害合作伙伴的事也不能为之。这也就要求在合作关系的建立和维护上，必须避免处处以法律关系为调节合作利益关系的准绳，而仅仅以法律为最后底线，更不能经常把权利、义务挂在嘴边。在合作关系结成之前和合作实施过程中，必须事事用情理来评判，以通过情理关系的建立和维护来深化和巩固合作的利益关系。

3. 情感关系管理

合作关系也就是人与人之间的关系，情感是纽带，是黏合剂。情感关系管理就是让合作的双方相互尊重、相互信任、相互理解，把合作伙伴的利益和需要置于自己思考的范围之内。结成了情感关系，合作双方也就不再会患得患失，斤斤计较于利益关系上的一时一事的得失。这也就要求尊重合作伙伴代表的人格，理解对方的处境，除了诚实守信之外，给予对方以更多的关怀。经常进行情感联络，询问了解对方在合作协议实施过程中所存在的困难和问题，并共同讨论应对办法。

在合作伙伴关系管理理论研究中，美国著名学者马丁·戴斯(Martin Deise)、康拉德·诺威可(Conrad Nowikow)、帕特里·金(Patrick King)及埃米·赖特(Amy Wright)共同提出了3种合作性网络关系：以大宗商品为基础的关系(commodity-based)、策略性关系和面对市场的关系(market- facing)。

1) 以大宗商品为基础的关系

以大宗商品为基础的关系是指公司与提供商品的供应商所建立起来的关系，这些商品可用作营运相关品(operating inputs)或基本的制造相关品(manufacturing inputs)。企业往往以成本和服务作为选择供应商的基础，同时也会考虑到可获得性及运输的距离。在商品物料的计划和采购上，供应商逐渐运用“供应商管理库存系统”(vendor-managed inventory，VMI)负责管理顾客的库存。VMI是以掌握零售商销售资料和库存量来作为市场需求预测和库存补货的一种解决方法。供应商可根据销售资料来获得消费需求的信息并据此提出更为有效的计划，更迅速地对市场变化和消费者需求作出反应。因此，VMI可用于降低库存量、改善库存周转率、维持最佳库存量。企业与其主要供应商分享对需求的预测、目前的库存水准及后勤运输方面的信息。此类信息可让供应商决定何时补货，何时寄出运输单据。因此，“供应商管理库存系统”有助于降低周期时间、仓库管理员的人数、仓储成本，同时还能加强精确性。

2) 策略性关系

策略性关系是指与供应非大宗商品的生产或运输企业建立起合伙关系。比如，在专利晶片的供应上，英特尔是IBM公司的策略性伙伴；联邦快递是网络花店“花萼与花冠”(Calyx & Corolla)的策略性伙伴，因为该花店的业务有赖于联邦快递的表现；AC尼尔森市场调查公司(AC Nielsen)是卡夫食品(Kraft Foods)的策略伙伴，它能为卡夫提供早期的营销数据，从而使卡夫食品迅速地回应市场的趋势。

3) 面对市场的关系

面对市场的关系是指各企业之间进行密切合作，或者成为同盟中的一分子，以共同推出产品和服务。例如，一些有关医院业务的供应商可以联合成立一个网站，以方便医院的采购人员向它们采购医疗用品。

2.2.4 实验步骤

在【客户管理】→【合作伙伴管理】界面中，单击【新增】按钮，填写合作单位信息表，单击【提交】按钮，即新增完毕。

操作界面如图2.8和图2.9所示。

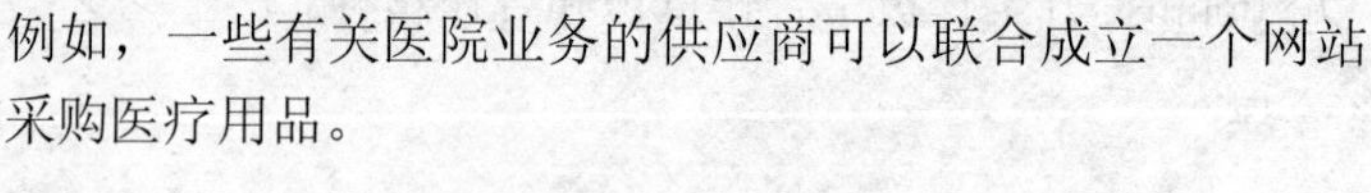

图2.8 合作伙伴管理

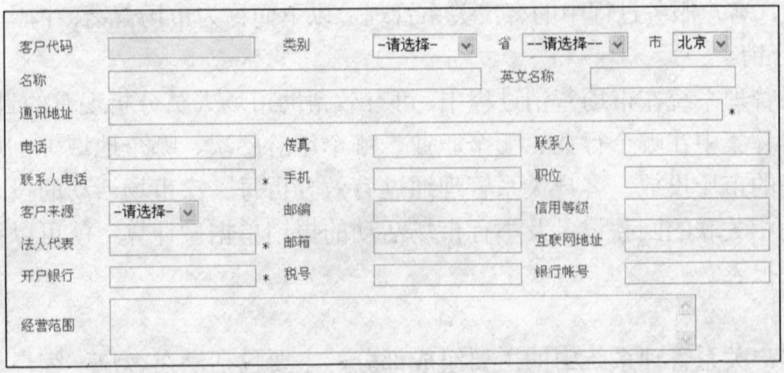

图 2.9　添加合作伙伴信息

2.3　实验三　客户管理

2.3.1　实验目的

本实验主要是对客户的相关信息进行建立和录入，便于物流企业做好客户的信息管理，提高企业经营效率。

实验目的的主要如下。

(1) 了解客户管理的基本业务流程。

(2) 通过后台建立客户的基础资料信息库，了解查询客户的基本信息的方法。

(3) 通过后台建立客户合同、项目的基础资料信息库，了解查询客户的合同、项目等相关信息的方法。

(4) 掌握对客户的信息进行修改的技术，及时根据企业的业务情况调整数据库中客户项目、合同等相关信息。

2.3.2　实验准备

1) 教师准备

通过“金文第三方物流系统”中的客户管理实验平台，完成企业对客户信息以及客户合同、项目等相关信息的增加、删除、修改以及查询实验。

2) 学生准备

企业管理理论中客户管理的相关知识。

2.3.3　背景知识

客户关系管理(customer relationship management，CRM)是一个不断加强与顾客交流，不断了解顾客需求，并不断对产品及服务进行改进和提高以满足顾客需求的连续的过程。其内涵是企业利用信息技术(IT)和互联网技术实现对客户的整合营销，是以客户为核心的企业营销的技术实现和管理实现。客户关系管理注重的是与客户的交流，企业的经营是以客户为中心，而不是传统的以产品或以市场为中心。为方便与客户的沟通，客户关系管理可以为客户提供多种交流的渠道。

客户关系管理的功能可以归纳为 3 个方面：市场营销中的客户关系管理、销售过程中的客户关系管理、客户服务过程中的客户关系管理，以下简称为市场营销、销售、客户服务。

1) 市场营销

客户关系管理系统在市场营销过程中，可有效帮助市场人员分析现有的目标客户群体，如主要客户群体集中在哪个行业、哪个职业、哪个年龄层次、哪个地域等，从而帮助市场人员进行精确的市场投放。客户关系管理通过有效分析每一次市场活动的投入产出比，根据与市场活动相关联的回款记录及举行市场活动的报销单据做计算，就可以统计出所有市场活动的效果报表。

2) 销售

销售是客户关系管理系统中的主要组成部分，主要包括潜在客户、客户、联系人、业务机会、订单、回款单、报表统计图等模块。业务员通过记录沟通内容、建立日程安排、查询预约提醒、快速浏览客户数据，有效缩短了工作时间，而大额业务提醒、销售分析、业绩指标统计、业务阶段划分等功能又可以有效帮助管理人员提高整个公司的成单率、缩短销售周期，从而实现最大效益的业务增长。

3) 客户服务

客户服务主要用于快速及时地获取问题客户的信息及客户历史问题记录等，这样可以有针对性并且高效地为客户解决问题，提高客户满意度，提升企业形象，主要包括客户反馈、解决方案、满意度调查等功能。应用客户反馈中的自动升级功能，可让管理者在第一时间得到超期未解决的客户请求，解决方案功能使所有员工都可以立刻提交给客户最为满意的答案，而满意度调查功能又可以使最高层的管理者随时获知本公司客户服务的真实水平。有些客户关系管理软件还会集成呼叫中心系统，这样可以缩短客户服务人员的响应时间，对提高客户服务水平起到很好的作用。

2.3.4 实验步骤

1. 客户信息管理

在【客户管理】→【客户信息管理】界面中单击【新增】按钮，填写客户信息表，单击【提交】按钮新增完成。

操作界面如图 2.10～图 2.12 所示。

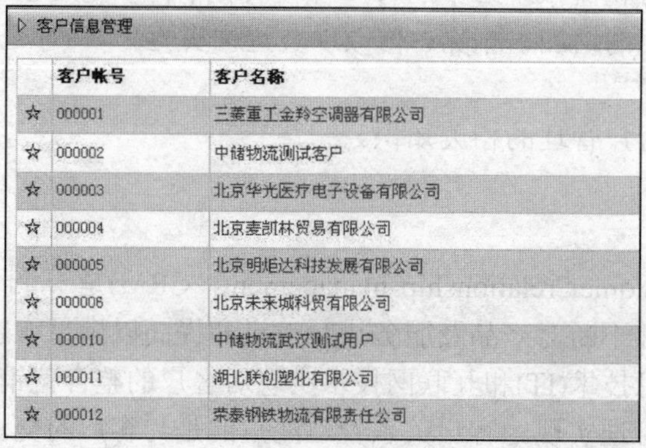
▷ 客户信息管理

	客户帐号	客户名称
☆	000001	三菱重工金羚空调器有限公司
☆	000002	中储物流测试客户
☆	000003	北京华光医疗电子设备有限公司
☆	000004	北京麦凯林贸易有限公司
☆	000005	北京明炬达科技发展有限公司
☆	000006	北京未来城科贸有限公司
☆	000010	中储物流武汉测试用户
☆	000011	湖北联创塑化有限公司
☆	000012	荣泰钢铁物流有限责任公司

图 2.10 客户信息管理

图 2.11　新增客户资料

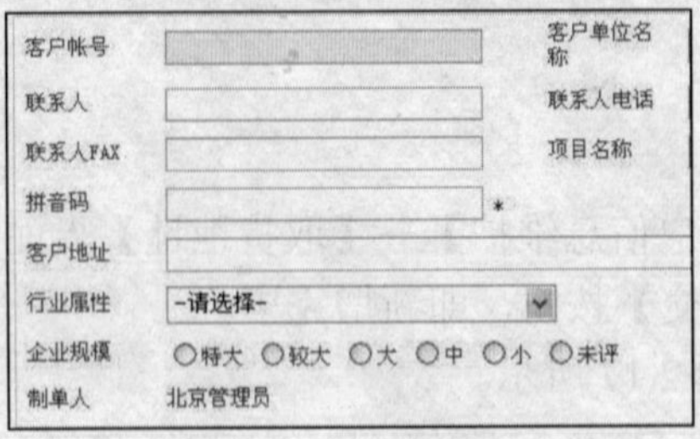

图 2.12　录入客户信息并保存

录入完提交，完成添加。

2. 客户项目管理

在【客户管理】→【客户信息管理】→【客户项目管理】界面中，单击【新增】按钮，填写项目信息，单击【提交】按钮新增完成。

操作界面如图 2.13～图 2.15 所示。

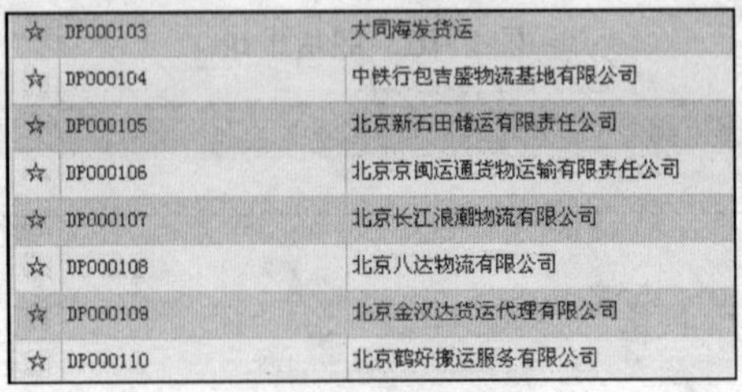

图 2.13　客户项目管理

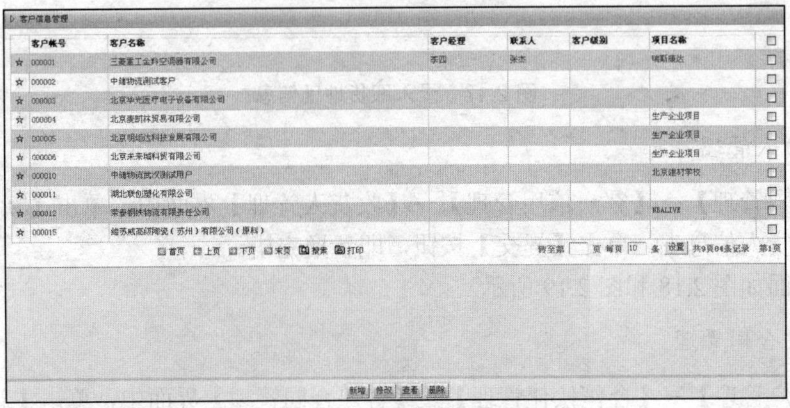

图 2.14　新增客户项目资料

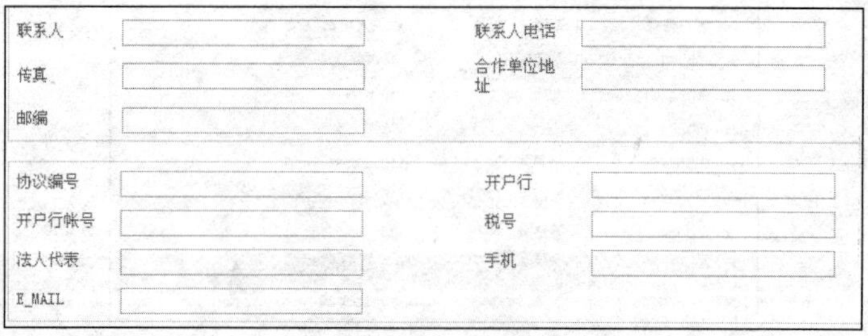

图 2.15　录入客户项目

录入完提交，完成添加。

3. 取货地址

在【客户管理】→【客户信息维护】→【取货地址】界面中，单击【新增】按钮，填写客户取货信息，单击【提交】按钮，即新增完毕。

操作界面如图 2.16 和图 2.17 所示。

联系人电话	客户地址
010-51106053	北京市丰台镇刘庄子西南物流中心
010-89472996	北京市顺义南彩镇
010-62985758	北京市海淀区上地创业中路32号一栋东一层
010-82884499-507	北京市北四环中路229号海泰大厦617室
010-80486200-2305	北京市顺义大田1#库
010--82697788-219	北京市海淀区中关村海淀大街3号鼎好大厦B3层
010-64354466-276	北京市天竺空港工业区A区天竺中路16号

图 2.16　取货地址

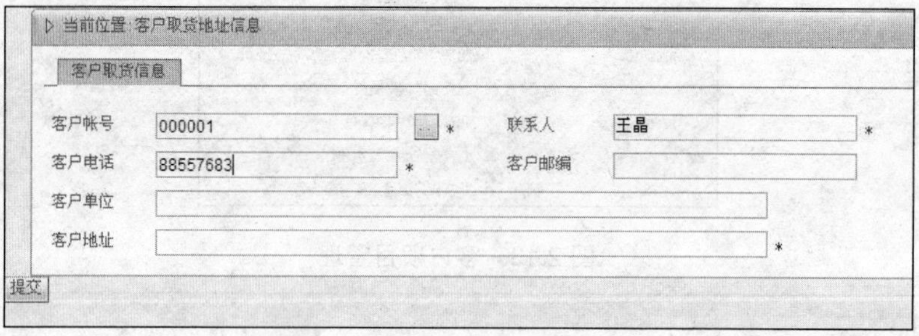

图 2.17　录入取货地址信息

4. 收货人管理

在【客户管理】→【客户信用管理】→【收货人管理】界面中，单击【新增】按钮，填写客户收货人信息表，单击【提交】按钮，即新增完毕。

操作界面如图 2.18 和图 2.19 所示。

5. 客户合同管理

在【客户管理】→【合作伙伴管理】→【客户合同管理】界面中，单击【新增】按钮，填写合作单位信息表，单击【提交】按钮，即新增完毕。

操作界面如图 2.20～图 2.22 所示。

客户收货人编号	客户收货人姓名	客户收货人地址
10009	腾松	天津市新技术产业园区二纬路6号海泰绿色产
10010	石朝霞	石家庄市振岗路48号
10011	甘永键	衡水市和平西路2589号
10012	彭英茹	保定市环西北延288号
10013	杨若芬	石家庄市石获南路127号
10014	王景山	唐山市长宁道26号
10015	孟亲利	唐山市建华东道9号
10016	刘建强	天津市南开区罗平道11号
10017	收货部	天津市和平区建设路21号

图 2.18　收货人管理模块

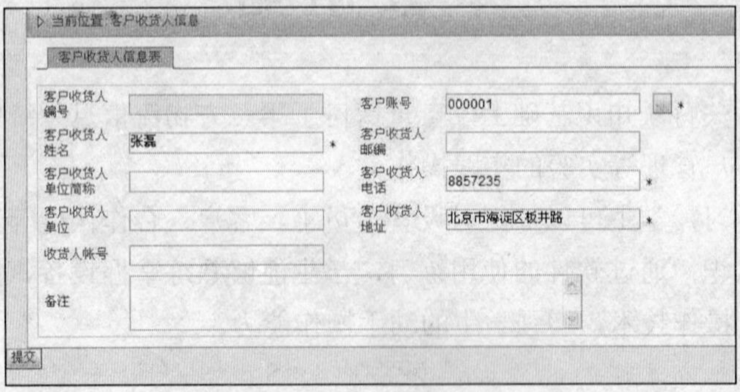

图 2.19　添加收货人信息

合同名称	客户帐号	业务代表人
国内陆运服务协议书	G01000016	杨铮

图 2.20　客户合同管理

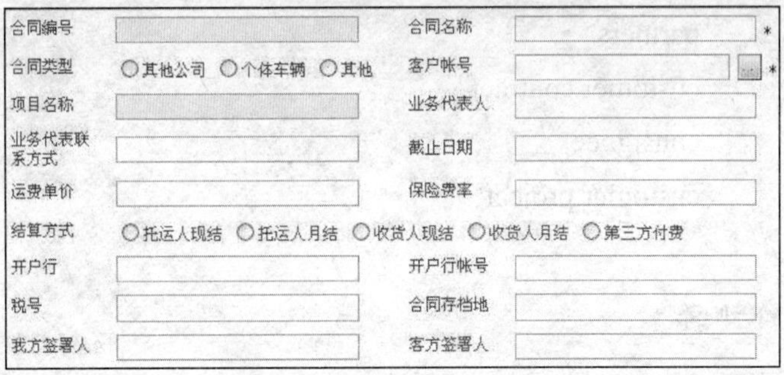

图 2.21　添加客户合同信息

客户合同管理

	合同编号	合同名称	客户帐号	业务代表人	截止日期
☆	HT-G020005	78965265	G015052		
☆	HT-G020006	ASD	G015051		2008-06-26
☆	HT-G020007	SSSSS	000004		

图 2.22　提交复核客户合同信息

在【客户管理】→【合作伙伴管理】→【客户合同查询】界面中，查看客户合同信息。操作界面如图 2.23 所示。

▷ 客户合同查询

	合同编号	合同名称	客户帐号
☆	HT-G01000012		G01000012
☆	HT-G020003		
☆	HT-G020004	wsr客户合同	G015048

图 2.23　查询客户合同信息

本 章 小 结

本章在介绍相关背景知识基础上，着重探讨了第三方物流信息系统中基本信息管理、合作伙伴管理、客户管理等实验的实践操作。

通过本章的学习，学生可以加深对设备、员工、客户、合作伙伴等基础信息管理在物流企业重要性的认识；通过软件的使用练习，学生能够熟练掌握设备、员工、客户、合作伙伴管理等一系列操作技术，增强学生的动手操作能力。

关键术语

人力资源管理	human resource management，HRM
设备管理	equipment management
客户关系管理	customer relationship management，CRM
合作伙伴	partners
客户合同	customer contract
收货人	consignee
客户项目	customer project

实际操作训练

实验报告一

某第三方物流公司的购置设备情况如下。

(1) 2012 年 3 月 1 日，公司购置办公电脑两台。

(2) 2012 年 3 月 4 日，公司购置 POS 机一台；RFID 手持终端一部。

(3) 2012 年 3 月 10 日，公司购置堆垛机一台。

基于上述资料及时登记购置设备信息，并于 2012 年 3 月底向领导提交本月新增设备清单，完成实验报告。

实验报告二

某第三方物流公司根据业务需要，于 2012 年 4 月向社会公开招聘质检员 2 名，验货员 1 名，会计人员 1 名。

要求：根据招聘的人员情况，录入新增人员信息。基于企业的新增人员情况，于月末向主管领导汇报新增员工情况，完成实验报告。

实验报告三

某第三方物流公司在 2012 年 3 月 1 日～31 日，新增客户合同 28 项，交付任务、完成客户合同 18 项。

要求：

(1) 对新增客户合同进行登记录入。

(2) 对已交付完成任务、结束合同关系的项目进行注销。

基于上述实际业务的发生情况，于月底做出工作总结上交部门领导，完成实验报告。

第3章 仓储管理

【教学要点】

- 加深学生对仓储管理知识的理解与认识，熟悉物流仓储过程中所涉及的作业环节，如入库作业、出库作业、移库作业、盘点作业等。
- 掌握仓储管理系统操作技术，增强学生的实际操作能力。

导入案例

正泰集团的自动化立体仓库管理

目前，正泰集团公司是我国低压电器行业中最大的销售企业。主要设计制造各种低压工业电器、部分中高压电器、电气成套设备、汽车电器、通信电器、仪器仪表等，其产品达150多个系列、5000多个品种、20000多种规格。“正泰”商标被国家认定为驰名商标。该公司2002年销售额达80亿元，综合实力被国家评定为全国民营企业500强第5位。在全国低压工业电器行业中，正泰首先在国内建立了三级分销网络体系，经销商达1000多家。同时，建立了原材料、零部件供应网络体系，协作厂家达1200多家。

1. 立体仓库的功能

正泰集团公司自动化立体仓库是公司物流系统中的一个重要部分。它在计算机管理系统的高度指挥下，高效、合理地贮存各种型号的低压电器成品。准确、实时、灵活地向各销售部门提供所需产成品。并为物资采购、生产调度、计划制订、产销衔接提供了准确信息。同时，它还具有节省用地、减轻劳动强度、提高物流效率、降低储运损耗、减少流动资金积压等功能。

2. 立体仓库的工作流程

正泰立体仓库占地面积达1600平方米(入库小车通道不占用库房面积)，高度近18米，3个巷道(6排货架)。其基本工作流程如下。

1) 入库流程

仓库二、三、四层两端6个入库区各设一台入库终端，每个巷道口各设两个成品入库台。需入库的成品经入库终端操作员录入产品名称、规格型号和数量。控制系统通过人机界面接收入库数据，按照均匀分配、先下后上、下重上轻、就近入库、ABC分类的原则，计算机自动分配一个货位，并提示入库巷道。搬运工可依据提示，将装在标准托盘上的货物由电瓶车送至该巷道的入库台上。监控机指令堆垛机将货盘存放于指定货位。

库存数据入库处理分两种类型：一种是需操作员在产品入库之后，将已入库托盘上的产品名称(或代码)、型号、规格、数量、入库日期、生产单位等信息在入库客户机上通过人机界面而输入；另一种是托盘入库。

2) 出库流程

底层两端为成品出库区，中央控制室和终端各设一台出库终端，在每一个巷道口设有LED显示屏幕，用于提示本盘货物要送至装配平台的出门号。需出库的成品，在操作人员录入产品名称、规格、型号和数量后，控制系统按照先进先出、就近出库、出库优先等原则，查出满足出库条件且数量相当或略多的货盘，修改相应账目数据，自动地将需出库的各类成品货盘送至各个巷道口的出库台上，经电瓶车取出并送至汽车上。同时，出库系统在完成出库作业后，在客户机上形成出库单。

3) 回库空盘处理流程

底层出库后的部分空托盘经人工叠盘后，操作员录入空托盘回库作业命令，搬运工依据提示，用电瓶车将空托盘送至底层某个巷道口，堆垛机自动将空托盘送回立体库二、三、四层的原入口处，再由各车间将空托盘拉走，形成一定的周转量。

3. 立体库主要设施

1) 托盘

所有货物均采用统一规格的钢制托盘，以加强互换性，降低备用量。此种托盘能满足堆垛机、叉车等设备装卸的需求，又可实现在输送机上运行。

2) 高层货架

采用特制的组合式货架，横梁结构。该货架结构美观大方，省料实用，易安装施工，属一种比较优化的结构。

3) 巷道式堆垛机

根据本仓库的特点，堆垛机采用下部支承、下部驱动、双方柱型式的结构。该机在高层货架的巷道内按X、Y、Z 3个坐标方向运行，将位于各巷道口入库平台的产品存入指定的货格，或将货格内产品运出送到巷道口出库台。该堆垛机机动性设计与制造严格按照国家标准进行，并对结构强度和刚性进行了精密计算，以保证机构运行平稳、灵活、安全。堆垛机配备有安全运行机构，以杜绝偶发事故。

4. 计算机管理及监控调度系统

该系统不仅对信息流进行管理，同时也对物流进行管理和控制，集信息流与物流于一体。同时，还对立体库所有出入库作业进行最佳分配及登录控制，并对数据进行统计分析，以便对物流实现宏观调控，最大限度地降低库存量及资金的占用，加速资金周转。在日常存取活动中，尤其是库外拣选作业，难免会出现产品存取差错，因而必须定期进行盘库。

盘库处理通过对每种产品的实际清点来核实库存产品数据的准确性，并及时修正库存账目，达到账物统一。盘库期间堆垛机将不做其他类型的作业。在操作时，即对某一巷道的堆垛机发出完全盘库指令，堆垛机按顺序将本巷道内的货物逐次运送到巷道外，产品不下堆垛机，待得到回库的命令后，再将本盘货物送回原位并取出下一盘产品，以此类推，直到本巷道所有托盘产品全部盘点完毕，或接收到管理系统下达的盘库暂停的命令进入正常工作状态。若本巷道未盘库完毕便接收到盘库暂停命令，待接到新的指令后，继续完成盘库作业。

正泰集团公司高效的供应链大大降低了物资库存周期，提高了资金的周转速度，减少了物流成本和管理费用。自动化立体仓库作为现代化的物流设施，对提高该公司的仓储自动化水平具有重要的作用。

资料来源：http://www.doc88.com/p-29935848698.html

【问题与思考】

1. 思考正泰集团自动化立体仓库的日常存取活动中的入库流程和出库流程是如何运作的？
2. 如何理解盘库作业的重要性？

3.1 实验一　库房管理

3.1.1 实验目的

本实验主要是对库房信息、门信息及库管员信息等库房管理信息进行录入，并且进行区/储位的信息管理。

实验目的的主要如下。

(1) 了解仓储、储存场所分配的基础知识。

(2) 熟练通过仓储管理软件对库房信息、门信息及库管员的信息进行录入。

(3) 掌握区/储位管理的相关操作。

3.1.2 实验准备

1) 教师准备

通过“金文第三方物流系统”中仓储管理系统的库房管理实验平台，对此项实验所需的用户资料、情景数据、实验任务的后台配置进行完善。

2) 学生准备

结合课堂所学知识，掌握库房管理业务的相关基础知识。

3.1.3 背景知识

1. 仓储概述

1) 仓储的概念

“仓”可以称为仓库，是存放物品的建筑物和场地，可以为房屋建筑、大型容器、洞穴或者特定的场地等，具有存放和保护物品的功能。“储”表示收存以备使用，具有收存、保管、交付使用的意思，当适用有形物品时也称为储存。“仓储”就是利用仓库存放、储存未即时使用或将使用物品的行为。概括“仓储”二字的含义，仓储就是在特定的场所储存物品的行为。

2) 仓储的形成

仓储的形成是社会产品出现剩余和产品流通的需要。当产品不能被即时消耗掉，需要专门的场所存放时，就产生了静态的仓储。而将物品存入仓库以及对存放在仓库里的物品进行保管、控制、提供使用等管理，就形成了动态仓储。仓储在整个物品流通过程中具有相当重要的作用。马克思在《资本论》中说道：“没有商品的储存就没有商品的流通。”有了商品的储存，社会再生产过程中物品的流通过程才能正常进行。

3) 仓储的性质

仓储的性质可以归结为：仓储是物质产品的生产持续过程，物质的仓储也创造着产品的价值；仓储既有物品静态的储存，也有物品动态的存取、保管、控制监督的过程；仓储活动发生在仓库等特定的场所；仓储的对象既可以是生产资料，也可以是生活资料，但必须是实物动产。

仓储管理是现代物流管理的重要内容之一，是向物品提供存放场所、物品的存取和对存放物品的保管保养、控制监督与核算等过程的统称。现代仓储与传统仓储比较，有着较大的区别：传统仓储管理主要体现的是对物品的管理，体现出静态的特性；而现代仓储管理更注重满足客户需求、高动态响应和低成本等的管理。

2. 仓储的作用

商品的仓储活动是由商品生产和商品消费之间的客观矛盾决定的。商品在从生产领域向消费领域转移的过程中，一般都要经过商品的仓储阶段，这主要是由商品生产和商品消费在时间上、空间上以及品种和数量等方面的不同步所引起的。

1) 实现社会再生产过程顺利进行的必要条件

仓储活动正是由生产与消费在空间、时间以及品种、数量等方面存在的矛盾引起的。尤其是在现代化大生产的条件下，专业化程度不断提高，社会分工越来越细，随着生产的发展，这些矛盾又势必进一步地扩大。这样，在仓储活动中就不能简单地采取把商品生产和消费直接联系起来的办法，而需要对复杂的仓储活动进行精心组织，拓展各部门、各生产单位之间相互交换产品的深度和广度，在流通过程中不断进行商品品种上的组合，在商品数量上不断加以集散，在地域和时间上进行合理安排。

通过做好流通、仓储活动，发挥仓储活动连接生产与消费的纽带和桥梁作用，借以克服众多的相互分离又相互联系的生产者之间、生产者与消费者之间在商品生产与消费地理上的分离，衔接商品生产与消费时间上的不一致，以及调节商品生产与消费在方式上的差异，使社会简单再生产和扩大再生产能在建立一定的商品资源的基础上，保证社会再生产的顺利进行。

2) 保持物资原有使用价值和合理使用物资的重要手段

任何一种物资，在它生产出来以后至消费之前，由于其本身性质、所处条件，以及自然的、社会的、经济的、技术的因素，都可能使物资使用价值在数量上减少、质量上降低，所以必须创造必要的条件，避免使物资造成损害。因此，必须进行科学管理以加强对物资的养护，通过仓储活动保护好处于暂时停滞状态物资的使用价值。同时，在物资仓储过程中，努力做到流向合理，加快物资流转速度，注意物资的合理分配，合理供料，不断提高工作效率，使有限的物资能及时发挥最大的效用。

3) 加强资金周转，节约流通费用，降低物流成本

仓储活动是物质产品在社会再生产过程中必然出现的一种形态，这对整个社会再生产，对国民经济各部门、各行业的生产经营活动的顺利进行，都有着巨大的作用。

然而，在仓储活动中，为了保证物资的使用价值在时空上的顺利转移，必然要消耗一定的物化劳动和活劳动，尽管这些合理费用的支出是必要的，但由于它不能创造使用价值，因而，在保证物资使用价值得到有效的保护，有利于社会再生产顺利进行的前提下，费用支出得越少越好。做好物资的仓储活动，就可以减少物资在仓储过程中的物质耗损和劳动消耗，就可以加速物资的流通和资金的周转，从而节省费用支出，降低物流成本，开拓“第三利润源泉”，提高社会的、企业的经济效益。

4) 物资仓储活动是物资供销管理工作的重要组成部分

物资仓储活动在物资供销管理工作中有特殊的地位和重要的作用。从物资供销管理工作的全过程来看，它包括供需预测、计划分配、市场采购、订购衔接、货运组织、储存保管、维护保养、配送发料、用料管理、销售发运、货款结算、客户服务等主要环节。

各主要环节之间相互依存、相互影响，关系极为密切。其中，许多环节属于仓储活动，它们与属于“商流”活动的其他环节相比，所消耗和占用的人力、物力、财力多，受自然的、社会的各种因素影响大，组织管理工作有很强的经济性，既涉及政治经济学、物理、化学、机械、建筑、气象等方面的知识，又涉及物资流通的专业知识和专业技能，它与物资经济管理专业的其他课程，如产品学、物资经济学、物资计划与供销管理、物资统计学、会计学等都有直接的密切联系。

3. 储存场所分配

储存场所的分配，是指在仓库生产作业区内，合理安排每一项库存物资的存放地点和位置，一般包括储存区划分，库房、物料棚和货场的分配，楼库层分配，确定存入同一库房的物资品种等。

1) 储存区划分

储存区的划分可根据实际需要确定。按照储存物资的自然属性分区，可分为金属材料储存区、非金属材料储存区、机电产品储存区等；按照储存物资的用途分区，可分为通用物资储存区和专用物资储存区；按照储存货物使用方向分区，可分为生产资料储存区和生活资料储存区等。一般情况下，经常按照物资的自然属性划分储存区。

划分物资储存区必须做到储存任务与仓库设施相统一。应根据仓库物资的周转规律和储存物资的类别、品种、数量以及对储存、装卸搬运及运输条件的要求等划分储存区。

由于库存物资的品种和数量可能经常变化，因此物资储存区的划分是动态的，随着储存任务的变化可以做相应的调整。

2) 库房、物料棚和货场的分配

一个储存区内通常可以拥有几栋库房，还可以包括物料棚和货场。仓库在划定储存区后，就要统一安排各储存区内的仓储设施。

库房是指专门用来储存商品的房屋。

物料棚是用来存放商品的棚子，它是一种简易仓库，特点是不需要配备养护设施，一般用于商品的中转或加工中的临时存放。物料棚应防止雨雪渗透，两侧或四周必须有排水沟或管道，物料棚内的地坪应该高于棚外的地面，最好铺垫沙石并夯实，一般应该垫高。按封闭的程度，物料棚又分为敞棚(四面无墙)、半敞棚(一面有墙)和有墙棚(三面有墙)。

货场一般是露天堆放商品的场地，又称露天仓库。货场的场地应该坚实、平坦、干燥、无积水和杂草，场地必须高于四周地面，垛底还应该垫高 40cm。

各类物资能否被合理地分配到库房、物料棚或货场，对提高保管质量、便于仓库作业和降低保管费用有直接的影响，这也是做好物资保管的基础，应综合考虑各方面的因素，如货物的理化性质、加工程度、价值、用途和作用、批量大小、单位重量和体积等，其中理化性质是主要依据。此外，货物在库保管时间的长短、仓库所在地的地理气候条件、储存货物的季节等也是必须考虑的因素。

一般来说，若风吹、日晒、雨淋及温湿度变化对物资无显著影响，则这类物资都可放在露天货场，如生铁锭块、毛坯、钢轨、大型钢材、铸铁管、原木和大型粗制配件等；凡日晒雨淋易变质损坏，而温湿度变化对其影响不大的物资，可存放在物料棚里保管，如中型钢材、钢轨配件、优质木材、耐火砖、电缆等；受雨雪侵袭、风吹日晒及温湿度的影响容易造成损害的物资，应存放在普通库房，如小型钢材、优质钢材、金属制品、有色金属材料、车辆配件、水泥、化工原料、机械设备等；风吹、日晒、雨淋及温湿度变化对其有显著影响，容易损坏的物资，应存放在专业库房，这类物资主要是各种危险品，如汽油、炸药、压缩气体、有毒物品、腐蚀性物品和放射性物品等。

3) 楼库层次分配

楼库通常为 3～5 层，在分配时应根据各层的保管条件和作业要求合理存放物资，充分发挥各楼层的作用。

楼库最底层的优点是承载能力强、净空较高、前后和左右一般都设有库门，有的楼库还有库边站台，收发作业很方便，但楼库底层的地坪易返潮，且容易受到库边道路振动和灰尘的影响，因此应存放单位体积和单位重量大或收发作业频繁的物资，如金属材料、机械零部件、机械设备等。

楼库中间层的保管条件比较优越，相比底层较为干燥，通风采光良好，受外界温湿度的影响较小，缺点是楼板的承载能力较差，净空比较低，需要垂直方向搬运，作业不方便。所以楼库中间层适合存放体积小、重量轻、要求保管条件比较高的物资，如仪器仪表、电子器件、电工器材等。

楼库的最顶层通风采光良好、干燥，但是屋顶直接受日光照射，夏天受温度的影响比较大，库内温度高于其他各层，而冬季由于散热面积大，所以库内温度低于其他各层，这些因素对物资保管不利。此外，楼层越高，垂直搬运距离越大，作业越不方便。因此楼库的最顶层适合储存收发不太频繁，一般要求保管条件的体积小、重量轻的物品，如纤维及纤维制品、塑料制品等。

4) 确定存入同一库房的物资品种

存入同一库房(或同一楼层)的物资要考虑彼此之间的互容性。例如，金属材料、金属制品、金属零配件、机械设备等具有互容性，存放在一起，彼此之间不会发生不良影响，因此允许存入同一库房。而有些物资之间由于性能不同，相互有影响或相互抵触，则不能存入同一库房，如粉尘材料同精密仪器仪表，化学危险品同一般物资等不能混存。

此外，若物资的保管条件要求不同，则不能存入同一库房。例如，湿度条件要求不同的物资，不能同时在同一库房内得到满足，不宜存入同一库房；灭火方法要求不同的物资，不应存入同一库房，以免造成消防工作的困难，如有的物资可以用水灭火，而有些物资则不能用水灭火。

3.1.4 实验步骤

1. 库房管理

在【库房管理】界面中，单击【新增】按钮，填写库房信息、门信息、库管员信息后，单击【提交】按钮，即新增完毕。

操作界面如图 3.1～图 3.5 所示。

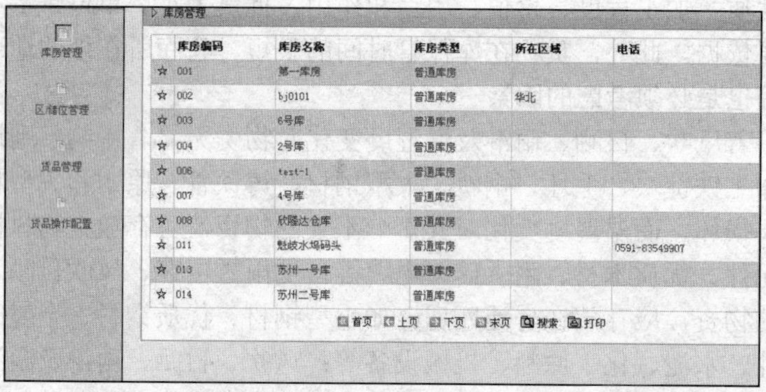

图 3.1　库房管理

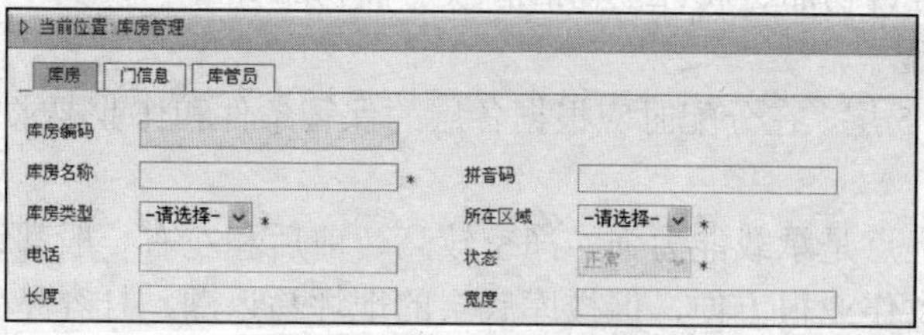

图 3.2　添加库房信息

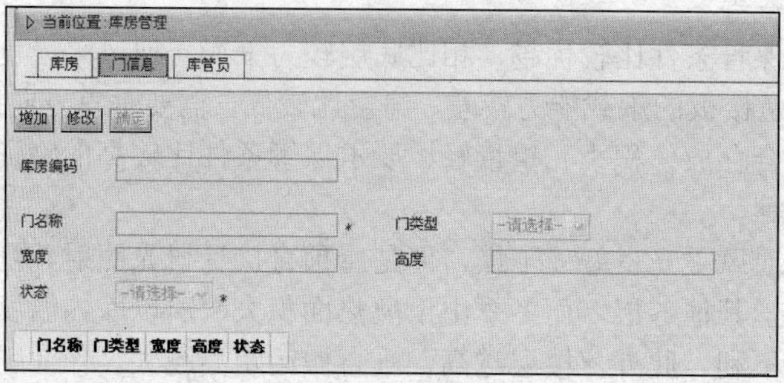

图 3.3　添加门信息

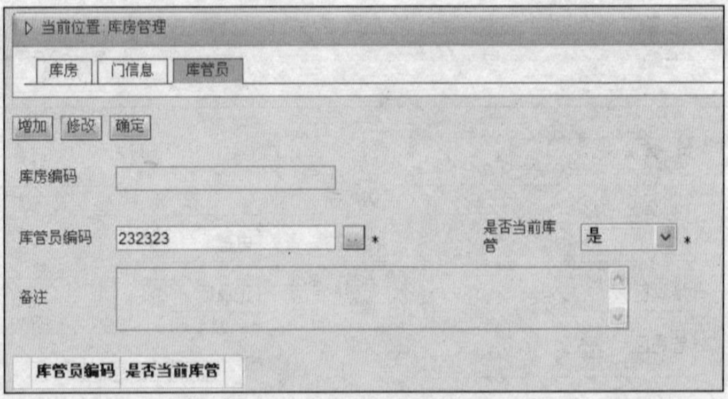

图 3.4　添加库管员信息

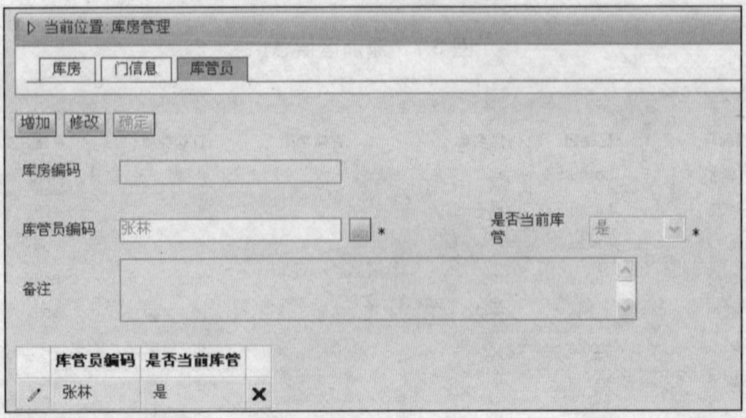

图 3.5　保存库房信息

2. 区/储位管理

在【库房管理】→【区/储位管理】界面中选择待分配储位的仓库，单击【新增】按钮，填写相关信息后，单击【提交】按钮即可保存。

操作界面如图 3.6～图 3.9 所示。

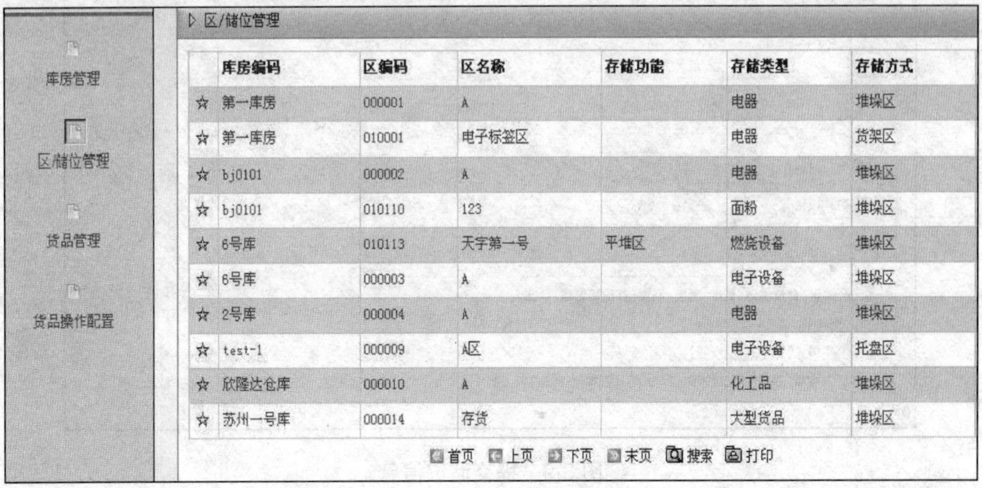

	库房编码	区编码	区名称	存储功能	存储类型	存储方式
☆	第一库房	000001	A		电器	堆垛区
☆	第一库房	010001	电子标签区		电器	货架区
☆	bj0101	000002	A		电器	堆垛区
☆	bj0101	010110	123		面粉	堆垛区
☆	6号库	010113	天宇第一号	平堆区	燃烧设备	堆垛区
☆	6号库	000003	A		电子设备	堆垛区
☆	2号库	000004	A		电器	堆垛区
☆	test-1	000009	A区		电子设备	托盘区
☆	欣隆达仓库	000010	A		化工品	堆垛区
☆	苏州一号库	000014	存货		大型货品	堆垛区

图 3.6　区/储位管理

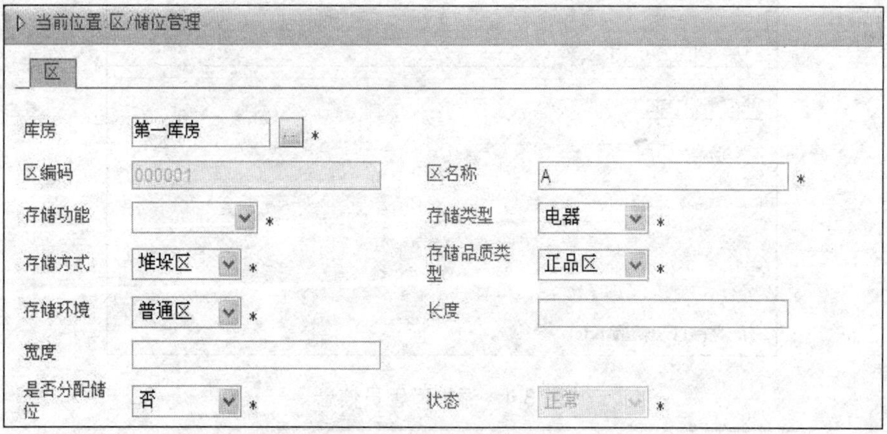

图 3.7　添加区信息

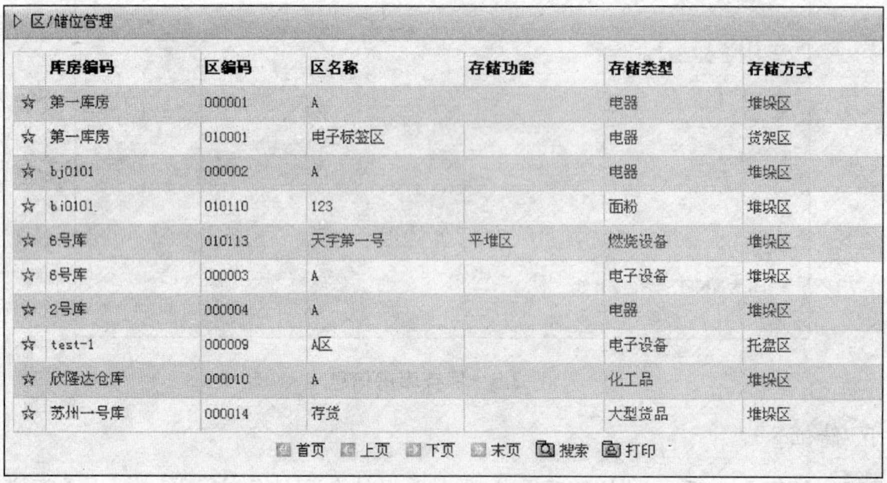

	库房编码	区编码	区名称	存储功能	存储类型	存储方式
☆	第一库房	000001	A		电器	堆垛区
☆	第一库房	010001	电子标签区		电器	货架区
☆	bj0101	000002	A		电器	堆垛区
☆	bi0101	010110	123		面粉	堆垛区
☆	6号库	010113	天宇第一号	平堆区	燃烧设备	堆垛区
☆	6号库	000003	A		电子设备	堆垛区
☆	2号库	000004	A		电器	堆垛区
☆	test-1	000009	A区		电子设备	托盘区
☆	欣隆达仓库	000010	A		化工品	堆垛区
☆	苏州一号库	000014	存货		大型货品	堆垛区

图 3.8　分配储位

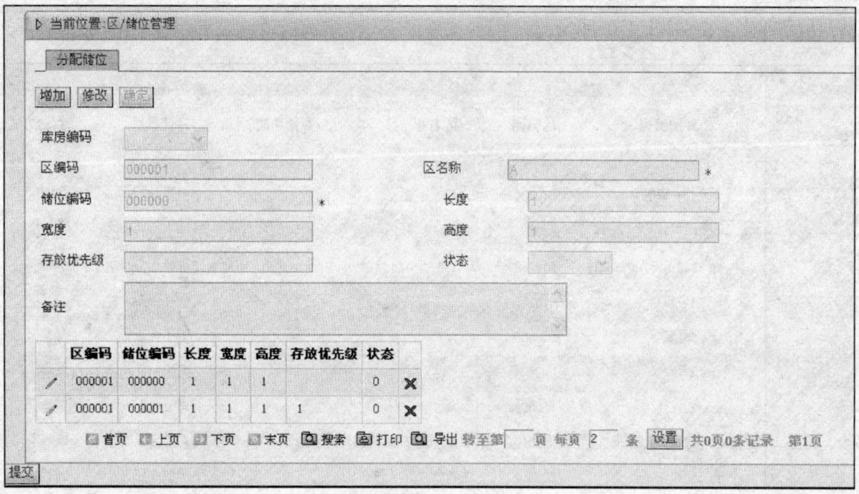

	区编码	储位编码	长度	宽度	高度	存放优先级	状态	
✎	000001	000000	1	1	1		0	✕
✎	000001	000001	1	1	1	1	0	✕

图 3.9　提交储位信息

3.2 实验二 货品管理

3.2.1 实验目的

本实验主要是对货品信息进行录入、货品配置的操作等。

实验目的主要如下。

(1) 了解库存管理中货品 ABC 分类的基础知识。

(2) 掌握通过货品管理系统对货品信息进行录入，以及对货品进行 ABC 分类的方法。

(3) 熟练操作货品操作配置及客户品检要求配置。

3.2.2 实验准备

1) 教师准备

通过“金文第三方物流系统”中仓储管理系统的货品管理平台，对此项实验所需的用户资料、情景数据、实验任务的后台配置进行完善。

2) 学生准备

结合课堂所学知识，掌握仓库货品 ABC 分类的基础知识。

3.2.3 背景知识

库存 ABC 分类与帕累托(Pareto)原理有着类似的思想。帕累托原理最早用于解释经济学中的一个现象，即 20%的人口控制了 80%的财富，这一现象被概括为“重要的少数和次要的多数”，这就是帕累托原理。帕累托原理也适用于企业的库存管理决策中 (大部分决策不怎么重要，而少数决策却影响甚大)。

(1) 将存货单元累计 20%，但成本却占总成本的 80%的物料划分为 A 类库存。

(2) 将存货单元累计 20%～50%，而成本占总成本 15%的物料划分为 B 类库存。

(3) 将存货单元累计 50%～100%，而成本占总成本 5%的物料划分为 C 类库存。

字母 A、B 和 C 代表不同的分类且其重要性递减，选用这 3 个字母并没有特别的意义，将物料分为 3 级也不是绝对的。这种分类并不是影响物料重要性的唯一标准，除此之外，还有其他划分标准，如物料的单位成本、物料的资源是否容易获得、提前期、物料的缺货成本等。

运用 ABC 法的关键在于如何以“重要的少数和次要的多数”作为依据，通过定性和定量的分析，将管理对象的库存物料按照分类指标划分为 ABC 3 类，然后采取相应的控制策略，这就是 ABC 分类法的基本思想。

1. 实施策略

在实践中，人们常以产品品种数量和对应的金额作为划分标准，需要强调的是，这并不是物料分类的唯一准则，只是一般的 ABC 分类法。ABC 分类法实施的一般程序如下：

(1) 确认库存中每一种物料的年度使用量。

(2) 将每一种物料的年度使用量和物料的成本相乘，计算每一种物料的年度使用金额。

(3) 将所有物料的年度使用金额求和，得到全年度的库存总金额。

(4) 将每一种物料的年度使用金额分别除以全年度的库存总金额，计算出每一种物料的总计年度使用百分比。

(5) 将物料根据年度使用百分比由大至小排序。

(6) 检查年度使用量分布，并根据年度使用量百分比将物料加以分类。

2. 控制策略

对库存进行分类的目的是按照利用价值对存货单元加以区别对待，采用不同的库存控制策略分别进行控制。一般对于高价值 A 类物料，应集中力量进行控制以减少库存；相反，对于低价值的物料，如 C 类物料，通常维持较大库存以避免缺货。可从以下几个方面实施物料的控制策略。

(1) A 类物料。应对此类物料进行严格跟踪，精确地计算订货点和订货量，并且经常进行维护。

(2) B 类物料。实施正常控制，只有特殊情况下才赋予较高的有限权控制，可按经济批量订货。

(3) C 类物料。尽可能简单地控制，可通过半年或一年一次的盘点来补充大量的库存，给予最低的作业有限权控制。

这种 ABC 分类法简单易行，有助于分析和控制重点物料，但是，其缺点也显而易见：首先，判别的标准不全面，仅仅根据品种、金额的多少，难以进行科学分类，如有些备件，或比较重要的物料，尽管占用金额不高，但对生产影响大，且采购周期较长，这类物料也应归为A类物料。然而，如果按照一般 ABC 分类法，这类物料也许应归为 B 类或 C 类物料。因此，ABC 的划分不仅取决于品种和金额的大小，同时应考虑物料的重要性程度、采购周期的长短等，只有综合考虑这些因素，才能合理地区分 A、B、C。另外，一般分类法只是一种粗略的区别，因为通常物料品种很多，一次划分难以合理，也不易控制，因此，需要更细、更具体的、针对性的划分方法。

此外，需要说明的是，对不同的产品，如外购件、自制件、独立需求产品和相关需求产品等应进行不同的 ABC 分析。在分析过程中，不能忽略需求和未来的发展趋势，库存量及库存管理的重点应根据市场的需求变化进行动态调节，此一时是 A 类物料，彼一时则可能是 B 类物料。另外，仓库管理部门和其他部门(如销售部门、工程部门)等应实现信息共享。如果某一时期，销售部门计划放弃某产品，则应将信息及时反馈至仓库管理部门。仓库管理部门还应与供应厂商保持联系，因为可能由于市场的变化，某种产品不再生产，则供货商必须及时得到该信息以决定采取相应的库存管理策略。

3.2.4 实验步骤

1. 货品信息管理

在【库房设计】→【货品管理】→【货品信息管理】界面中，单击【新增】按钮，填写货品信息、货品数量对照信息后，单击【提交】按钮，即新增完毕。

操作界面如图 3.10～图 3.14 所示。

图 3.10 货品信息管理

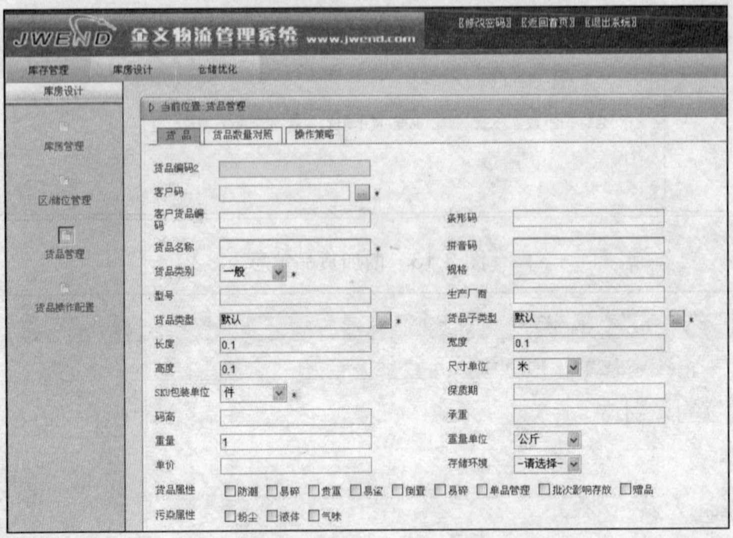

图 3.11 录入货品信息

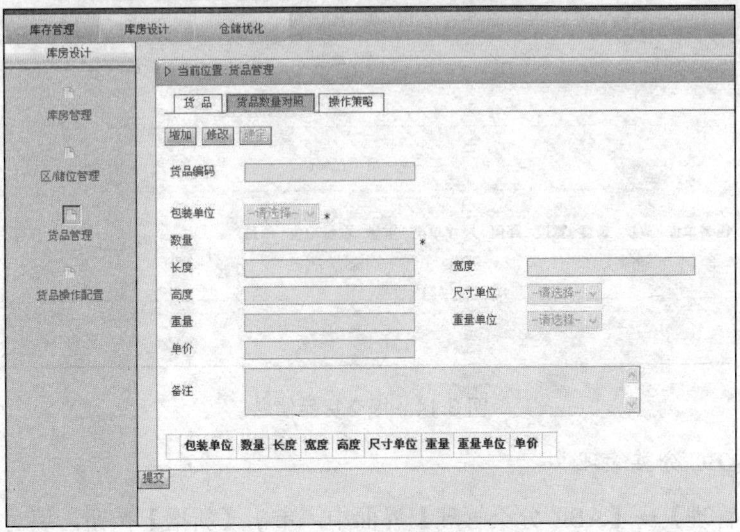

图 3.12 货品数量对照

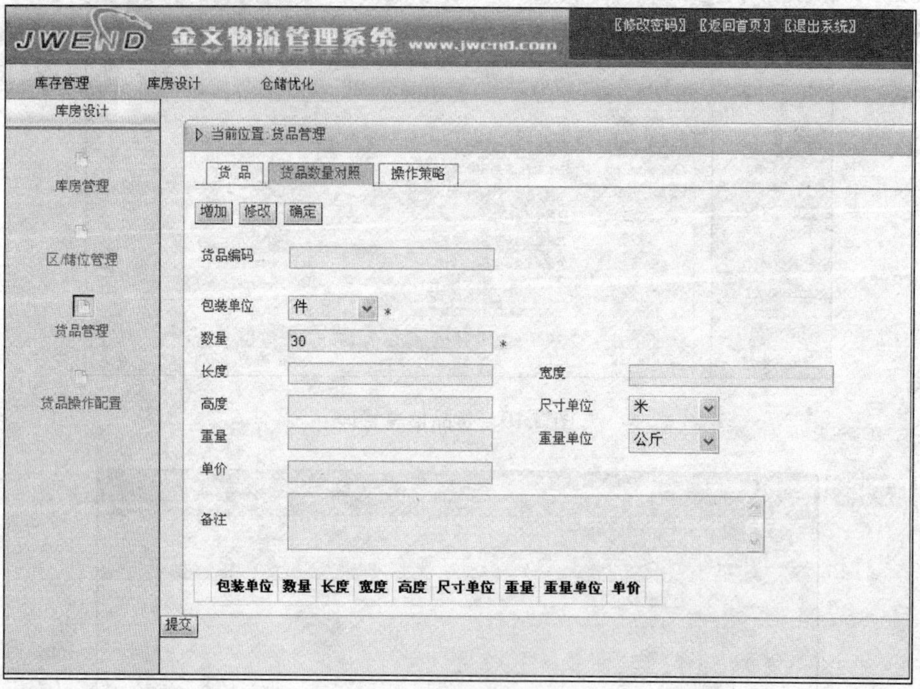

图 3.13 增加货品信息

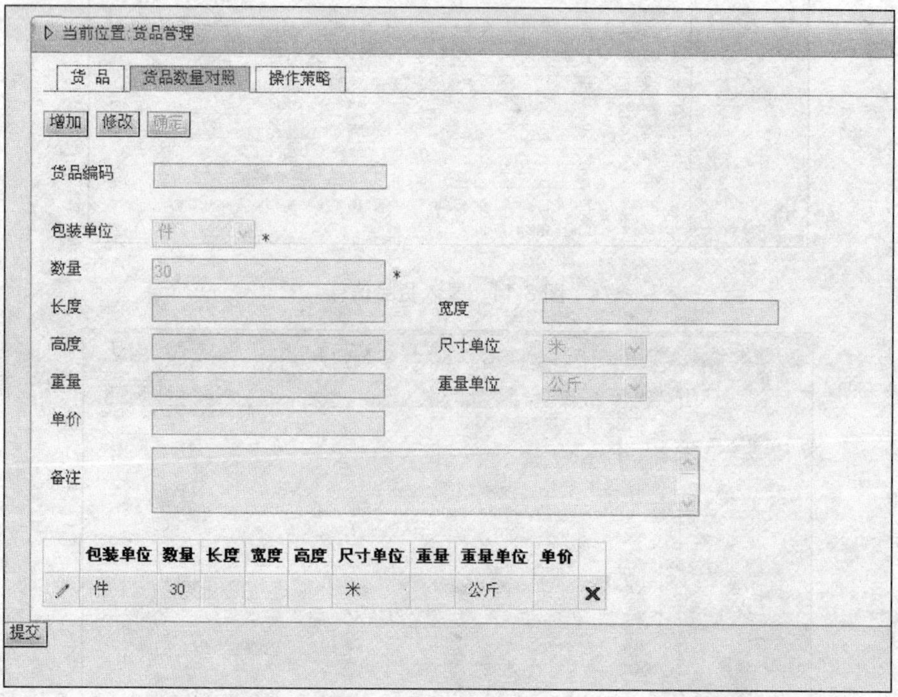

图 3.14 提交货品信息

2. 货品 ABC 分类管理

在【货品管理】→【ABC 分类管理】界面中，单击【新增】按钮，填写基本信息和人员工种后，单击【确定】按钮。

操作界面如图 3.15 所示。

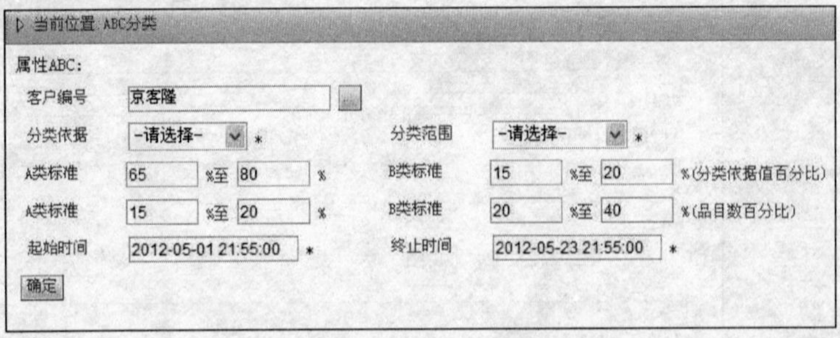

图 3.15　属性 ABC

然后单击【确定】按钮完成属性 ABC 分类。

填写库房信息、分类标准、分类范围等信息，单击【确定】按钮完成作业 ABC 设置。

操作界面如图 3.16 所示。

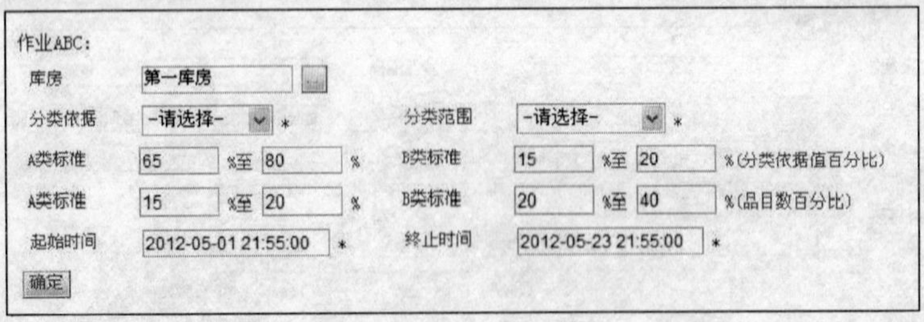

图 3.16　作业 ABC

3. 货品操作配置

在【库房设计】→【货品管理】→【货品操作配置】界面中，单击【新增】按钮，填写基本信息后，单击【提交】按钮，即新增完毕。

操作界面如图 3.17 和图 3.18 所示。

4. 客户品检要求配置

在【库房设计】→【货品管理】→【客户品检要求配置】界面中，单击【新增】按钮，填写相关信息后，单击【提交】按钮，即新增完毕。

操作界面如图 3.19 所示。

图 3.17　货品操作配置

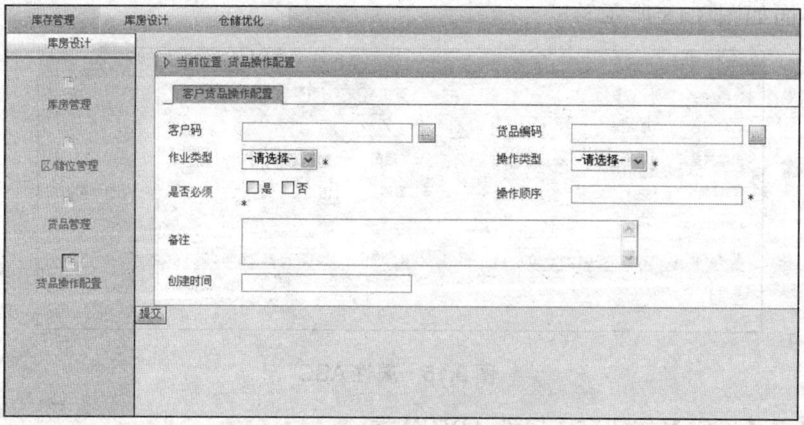

图 3.18 添加货品操作配置信息

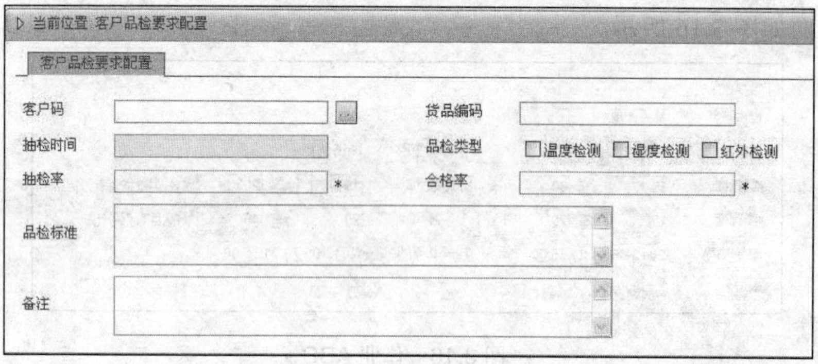

图 3.19 客户品检要求配置

3.3 实验三 配置管理

3.3.1 实验目的

本实验主要是对仓储管理中的作业配置管理、操作配置、库龄管理等进行实训练习。实验目的主要如下。

(1) 了解库龄分析、RFID 及 POS 数据同步的相关基础知识。

(2) 通过后台建立起仓储管理基础资料，熟练掌握如何查询/新增相关的配置，如作业配置、作业任务配置等。

3.3.2 实验准备

1) 教师准备

通过“金文第三方物流系统”中仓储管理系统的配置管理实验平台，对此项实验所需的用户资料、情景数据、实验任务的后台配置进行完善。

2) 学生准备

结合课堂所学知识，了解库龄分析、RFID 及 POS 等相关的基础知识。

3.3.3 背景知识

1. 库龄分析

1) 库存账龄分析的概念

库存周转率是在某特定的周期，销售成本与存货平均余额的比率。用以衡量一定时期内存货资产的周转速度，是反映企业所在供应链整体效率的绩效指标之一，而且很多企业都把它作为整体经营业绩的考核指标之一。

库存账龄是在某时间节点，某种或者某类存货的库存时间的加权平均值。很明显，库存周转率越高，库存账龄越低，但是两者又不是反比关系(比较简单的证明就是同样的平均库存，入库时间的不同就会引起库存账龄很大的差异)，所以虽然这两者有着千丝万缕的联系，但是不能简单地把库存账龄看成库存周转率的一个衍生指标来对待。

2) 库存账龄分析的目的

在库存账龄分析中，其目的主要有以下两点。

(1) 库存成本的控制。在物流信息系统内，库存账龄可以查询指定的时间点、各库存存货的库存账龄情况，即从入库起在仓库中放置了多久。与应收账款的账龄一样，存货的库存账龄越长，说明周转越慢，占压的资金也就越多，即呆滞料。对于呆滞料，应该分析其产生的原因，从计划的源头控制入手，才能最有效地降低无效的库存，达到降低库存总额的目的。呆滞料实际上包括两部分：不周转的物料和周转慢的物料，对于不周转的物料，显然除了上述工作外，还应该做相应的处理，如代用或者变卖。

(2) 存货跌价准备的计提。等同于应收账款的坏账计提，对于超龄的库存，也应该做好存货损失的准备，更真实地反映库存的实际价值。

2. RFID 介绍

RFID 是 radio frequency identification 的缩写，即无线射频识别，俗称电子标签。

最初在技术领域，应答器是指能够传输信息、回复信息的电子模块。近些年，由于射频技术发展迅猛，应答器有了新的说法和含义，又被称为智能标签或标签。RFID 的阅读器(读写器)通过天线与 RFID 电子标签进行无线通信，可以实现对标签识别码和内存数据的读出或写入操作。典型的阅读器包含高频模块(发送器和接收器)、控制单元以及阅读器天线。RFID 技术是一种非接触式的自动识别技术，它通过射频信号自动识别目标对象并获取相关数据，识别工作不需人工干预，可工作于各种恶劣环境。RFID 技术可识别高速运动物体并可同时识别多个标签，操作快捷方便。

RFID 是一种简单的无线系统，只有两个基本器件，用于控制、检测和跟踪物体。系统由一个询问器(或阅读器)和很多应答器(或标签)组成。

1) RFID 的基本组成部分

(1) 标签(tag)，由耦合元件及芯片组成，每个标签具有唯一的电子编码，附着在物体上标示目标对象。

(2) 阅读器(reader)，读取(有时还可以写入)标签信息的设备，可设计为手持式或固定式。

(3) 天线(antenna)，在标签和读取器间传递射频信号。

2) RFID 的基本工作原理

RFID 的基本工作原理并不复杂：标签进入磁场后，接收解读器发出的射频信号，凭借感应电流所获得的能量发送出存储在芯片中的产品信息，或者由标签主动发送某一频率的信号，解读器读取信息并解码后，送至中央信息系统进行有关数据处理。

一套完整的 RFID 系统由阅读器、电子标签也就是所谓的应答器(transponder)，以及应用软件系统 3 个部分所组成，其工作原理是阅读器发射特定频率的无线电波能量给应答器，用以驱动应答器电路将内部的数据送出，此时阅读器便依序接收解读数据，送给应用程序做相应的处理。

以 RFID 卡片阅读器及电子标签之间的通信及能量感应方式来看，大致上可以分成感应耦合(inductive coupling)和后向散射耦合(backscatter coupling)两种。一般低频的 RFID 大都采用第一种方式，而较高频 RFID 大多采用第二种方式。

阅读器根据使用的结构和技术不同，可以是读或读/写装置，是 RFID 系统信息控制和处理中心。阅读器通常由耦合模块、收发模块、控制模块和接口单元组成。阅读器和应答器之间一般采用半双工通信方式进行信息交换，同时阅读器通过耦合给无源应答器提供能量和时序。在实际应用中，可进一步通过以太网(Ethernet)或无线局域网(WLAN)等实现对物体识别信息的采集、处理及远程传送等管理功能。应答器是 RFID 系统的信息载体，目前应答器大多是由耦合原件(线圈、微带天线等)和微芯片组成的无源单元。

3) 零售商推崇 RFID 的原因

据零售业分析师估计，沃尔玛每年因使用 RFID 技术可以节省 83.5 亿美元，其中大部分是因为不需要人工查看进货的条形码而节省的劳动力成本。尽管有些分析师认为 83.5 亿美元这个数字过于乐观，但毫无疑问，RFID 技术有助于解决零售业两个难题：商品断货和损耗(因盗窃和供应链被搅乱而损失的产品)，而现在沃尔玛每年单单盗窃一项的损失就几乎有 20 亿美元，如果一家合法企业的营业额能达到这个数字，就可以在美国 1000 家最大企业的排行榜中名列第 694 位。研究机构估计，这种 RFID 技术能够帮助把失窃和存货水平降低 25%。

3. POS 介绍

销售时点情报系统(point of sale，POS)，在欧洲又简称 EPOS，即 electronics at the point of sale，是一种广泛应用在零售业、餐饮业、旅馆等行业的电子系统，主要功能在于统计商品的销售、库存与顾客购买行为。业者可以透过此系统有效提升经营效率，可以说是现代零售业界经营不可或缺的必要工具。但由于 POS 应用不断扩大，现时许多厂商已将英文“point of sale”改称为“point of service”(服务式端点销售系统)。

最早 POS 系统的功能主要是利用条形码提供一种快速结账的方式，减少店员以人工录入商品价钱造成的错误，但也因此 POS 系统可以透过计算机快速地统计商品的销售情况，再加上与电子订货系统的结合，便可以快速提供业者各种商品的销售状况、库存状况，甚至可以提供不同顾客群的购买行为分析，从而可以让业者更有效率地了解顾客的消费倾向、有效排除滞销的商品，为未来商品的开发提供参考。

以日本便利商店业者来说，管理者可以轻易透过 POS 系统了解过去各商品每日甚至每小时的销售状况，甚至不用实际清点数量便可以知道店内商品的库存数。POS 系统甚至还与天气预报结合，也一并提供来自公司总部的各种商品最新信息，管理者可以透过手持式装置或是计算机得到这些数字，分析与预测未来可能的销售状况，从而作为订货的参考。如此可以减轻不必要的库存压力，也可以有效地掌握顾客动向，进而提高销售额。同时 POS 系统所收集的顾客消费资讯，可结合客户关系管理系统，进一步达到一对一的销售服务。

由于系统的功能多样化，除了零售商，一般餐饮业甚至旅馆业者也纷纷导入使用。

3.3.4 实验步骤

1. 作业配置管理

在【配置管理】→【作业配置管理】界面中，单击【新增】按钮，填写相关信息后，单击【提交】按钮，即新增完毕。

操作界面如图 3.20 所示。

图 3.20 新增作业配置

2. 操作配置

在【配置管理】→【操作管理】界面中，选择一个操作类型，单击【查看】按钮，即可查看操作信息。

操作界面如图 3.21 所示。

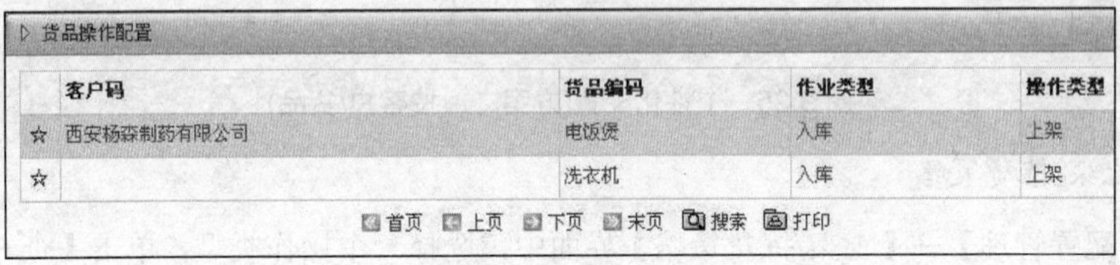

图 3.21 货品操作配置

3. 作业环节配置

在【配置管理】→【作业环节配置】界面中，可选择标准配置或个性化配置。

操作界面如图 3.22～图 3.25 所示。

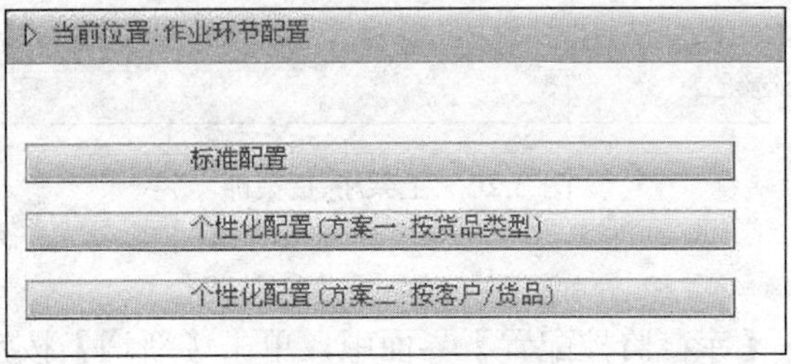

图 3.22 作业环节配置

▷ 作业任务配置

	作业类型	操作类型	是否必须	操作顺序	☐
☆	贴签	贴签		1	☐
☆	组合	组合		2	☐
☆	包装	包装		2	☐
☆	移库	搬运		2	☐
☆	移库	下架		1	☐
☆	出库	下架		1	☐
☆	包装	下架		1	☐
☆	组合	下架		1	☐
☆	移库	上架		3	☐
☆	入库	上架		2	☐

首页 上一页 下一页 末页 查看 打印 转至第 页 每页 10 条 设置 共2页14条记录 第1页

图 3.23 标准配置

▷ 货品类型操作配置

	货品类型	货品子类型	作业类型	操作类型	是否必须	操作顺序	☐
☆	电器	冰箱/冰柜	出库	上架		2	☐

首页 上一页 下一页 末页 查看 打印 转至第 页 每页 10 条 设置 共1页1条记录 第1页

图 3.24 修改化配置(方案一：按货品类型)

▷ 货品操作配置

	客户码	货品编码	作业类型	操作类型	是否必须	操作顺序	☐
☆	达能集团	达能饼干	入库	上架		1	☐
☆	海尔	冰箱	入库	上架		2	☐
☆	苏宁电器	澳柯玛电风扇	入库	上架		4	☐
☆	苏宁电器	海尔冰箱	入库	上架		3	☐
☆	苏宁电器	洗衣机	入库	上架		2	☐
☆	苏宁电器	电视机	入库	上架		1	☐

首页 上一页 下一页 末页 查看 打印 转至第 页 每页 10 条 设置 共1页6条记录 第1页

图 3.25 个性化配置(方案二：按客户/货品)

4. 上架/拣货策略

在【配置管理】→【上架/拣货策略】界面中，选择一个操作类型，单击【查看】按钮，即可查看操作信息。

操作界面如图 3.26 所示。

▷ 上架/拣货策略

	名称	描述
☆	PUTAWAY_DEF	默认上架策略
☆	PICKING_DEF	默认下架策略
☆	PICKING_LIFO	下架时后进先出

图 3.26 上架/拣货策略

5. 库存监控配置

在【配置管理】→【库存监控配置】界面中，单击【新增】按钮，填写相关信息后，单击【提交】按钮，即新增完毕。

操作界面如图 3.27 所示。

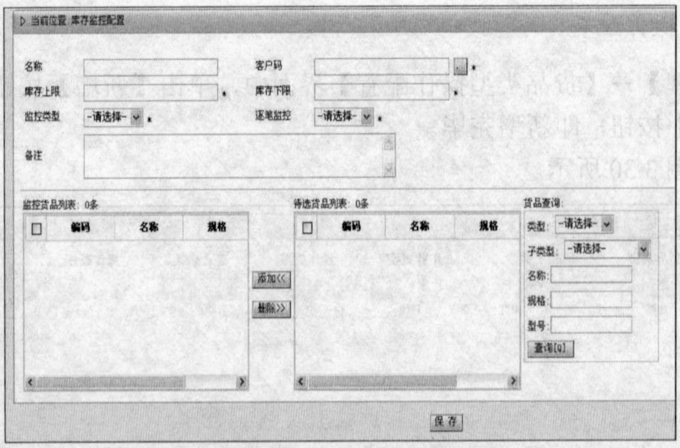

图 3.27 库存监控配置

6. 作业任务配置

在【配置管理】→【作业任务配置】界面中，单击【新增】按钮，填写相关信息后，单击【提交】按钮，即新增完毕。

操作界面如图 3.28 所示。

▷ 作业任务配置

	作业类型	操作类型
☆	贴签	贴签
☆	组合	组合
☆	包装	包装
☆	入库	理货
☆	出库	理货
☆	移库	搬运
☆	移库	下架
☆	出库	下架
☆	包装	下架
☆	组合	下架

图 3.28 作业任务配置

7. 货品类型品检要求配置

在【配置管理】→【货品类型品检要求配置】界面中，单击【新增】按钮，填写相关信息后，单击【提交】按钮，即新增完毕。

操作界面如图 3.29 所示。

▷ 货品类型品检要求配置

	货品类型	货品子类型	抽检率
☆	食品	白面	0.5
☆	建筑材料	家装材料	0.7
☆	电器	服装	0.8
☆	化工品	板材	0.3
☆	建筑材料	服装	0.8

首页 上页 下页 末页 搜索 打印

图 3.29 货品类型品检要求配置

8. 货品类型操作配置

在【配置管理】→【货品类型操作配置】界面中，单击【新增】按钮，填写相关信息后，单击【提交】按钮，即新增完毕。

操作界面如图 3.30 所示。

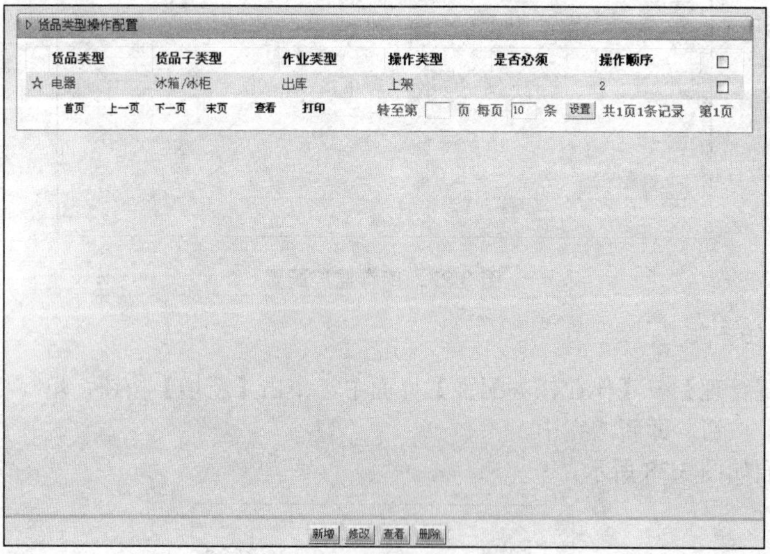

图 3.30 货品类型操作配置

9. 库龄管理设置

在【配置管理】→【库龄管理设置】界面中，单击【新增】按钮，填写相关信息后，单击【提交】按钮，即新增完毕。

操作界面如图 3.31 所示。

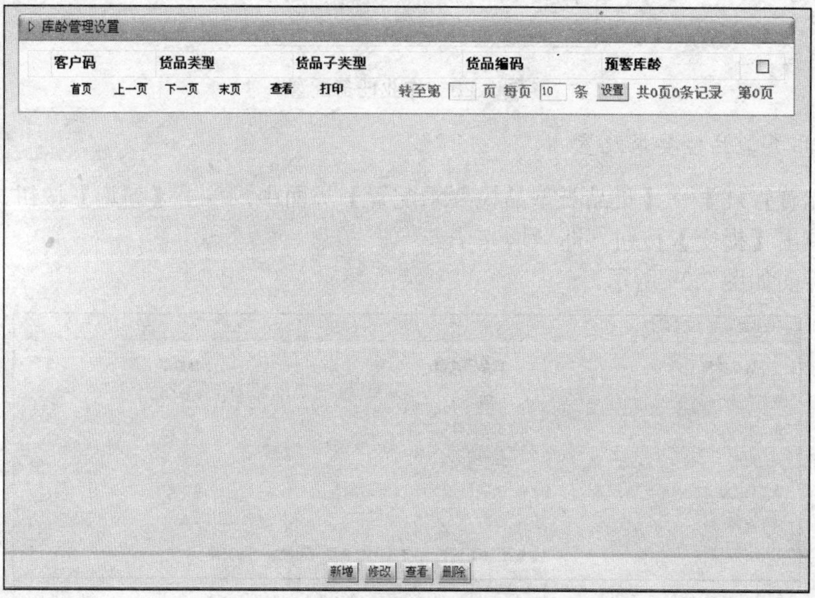

图 3.31 库龄管理设置

10. 储位存放规格

在【配置管理】→【储位存放规格】界面中，单击【新增】按钮，填写相关信息后，单击【提交】按钮，即新增完毕。

操作界面如图 3.32 所示。

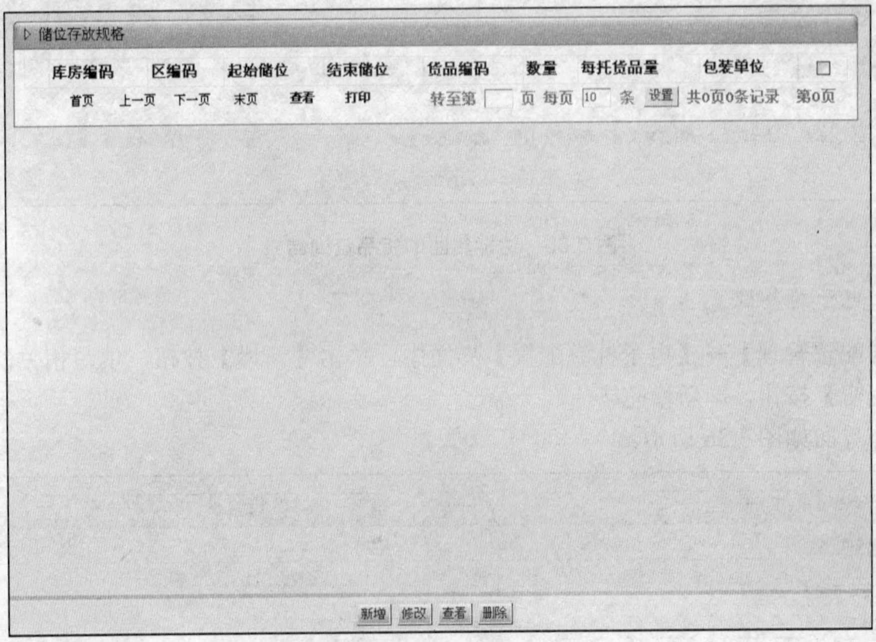

图 3.32 储位存放规格

11. RFID 配置

在【配置管理】→【RFID 配置】界面中选择客户，单击【查询货品】按钮即可。

操作界面如图 3.33～图 3.35 所示。

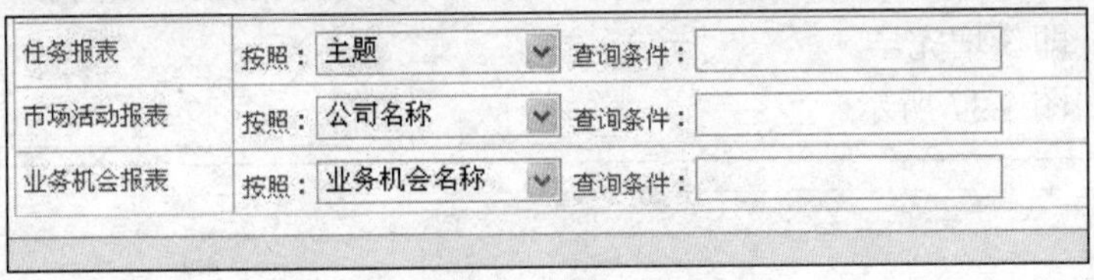

图 3.33 RFID 配置

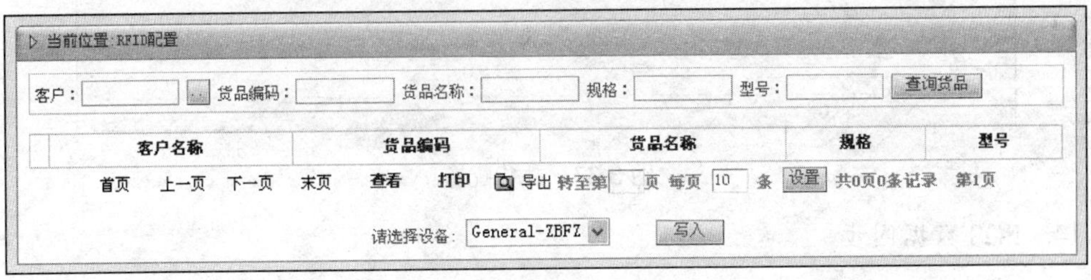

图 3.34 查询货品

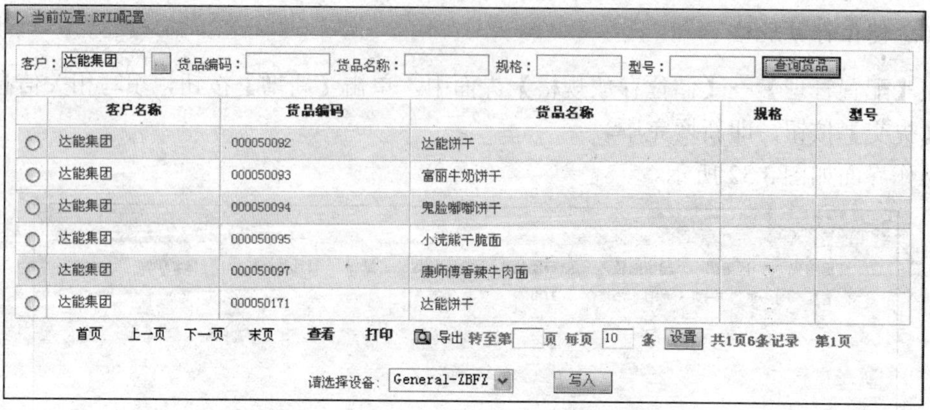

图 3.35　达能集团的货品查询结果

12. 电子标签配置

在【配置管理】→【电子标签配置】界面中，单击【新增】按钮，填写相关信息后，单击【提交】按钮，即新增完毕。

操作界面如图 3.36 所示。

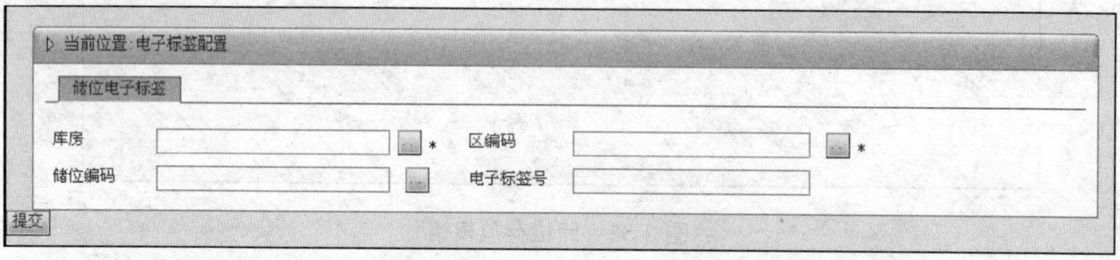

图 3.36　电子标签配置

13. 补货设置

在【配置管理】→【补货配置】界面中，单击【新增】按钮，填写相关信息后，单击【提交】按钮，即新增完毕。

操作界面如图 3.37 所示。

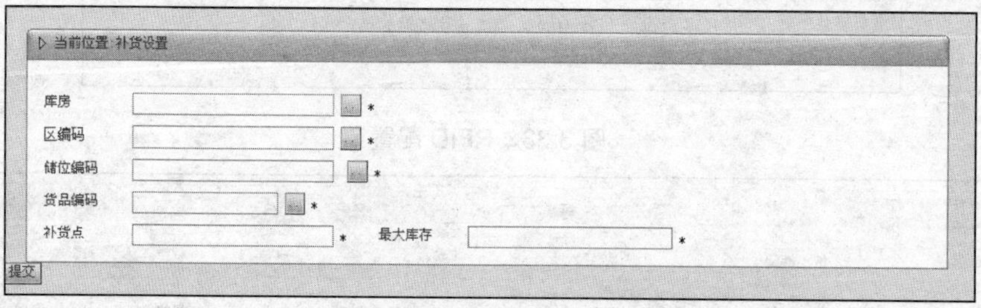

图 3.37　补货配置

14. POS 数据同步

在【配置管理】→【POS 数据同步】界面中，单击【新增】按钮，填写相关信息后，单击【货品资料同步】或【要货资料同步】按钮，即新增完毕。

操作界面如图 3.38 所示。

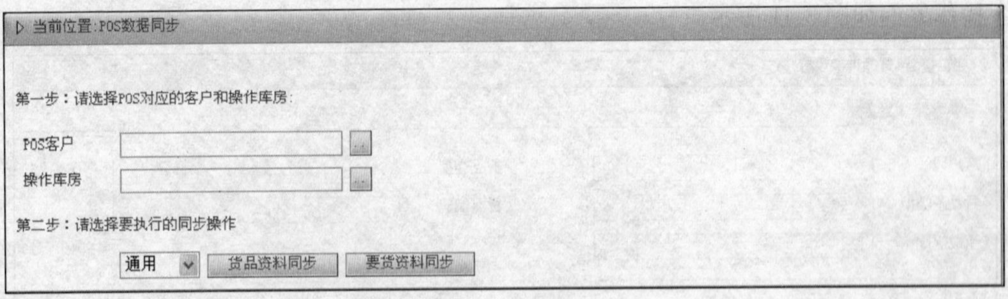

图 3.38　POS 数据同步

15. 基础策略配置

在【配置管理】→【基础策略配置】界面中，单击【新增】按钮，填写相关信息后，单击【提交】按钮，即新增完毕。

操作界面如图 3.39 所示。

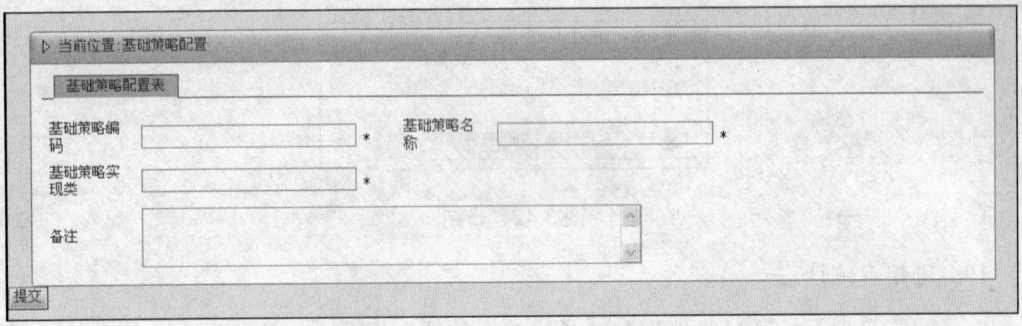

图 3.39　基础策略配置

16. 策略配置

在【配置管理】→【策略配置】界面中，单击【新增】按钮，填写相关信息后，单击【提交】按钮，即新增完毕。

操作界面如图 3.40 所示。

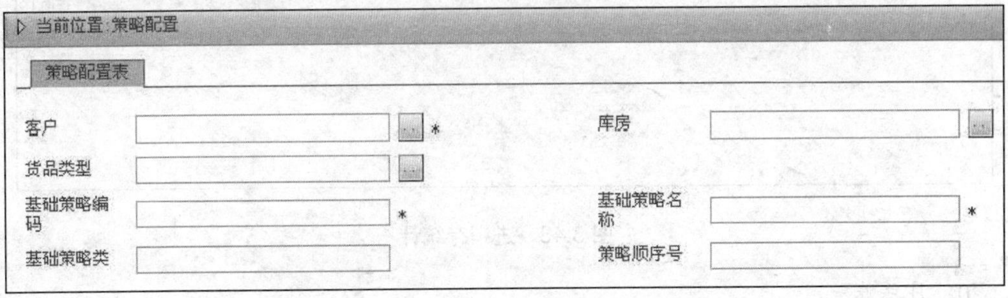

图 3.40　策略配置

17. 货品批次配置

在【配置管理】→【货品批次配置】界面中，单击【新增】按钮，填写相关信息后，单击【提交】按钮，即新增完毕。

操作界面如图 3.41 所示。

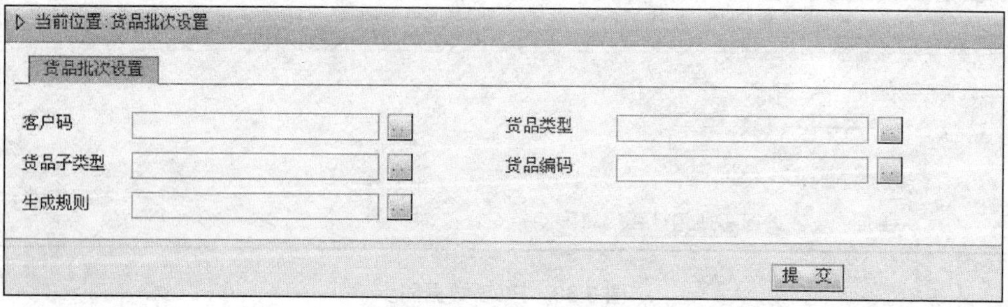

图 3.41　货品批次设置

18. 日结

在【配置管理】→【日终处理】→【日结】界面中，选择库房，进而选择结算方式即可。操作界面如图 3.42 所示。

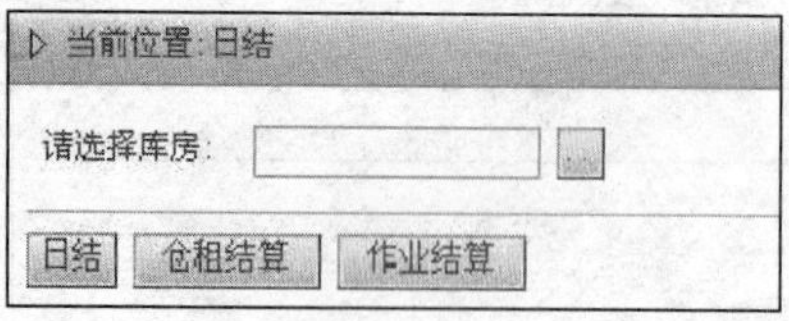

图 3.42　日结

19. 进销存统计

在【配置管理】→【日终处理】→【进销存统计】界面中，输入查询条件，单击【查询】按钮即可。

操作界面如图 3.43 所示。

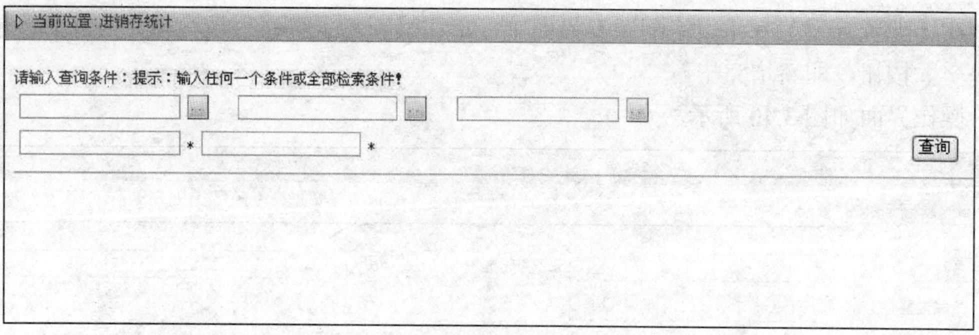

图 3.43　进销存统计

20. 月总账

在【配置管理】→【日终处理】→【月总账】界面中，选择要查看的信息，单击【查询】按钮即可。

操作界面如图 3.44 所示。

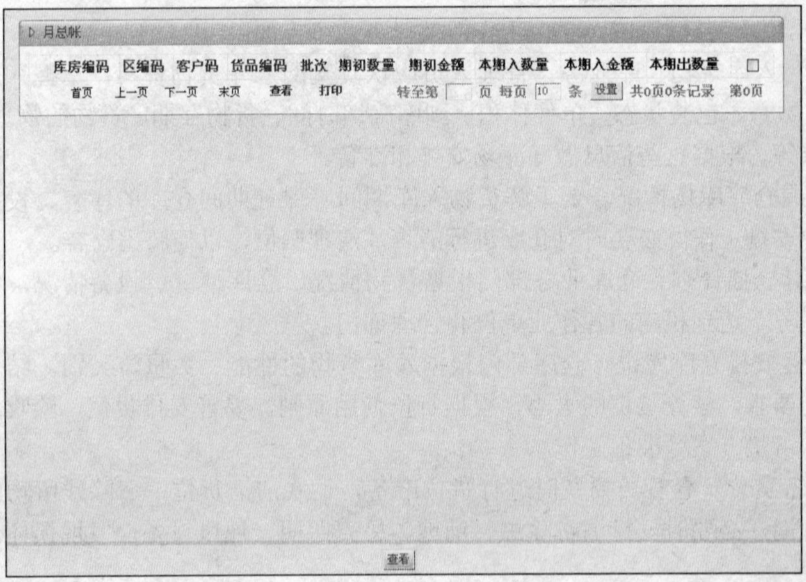

图 3.44 月总账

3.4 实验四 入库作业

3.4.1 实验目的

本实验主要是对入库作业进行相关的实训练习。

实验目的主要如下。

(1) 了解入库管理的整个业务流程。

(2) 熟练进行入库订单录入、追踪查询入库订单操作。

(3) 掌握入库的调度作业及入库反馈。

3.4.2 实验准备

1) 教师准备

通过“金文第三方物流系统”中仓储管理系统的入库作业实验平台，对此项实验所需的用户资料、情景数据、实验任务的后台配置进行完善。

2) 学生准备

结合课堂所学知识，掌握入库作业的基本流程。

3.4.3 背景知识

商品入库管理，是根据物品入库凭证，在接收入库物品时对卸货、查点、验收、办理入库手续等各项业务活动的计划和组织。

1. 商品接运

1) 入库前的准备

仓库应根据仓储合同或者入库单、入库计划，及时进行库场准备，以便货物能按时入库，保证入库过程的顺利进行。入库准备需要由仓库的业务部门、仓库管理部门、设备作业部门分工合作，共同完成，主要工作涉及以下几个方面。

(1) 熟悉入库货物仓库业务。管理人员应认真查阅入库货物资料，掌握入库货物的品种、规格、数量、包装状态、单件体积、到库确切时间、货物存期、货物的物理化学特性、保管的要求等，根据这些信息做好库场安排和准备。

(2) 掌握仓库库场情况。要了解货物入库期间、保管期间仓库的库容、设备和人员的变动，以便安排工作。必要时对仓库进行清查，清理归位，以便腾出仓容。

(3) 制订仓储计划。仓库业务部门根据货物情况、仓库情况、设备情况，制订仓储计划，并将任务下达到相应的各作业单位和管理部门。

(4) 妥善安排仓库库位。仓库部门根据入库货物的性能、数量、类别，结合仓库分区分类保管的要求，核算货位的大小，根据货位使用原则，妥善安排货位、验收场地，确定堆垛方法、苫垫方案等准备工作。

(5) 准备货位。仓管员要及时进行货位准备，彻底清洁货位，清除残留物，清理排水管道或排水沟，必要时安排消毒除虫、铺地，检查照明、通风设备，发现损坏，及时通知修理。

(6) 准备苫垫材料、作业用具。在货物入库前，根据所确定的苫垫方案，准备相应的材料，并组织衬垫铺设作业。对作业所需的用具，准备妥当，以便能及时使用。

(7) 验收准备。仓库理货人员根据货物情况和仓库管理制度，确定验收方法，准备验收所需要的点数、称量、测试、开箱、装箱、丈量、移动照明等工具。

(8) 装卸搬运工艺设定。根据货物、货位、设备条件、人员等情况，科学合理地制定卸车搬运工艺，保证作业效率。

(9) 准备文件单证。仓管员对货物入库所需的各种报表、单证、账簿要准备好，以备使用。不同仓库、不同货物的业务性质不同，入库准备工作也有所区别，需要根据具体情况和仓库管理制度做好充分准备。

2) 商品接运方式

商品接运的主要任务是向托运者或承运者办清业务交接手续，及时将货物安全接运回库。商品接运人员要熟悉各交通运输部门及有关供货单位的制度和要求，根据不同的接运方式，处理接运中的各种问题。入库商品的接运主要有以下几种方式。

(1) 专用线接运。专用线接运是铁路部门将转运的商品直接运送到仓库内部专用线的一种接运方式。仓库接到车站通知后，就确定卸车货位，力求缩短场内搬运距离，准备好卸车所需的人力和机具。车皮到达后，要引导对位。

(2) 车站、码头提货。凭提货单到车站、码头提货时，应根据运单和有关资料认真核对商品的名称、规格、数量、收货单位等。货到库后，接运人员应及时将运单连同提取回的商品向保管人员当面清点，然后由双方办理交接手续。

(3) 到供货单位提货。仓库接受货主委托直接到供货单位提货时，应根据提货通知，了解所提货物的性能、规格、数量，准备好提货所需的机械、工具、人员，配备保管员在供方当场检验质量、清点数量，并做好验收记录，接货与验收合并一次完成。

(4) 供货单位送货。到存货单位或供货单位将商品直接运送到仓库储存时，应由保管员或验收人员直接与送货人员办理交接手续，当面验收并做好记录。若有差错，应填写记录，由送货人员签字证明，据此向有关部门索赔。

(5) 承运单位送货到库。承运部门受供货单位或货主委托送货到仓库，接货要求与供货单位送货到库的要求基本相同。所不同的是发现错、缺、损等问题后，除了要送货人当场出具书面证明、签章确认外，还要及时向供货单位和承运单位发出查询函电并做好有关记录。

(6) 过户。过户是指对已入库的货物通过购销业务使货物所有权发生转移，但仍储存于原处的一种入库业务。此类过户入库手续，只要收下双方下达的调拨单和入库单，更换户名就可以了。

(7) 转库。转库是因故需要出库，但未发生购销业务的一种入库形式，仓库凭转库单办理入库手续。

(8) 零担到货。各种形式的零担到货，应由零担运输员负责填写零担到货台账，并填发到货通知单。

3) 货物交接责任划分和货运事故处理

运输是由发货单位、收货单位(或中转单位)和承运单位共同协作来完成的。要完成货物从发货单位到收货单位的运输，就需要三方的密切配合。而三方都有各自的职责范围和责任范围，都存在各自独立的经济利益。只有划清三方的责任界限，才能确保各方分工的工作质量，当发生运输事故时，由责任方承担经济赔偿。

4) 入库交接

(1) 交接与初检。接货人员或运输单位送货到仓库与保管员办理内部交接时，仓库保管员需根据到货凭证，对货物进行初检，初检包括以下内容。

① 核对凭证。商品运抵仓库后，仓库收货人员首先要检验商品入库凭证，然后按商品入库凭证所列的收货单位，货物名称、规格及数量等具体内容，与商品各项标志核对。经复核复查无误后，即可进行下一道程序。通常，凡入库商品应该具备下列证件：存货单位提供的入库通知书、订货合同等；存货单位提供的质量证明书或合格证、装箱单、磅码单、发货明细等；运输单位提供的运单，如入库前在运输途中发生残损，应有笔录内容。验收时若发现问题，应根据具体情况做具体分析，采取相应措施。

② 大数点收。大数点收是按照商品的大件包装(即运输包装)进行数量清点。点收的方法有两种：一是逐件点数计总；二是集中堆码点数。逐件点数，如靠人工记则费力易错，可采用简易计算器，计数累计得总数。对于花色品种单一，包装大小一致，数量大或体积小的商品，适于用集中堆码点数法，即将入库的商品堆成固定的垛形(或置于固定容量的货架)，排列整齐，每层、每行件数一致，一批商品进库完毕，货位每层(横列)的件数乘层数可得出每垛总数，再乘以总垛数即可得出商品总数。

③ 检查包装。在大数点收的同时，对每件商品的包装和标志要进行认真查验。如发现异常包装，必须单独存放，并打开包装详细检查内部有无短缺、破损和变质。逐一查看包装标志，目的在于防止不同商品混入，避免差错，并根据标志指示操作确保入库储存安全。

④ 办理交接手续。入库货物经过上述工序，在检查完毕后，就可以与接货人员办理货物交接手续。交接手续，通常是由仓库保管员在送货回单上签名盖章表示货物收讫。如果上述程序中发现差错、破损等情形，必须在送货单上详细注明或由接货人员出具差错、异状记录，详细写明差错数量、破损情况等，以便与运输部门分清责任，作为查询处理的依据。

(2) 组织一次性作业货物入库交接，除了要履行规范的手续外，还要进行卸车作业。如果把入库卸车、验收和堆码作业连续一次性完成，即一次性作业，对于减少入库环节、提高作业效率、降低成本有着十分重要的意义，应力争实现一次性作业。

2. 商品入库作业

1) 商品入库验收

商品入库验收是仓储工作的起点，是分清仓库与货主或运输部门责任的界线，并为保管养护打下基础。商品入库的验收工作，主要包括数量验收、质量验收和包装验收 3 个方面。在数量和质量验收方面应分别按商品的性质、到货情况确定验收的标准和方法。

(1) 商品验收的基本要求。商品验收应遵循以下 4 项基本要求。

① 及时。到库的商品必须在规定的期限内完成入库验收工作。这是因为商品虽然到库，但未经过验收的商品没有入账，不算入库，不能供应给用料单位。只有及时验收，尽快提出检验报告才能保证商品尽快入库入账，满足用料单位需求，加快商品和资金的周转。同时商品的托收承付和索赔都有一定的期限，如果验收时发现商品不合规定要求，要提出退货、换货或赔偿等要求，均应在规定的期限内提出，否则，供方或责任方不再承担责任，银行也将办理拒付手续。

② 准确。以商品入库凭证为依据，准确查验入库货物的实际数量和质量状况，并通过书面材料准确地反映出来。做到货、账、卡相符，提高账货相符率，降低收货差错率，提高企业的经济效益。

③ 严格。仓库的各方都要严肃认真地对待商品验收工作。验收工作的好坏直接关系到国家和企业的利益，也关系到以后各项仓储业务的顺利开展。因此，仓库领导应高度重视验收工作，直接参与验收人员要以高度负责的精神来对待这项工作，明确每批商品验收的要求和方法，并严格按照仓库验收入库的业务操作程序办事。

④ 经济。商品在验收时，多数情况下，不但需要检验设备和验收人员，而且需要装卸搬运机具和设备以及相应工种工人配合。这就要求各项工作密切协作，合理组织调配人员、设备，以节省作业费用。此外，在验收工作中，尽可能保护原包装，减少或避免破坏性试验，也是提高作业经济性的有效手段。

(2) 商品验收准备。验收准备是货物入库验收的第一道程序。仓库接到到货通知后，应根据商品的性质和批量提前做好验收的准备工作，包括以下 5 个方面内容。

① 人员。准备安排负责质量验收的技术人员和用料单位的专业技术人员以及配合数量验收的装卸搬运人员。

② 资料。准备收集、整理，并熟悉待验商品的验收凭证、资料和有关验收要求，如技术标准、订货合同等。

③ 器具。准备好验收用的计量器具、测量工具和检测仪器仪表等，并检验准确性。

④ 货位。准备落实入库货物的存放货位，选择合理的堆码垛型和保管方法，准备所需的苫垫堆码物料。

⑤ 设备。准备大批量商品的数量验收，必须有装卸搬运机械的配合，应做好设备的申请调用。此外，对特殊商品的验收，如毒害品、腐蚀品、放射品等，还须配备相应的防护用品，采取必要的应急防范措施，以防万一。对进口货物或存货单位要求对货物进行内在质量检测时，要预先联系商检部门或检验部门到库进行检验或质量检测。

(3) 核对凭证。核对凭证按下列 3 个方面的内容进行。

① 审核验收依据，包括业务主管部门或货主提供的入库通知单、订货合同、协议书等。

② 核对供货单位提供的验收凭证，包括质量保证书、装箱单、码单、说明书和保修卡及合格证等。

③ 核对承运单位提供的运输单证，包括提货通知单和货物残损情况的货运记录、普通记录和公路运输交接单等。在整理、核实、查对以上凭证时，如果发现证件不齐或不符等情况，要与货主、供货单位、承运单位和有关业务部门及时联系解决。

(4) 确定验收比例。由于受仓库条件和人力的限制，对某些批量大、在短时间内难以全部验收，或全部打开包装会影响商品的储存和销售，或流水线生产的产品质量有代表性无须全部验收等情况，可采用抽验方法。

(5) 实物验收。实物验收包括内在质量、外观质量、数量、重量和精度验收。当商品入库交接后，应将商品置于待检区域，仓库管理员及时进行外观质量、数量、重量及精度验收，并进行质量送检。

2) 商品入库手续

商品检验合格，即应办理入库手续，这是商品验收入库阶段的最后环节，也是一项严肃的基础工作。

(1) 安排货位。安排货位时，必须将安全、方便、节约的思想放在首位，使货位合理化。货物因自身的自然属性不同而具有不同的特性，如有的商品怕冻，有的易受潮等。如果货位不能适应储存货物的特性，就会影响货物质量，要尽可能缩短收、发货时间；以最少的仓容，储存最大限量的货物，提高仓容使用效能。

(2) 搬运。经过充分的入库准备及货位安排后，搬运人员就可把验收场地上经过点验合格的入库货物，分批送到预先安排的货位。

分类工作应力争送货单位的配合，在装车起运前，就做到数量准、批次清。对于批次多和批量小的入库货物，分类工作一般可由保管收货人员在单货核对、清点件数过程中同时进行，也可将分类工作结合在搬运时一起进行。

(3) 堆码。货物堆码是指货物入库存放的操作方法和方式，它直接影响着货物保管的安全、清点数量的便利以及仓库容量利用率的提高。货物堆码主要有以下几种方式。

① 散堆方式。将无包装的散货在库场上堆成货堆的存放方式，是目前货物库场堆存的一种趋势，特别适用于大宗散货，如煤炭、矿石、散粮和散化肥等。这种堆码方式简便，便于采用现代化的大型机械设备，节省包装费用，提高仓容的利用率，降低运费。

② 堆垛方式。用于包装货物或长、大件货物的堆码。合理的堆垛方式可以增加堆高，提高仓容利用率，有利于保护货物质量，具体方式有直叠式、压缝式、通风式、缩脚式、交叠式、牵制式以及载桩式等。

③ 货架方式。采用货架进行货物堆码的方式，此方式适合于存放小件货物或不宜堆高的货物。通过货架能够提高仓库的利用率，减少货物存取时的差错。

(4) 登账。商品入库登账，除仓库的财务部门有商品账簿用以结算外，保管业务部门则要建立详细反映库存商品进、出和结存的保管明细账，用以记录库存商品动态，并为对账提供主要依据。

(5) 立卡。“卡”又称“料卡”或“商品验收明细卡”，能够直接反映该垛商品的品名、型号、规格、数量、单位及进出动态和积存数，一般挂在上架货物的下方或放在堆垛商品的正面。货卡按其作用不同可分为货物状态卡、商品保管卡。

(6) 建立商品档案。建立商品档案是将物资入库业务全过程的有关资料证件进行整理、核对，建立资料档案，以便货物管理和保持客户联系，为将来发生争议时提供依据，同时也有助于总结和积累仓库管理经验，为物资的保管、出库业务创造良好的条件。

(7) 签单。商品入库后，应及时按照“仓库商品验收记录”的要求签回单据，以便向供货单位和货主表明收到商品的情况。另外，如果出现短少等情况，也可作为货主向供货方交涉的依据，所以签单必须准确无误。

3. 商品入库单证流转

货物验收工作由理货员、计量员、复核员、业务受理员分工负责。理货员负责作业组织、货物的数量与外观质量验收、计量、堆码、记录等，并向业务受理员提交货物验收的结果和记录。

(1) 业务受理员接受存货人的“验收通知”(也可由存货人委托仓库开具)、货物资料(如质保书、码单、装箱单、说明书和合格证等)，登记货物档案，并将存货人验收通知单作为《货物储存保管合同》附件的形式进行管理，其信息录入计算机中生成验收通知单。然后，将存货人验收通知单作为验收资料和“收货单”及其他验收资料一并交理货员。

(2) 理货员根据业务受理员提供的收货单、验收资料、计量方式等确定验收方案、储存货位、堆码方式、所需人力、设备等，做好验收准备工作。

(3) 由理货员开具作业通知单，进行验收入库作业，做好有关记录和标记。

(4) 货物验收完毕后，理货员手工出具“验收单”，一式一联，一并交给复核员。同时负责作业现场与货位的清理和货牌的制作、悬挂。

(5) 复核员依据收货单、验收单对实物的品名、规格、件数、数量、存放货位等逐项核对，签字确认后返回给理货员。

(6) 理货员在经复核员签字的收货单、验收码单的诸联加盖“货物验收专用章”后，将验收码单录入计算机中，据此生成仓单附属码单，根据验收结果填写存货人验收通知和收货单，并与其他验收资料一并转回业务受理员处。

(7) 业务受理员对理货员返回的单据和验收资料审核无误后，由计算机打印仓单附属码单一式两联，依据收货单、验收码单、计算机打印的仓单附属码单前两联、存货人验收通知，以及有关验收资料、记录，报经主管领导或授权人签字后，连同存货人验收通知、收货单、仓单附属码单前两联转给收费员。

(8) 收费员依据仓单、《货物储存保管合同》约定的收费标准，结算有关入库费用并出具收费发票。

(9) 业务受理员将仓单正联、存货人验收通知、仓单附属码单第一联及收费单据等一并转交(寄)给存货人；其余单证资料留存并归档管理。

3.4.4 实验步骤

1. 入库订单录入

在【入库管理】→【入库订单】→【订单录入】界面中，单击【新增】按钮，单击【库订单】按钮，添加入库订单。

操作界面如图 3.45～图 3.52 所示。

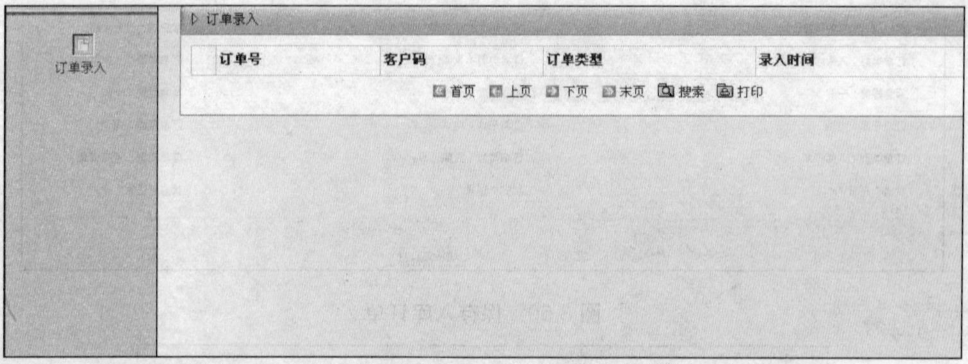

图 3.45　入库订单录入

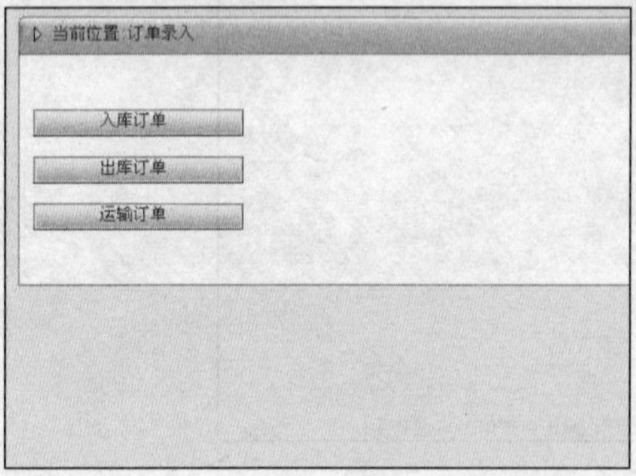

图 3.46　入库订单

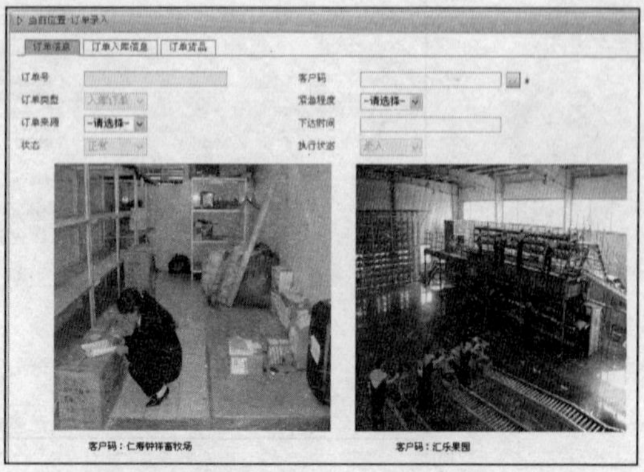

图 3.47　订单信息

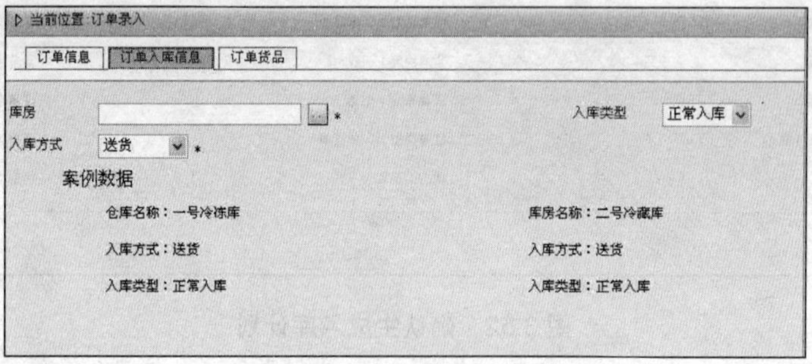

图 3.48　订单入库信息

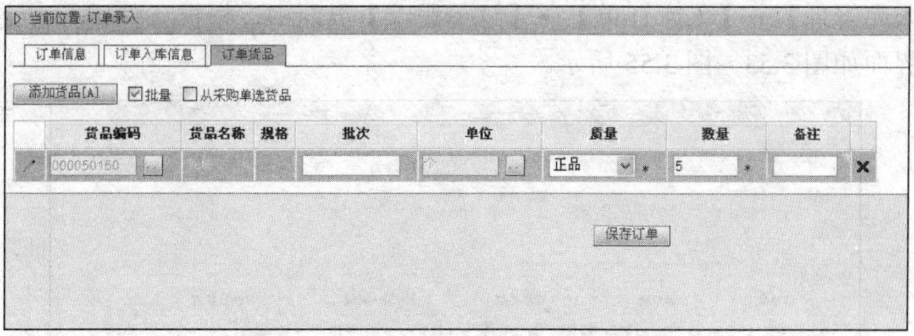

图 3.49　订单货品

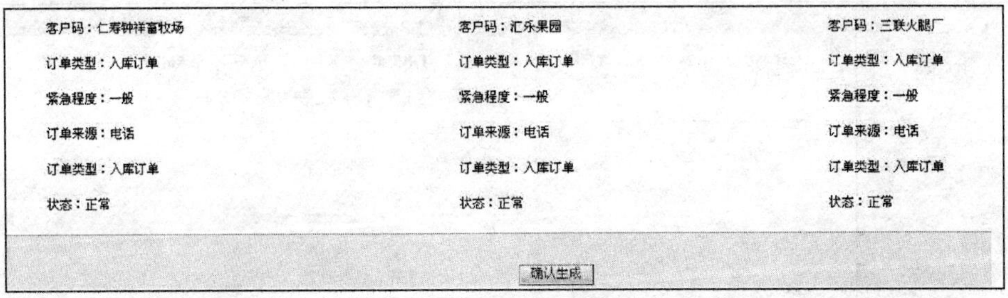

图 3.50　保存入库订单

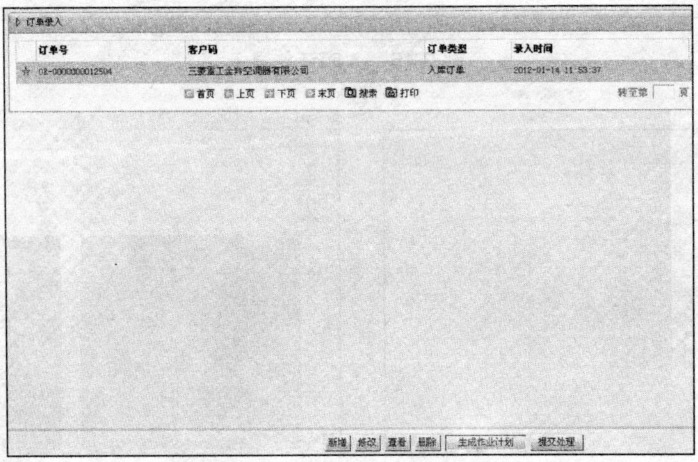

图 3.51　生成入库作业计划

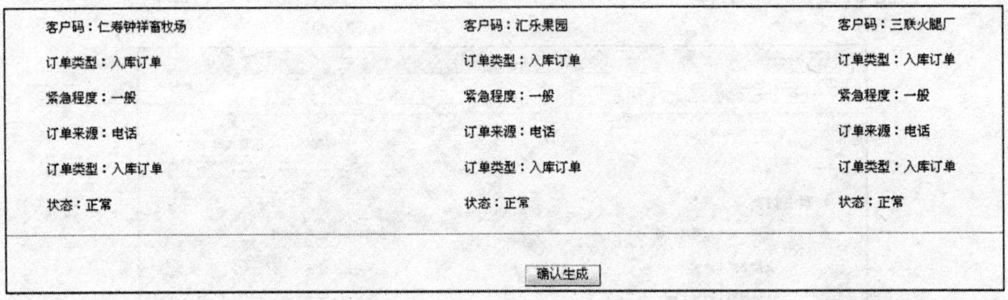

图 3.52　确认生成入库计划

2. 入库订单跟踪

在【入库管理】→【入库订单】→【订单跟踪】界面中，根据条件进行查询。操作界面如图 3.53～图 3.55 所示。

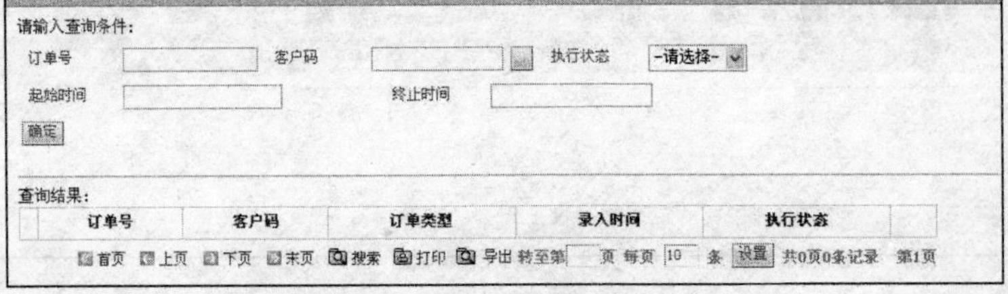

图 3.53　入库订单跟踪

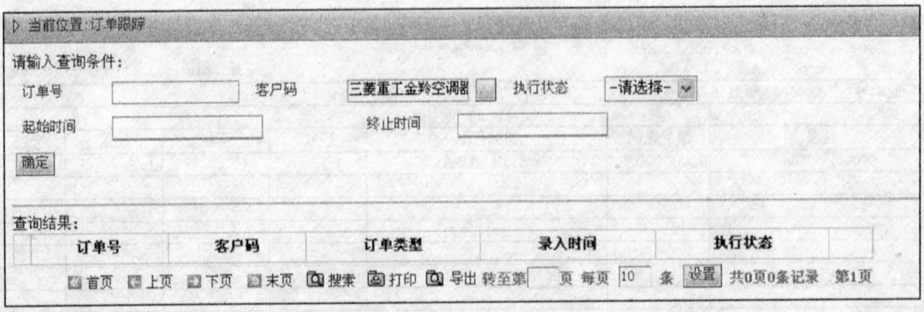

图 3.54　输入查询条件

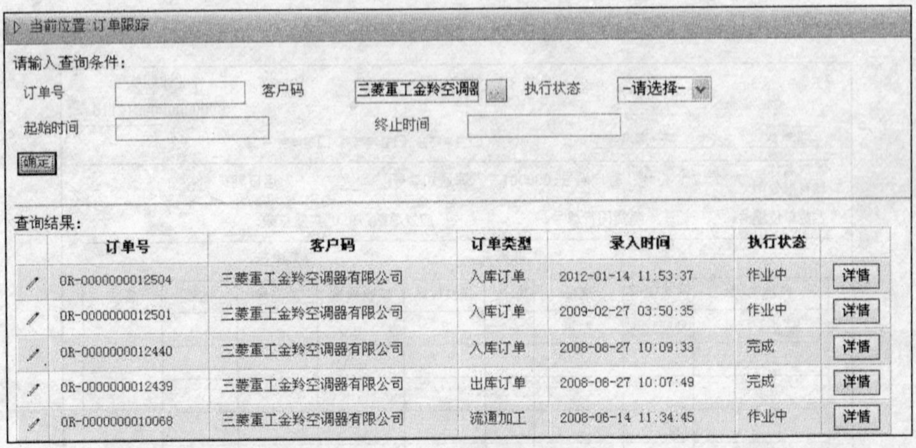

图 3.55　显示查询结果

3. 入库调度

在【仓储管理】→【作业管理】→【作业调度】界面中，选择图 3.55 中的订单，单击【调度】按钮。

操作界面如图 3.56 和图 3.57 所示。

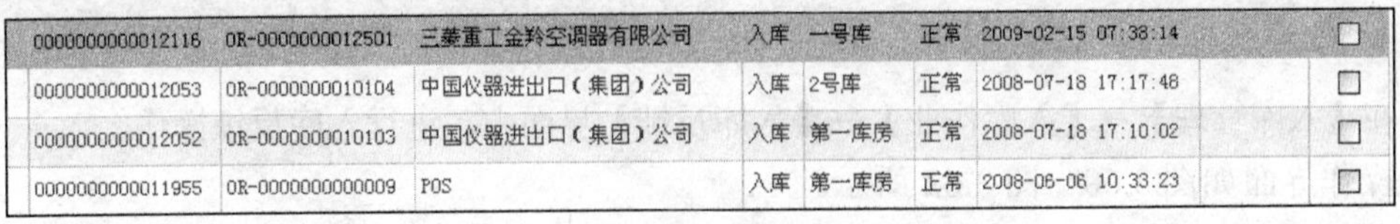

图 3.56　作业调度

图 3.57　调度完成

将调度指令传达给库工方法如下。

纸质单据——打印储位分配单和入库单。

如果库工依据纸质单据进行操作，需在【上架调度】界面，单击【打印储位分配单】按钮，以提供指令给库工，如图 3.58 所示。

入库单是库管用来与送货人员交接的，应交给库管员，如图 3.59 所示。单击【打印入库单】按钮，打印入库单。

储位分配单

操作编码：0000000000024199

作业单号	000000000012116	库房	第一库房			
货品明细						
位置	货品编码	货品名称	应放	实放	质量	备注
000001—000000	000000002	M33H 室内机	9		正品	

打印

图 3.58　储位分配单

入 库 单

作业计划单号 000000000012116

北京站　配货中心 第一库房仓库　☐正常商品 ☐暂存商品 ☐退换货

客户名称：三菱重工金羚空调器有限公司　客户编号:000001　入库通知单号:　发运日期:

发货单位编号:　随货同行单号:　应发总数: 9.0　实发总数:

联系人:　联系电话:

产品名称	产品编号	规格	单位	应收数量	实收数量	货位号	批号	备注
M33H 室内机	000000002	M33H	个	9				

图 3.59　入库单

单击【调度完成】按钮，完成该笔入库作业的调度。

4. 入库反馈

在【入库管理】→【入库作业】→【入库反馈】界面中，进行入库反馈操作。操作界面如图 3.60～图 3.62 所示。

☆	000000000011915	OR-000000000020	中国仪器进出口（集团）公司	入库	第一库房
☆	000000000011896	128F-20080200001	中国仪器进出口（集团）公司	入库	第一库房
☆	000000000010165	128F-20080100007	中国仪器进出口（集团）公司	入库	第一库房
☆	000000000010163	128F-20080100005	中国仪器进出口（集团）公司	入库	bj0101

首页　上页　下页　末页　搜索　打印

无订单入库作业　作业计划单反馈　上传数据　下传数据

图 3.60　入库反馈

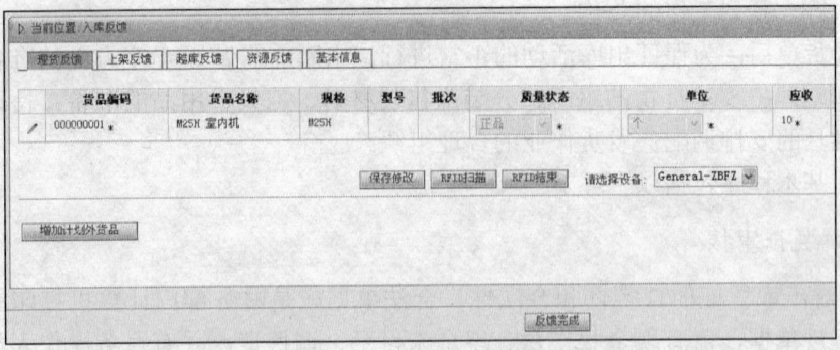

图 3.61　作业计划反馈

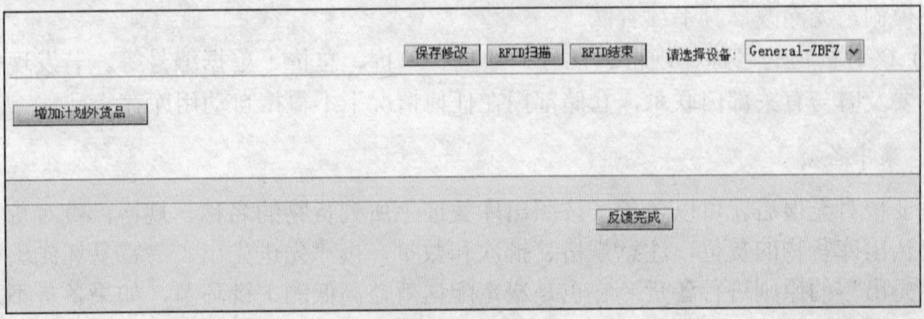

图 3.62　反馈完成

3.5　实验五　出库作业

3.5.1　实验目的

本实验主要对出库作业进行管理操作，涉及出库单录入、生成作业计划、出库调度、出库反馈几项操作，完成货物出库作业过程，帮助学生了解出库作业的相关计算机操作。

实验目的主要如下。

(1) 了解出库作业的业务流程。

(2) 掌握出库作业中的出库单录入、生成作业计划、出库调度、出库反馈等操作步骤。

3.5.2　实验准备

1) 教师准备

通过“金文第三方物流系统”中仓储管理系统的出库作业实验平台，对此项实验所需的用户资料、情景数据、实验任务的后台配置进行完善。

2) 学生准备

结合课堂所学知识，掌握出库作业这一业务的基本流程。

3.5.3　背景知识

出库是指仓库根据出库凭证或货主开具的“商品调拨通知单”，按其所列货物的名称、规格、数量和时间、地点等项目，组织验单、备货、分拣、配货、包装、复核、提货发运、交付、销账等一系列工作的总称。

接到提货单后，为保证出库活动的正常进行，出库前需做好4个方面的准备工作：货物的包装和整理；零星货物的组配、分装；包装材料、工具、用品的准备；待运货物的仓容及装卸机具的安排调配；发货作业的合理组织。

出库的基本程序包括以下环节。

1. 出库凭证审核

(1) 核对出库凭证的真实性和合法性。合法单据应是财务部门计算机打印的或印刷连号的多联正规单据，盖有现金收讫章、现金未付章、调拨章，并有财务操作人员的名章。内容全面(收货人单位名称、规格、批号、数量、单价、总价、单据编号、备注)，盖章清晰而不模糊，无涂改，且手续合法。

(2) 核对货物的名称、规格、批号、数量、单价、总价、单据编号等。若发现错误或疑问，要及时与有关部门联系，仓储部门在任何情况下不得擅自动用库存货品。

2. 集中备货

凭证核对无误后就可以备货，按照出库凭证上所列货物的名称、规格，查对货物保管账。确认出库货物的货位，注意规格、批次和数量，按“先进先出、易霉易坏先出、接近有效期先出”的原则进行备货。它也是决定配送效益高低的关键环节，如果备货不及时或不合理，成本较高，会大大降低配送的整体效益。

备完货后可以二次清点总数，检查是否漏配，是否多配，减少出现差错的机会。如果出现备货数与账务统计结存数不符，可能包括以下原因。

(1) 验收入库数不实。

(2) 错发，串货，业务能力不足。

(3) 在库损耗。

(4) 账务统计未及时将票据入账或操作失误。

3. 拣货

拣货指依据客户的订单要求或货物配送中心的配送计划，尽可能快速并且准确地将商品从其储位或者其他区域挑选出来的过程。常用的拣货作业方式有两种：单一拣取和批量拣取。

1) 单一拣取

(1) 单一拣取的分类。单一拣取具体又可分为单人拣取、分区接力拣取和分区汇总拣取这几种拣取方式。

(2) 单一拣取的特点。一般来讲，单一拣取的准确度高，很少发生货差，并且机动灵活。这种方法可以根据用户的要求调整拣货的先后次序；对于紧急需求可以集中力量快速拣取；对机械化、自动化没有严格要求；一张货单拣取完毕后，货物便配置齐全，配货作业与拣货作业同时完成，简化了作业程序，有利于提高作业效率。

(3) 单一拣取的适用范围。用户不稳定，波动较大；用户需求种类较多；用户需求差异较大，配送时间要求不一。

2) 批量拣取

批量拣取是将数张订单汇总成一批，再将各订单相同的商品订购数量加总起来，一起拣取处理。

(1) 批量拣取的分批方式。批量拣取的分批方式主要有以下几种：按拣货单位分批；按配送区域分批；按流通加工需求分批；按车辆需求分批。

(2) 批量拣取的特点。与单一拣取相比，批量拣取由于将用户的需求集中起来进行拣取，所以有利于进行拣取路线的规划，减少不必要的重复行走。但其计划性强，计划难度大，所以容易发生错误。

(3) 批量拣取的适用范围：批量拣取比较适合于用户稳定而且用户数量较多的专业性配送中心，需求数量可以有差异，配送时间要求也不太严格但品种共性要求高。

4. 分货

分货也称配货，拣货作业完成以后，根据订单或者配送路线对货品进行分类。

分货作业包括人工分货和机器分货两类。

1) 人工分货

人工分货是指分货作业过程全部由人工完成。分货作业人员根据订单或其他方式传递的信息进行分货作业。分货完成以后，由人工将各客户订购的商品放入已标示好的各区域或容器中，等待出货。

2) 自动分货

自动分货是利用自动分类机完成分货工作的一种方式。自动分货系统一般应用于自动化仓库，适用于多品种、业务量大且稳定的场合。

5. 复核

对出库物资在出库过程中反复核对，以保证出库物资的数量准确、质量完好，避免差错。复核无误后，复核人要签章。

1) 复核的方式

(1) 个人复核：即由发货保管员自己发货、自己复核，并对所发物资的数量质量负全部责任。

(2) 相互复核：又称交叉复核，即两名发货保管员对对方所发物资进行照单复核，复核后应在对方出库单上签名以与对方共同承担责任。

(3) 专职复核：由仓库设置的专职复核员进行复核。

(4) 环环复核：即发货过程的各环节，如查账、付货、检验、开出门证、出库验放、销账等，对所发货物的反复核对。

2) 出库检查

整个出库过程包括三次检查。

(1) 备货。

(2) 备完货后可以二次清点。

(3) 复核员在出库前用不同的人员、不同的方法清点。

三次检查，基本保证了出库的准确性，前两次内部检查和第三次复核，可能影响了出库的效率，但降低了差错率，提高了仓储信誉。

3) 复核方法

按出库凭证上的内容逐项核对。

(1) 品名、规格、编号。

(2) 数量。

(3) 文件资料、证件。

(4) 包装是否符合运输安全要求：①能否承受箱内物品的重量，能否保证物料在运输装卸中不破损；②是否便于装卸搬运；③易碎易受潮的物料，衬垫是否稳妥，密封是否严密；④收货人信息是否填写齐全；⑤每件包装是否有装箱单，装箱单上的内容是否和实物一致。

6. 出库

1) 商品出库的形式

(1) 自提：即提货单位持出库凭证(提货单)自行到仓库提货，保管员根据提货单上所列的名称、规格、数量当面点交给提货人员。

(2) 送货：仓库受提货单位委托，将其所需物资按提货单所列内容运送到使用单位，并在使用单位当场点交。

(3) 代运：仓库受外埠用户委托，按提货单将货配齐后通过铁路、水运、航空、邮寄等方式，将货发至用户所在地的车站、码头、邮局提货。此种出库形式的交接，是与铁路、水运等运输部门进行的，仓库按规定程序办理完托运手续并取得运输部门的承运凭证，将应发货物全部点交承运部门后，责任才开始转移。

(4) 取样：货主为展示商品或检验货物而向仓储部门提取货样。在办理取样业务时，要根据货主填制的正式样品出库单开具货物出库单，在核实货物的名称、规格、牌号、等级和数量等项后备货，并经复核，将货物交提货人。

(5) 移仓：因业务或保管需要而将储存的货物从某一仓位转移到另一仓位的发货方式。移仓分为内部移仓和外部移仓。内部移仓填制仓储企业内部的移仓单，并据此发货；外部移仓则根据货主填制的货物移仓单结算和发货。

(6) 过户：一种就地划拨的形式。在不转移仓储货物的情况下，通过转账单变更货物的所有者。货物过户时，仍由原货主填制正式发货凭证，仓库据此做过户转账处理。

2) 出库要求

(1) 三不：未接单据不翻账，未经审单不备货，未经复核不出库。

(2) 三核：在发货时，要核实凭证、核对账卡、核对实物。

(3) 五检查：对单据和实物要进行品名检查、规格检查、包装检查、件数检查、重量检查。

(4) 严格执行各项规章制度，提高服务质量，杜绝差错事故，使顾客满意。

3) 出库交接

出库交接时应当面点清，与提货人的交接清点是仓库和提货人划分责任的必要手段。品种较多时应分单品核对。不能仅与接货人核对种数，将所有货物卸下来重新清点。最后签收完成出库作业。准时制管理的签收与传统的出库不同，一般按成套配件签收，系统自动按 BOM(bill of material，物料清单)表销账，签收方式一般分以下几种：流通加工的交接签收；自有运输车辆的交接签收；客户自提的交接签收；第三方物流车辆的交接签收；公铁联运集装箱运输的交接签收。

7. 销账

上述作业完成后，需要核销保管账保管卡上的存量，以保证账、卡、货一致。

8. 出库中问题的处理

货物出库过程中可能会遇到多方面的问题，应该视情况不同分别予以处理。

1) 出库凭证问题

(1) 凡用户自提方式，其凭证超过提货期限时，必须办理相关手续，按规定交租相关费用方可发货，任何白条都不能作为发货凭证；若出现提货单规格填写错误时，必须通过重新开票才能发货，保管员不得自行调换规格发货。

(2) 商品进库未经验收，一般暂缓发货，并通知货主，验收完后再进行发货。

(3) 出库凭证有涂改、复制、模拟，收货单位与提货人不一致，各种印鉴不合规定，单据重复打印出库等情况时，库管员应保持高度的警惕性，不能得过且过，要及时联系货主并查询单据的合法性，保护货主和公司的财产不受侵犯。

(4) 客户因事故遗失出库凭证时，应及时向仓库发货人员和财务人员挂失。如挂失时货物已经提走，则保管人员不承担责任但要协助货主将货物找回；若还未提走，经查实后，做好登记挂失，将原凭证作废缓期可再发货。

2) 出库计划数与实存数不符

(1) 属于入库时错账，可以采取报出报入方法进行调整，即先按库存账面数开具商品出库单销账，然后再按照库存实际数重新入库登账，并在入库单上注明情况。

(2) 属于仓储过程中的损耗，需要考虑损耗数量是否在合理范围内，并与用户单位协商，在合理范围内的损耗应由用户单位自行承担，超过合理范围的就要由仓储单位负责赔偿。

(3) 发货错误。发货错误包括窜发货和错发货，是由于发货人员工作疏忽导致的货物规格或者数量出现错误。若商品尚未离库，应重新发货；如果已经出库，保管人员应根据实际情况向配送中心主管部门报告，讲明窜发货和错发货的品名规格数量等情况，与用户单位协商解决。

(4) 包装破漏引起的商品损失，通常是在装卸过程由于操作不慎或运输途中挤压造成的，对于此类问题，发货前应对其进行整理或更换包装，否则由此造成的损失仓储部门要进行赔偿。

3.5.4 实验步骤

1. 出库订单录入

在【出库管理】→【出库订单】→【出库订单录入】界面中，单击【新增】按钮，单击【出库订单】按钮，添加出库订单信息。

操作界面如图 3.63～图 3.66 所示。

在【订单出库信息】界面中，【出库方式】有 3 个选项：自提、仓运、仓配。其中仓运、仓配分别与金文系统的运输和配送系统结合，实现全自动接单、配载、装运、跟踪等。

操作界面如图 3.67～图 3.70 所示。

图 3.63　出库订单录入

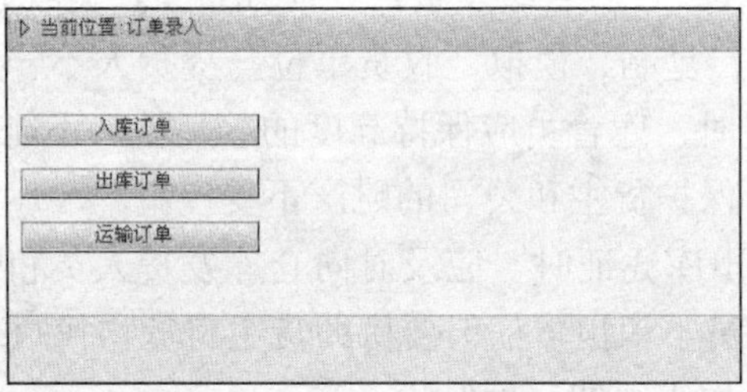

图 3.64　选择出库订单

图 3.65　订单信息

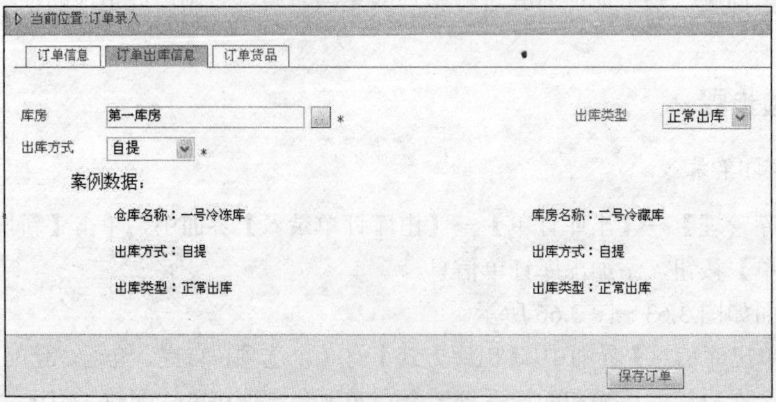

图 3.66　订单出库信息

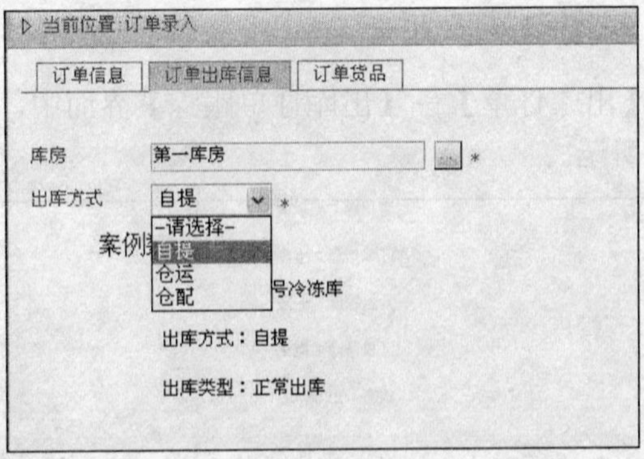

图 3.67　出库方式

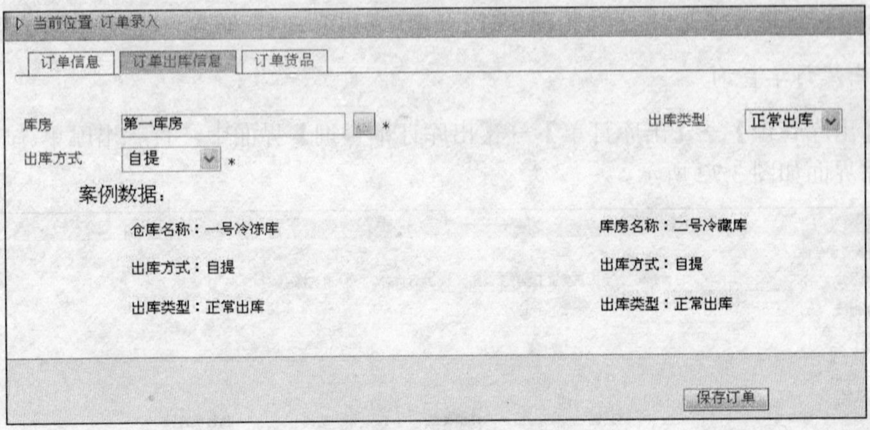

图 3.68　保存出库订单

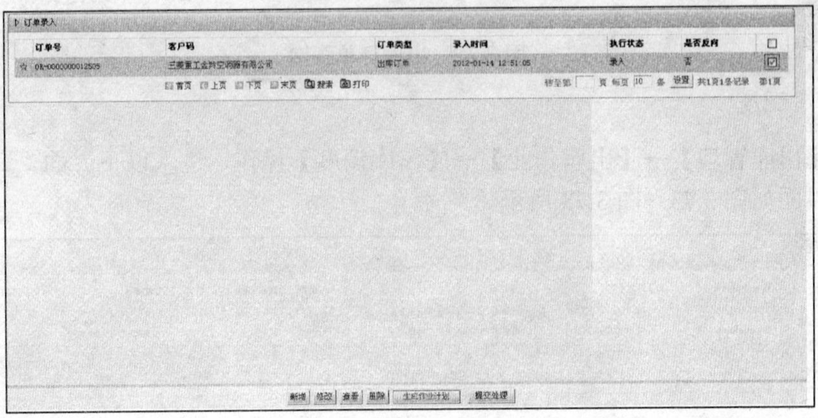

图 3.69　生成出库作业计划

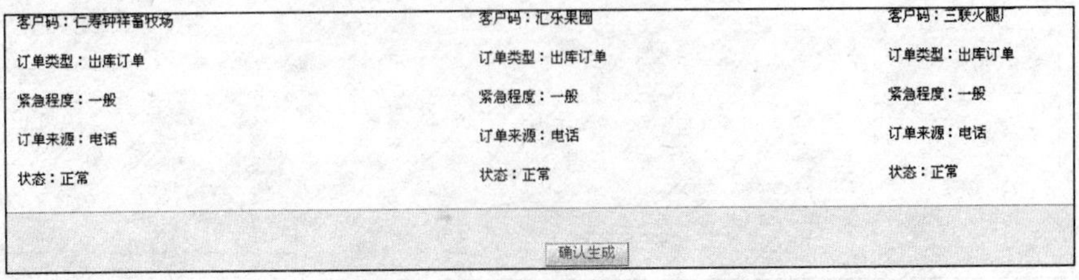

图 3.70　确认生成出库计划

2. 出库订单跟踪

在【出库管理】→【出库订单】→【出库订单跟踪】界面中，根据条件进行查询。操作界面如图 3.71 所示。

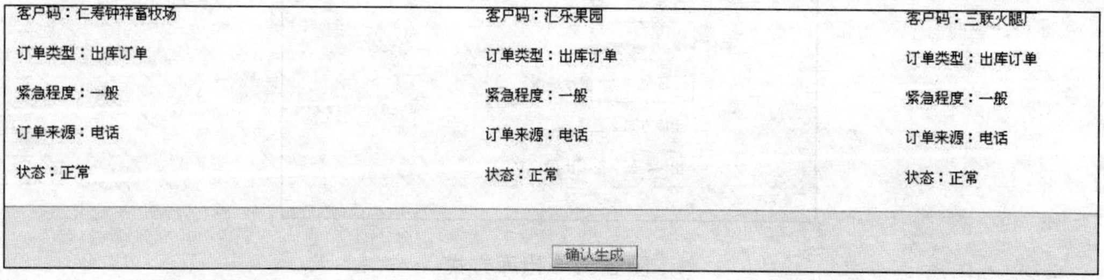

图 3.71　出库订单跟踪

3. 出库订单查询

在【出库管理】→【出库订单】→【出库订单查询】界面中，查看出库单。操作界面如图 3.72 所示。

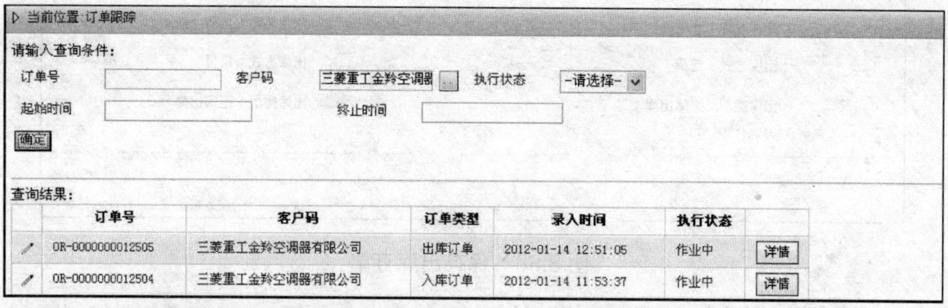

图 3.72　出库订单查询

4. 出库调度

进行【出库管理】→【出库作业】→【出库调度】操作，进入以下界面。操作界面如图 3.73～图 3.78 所示。

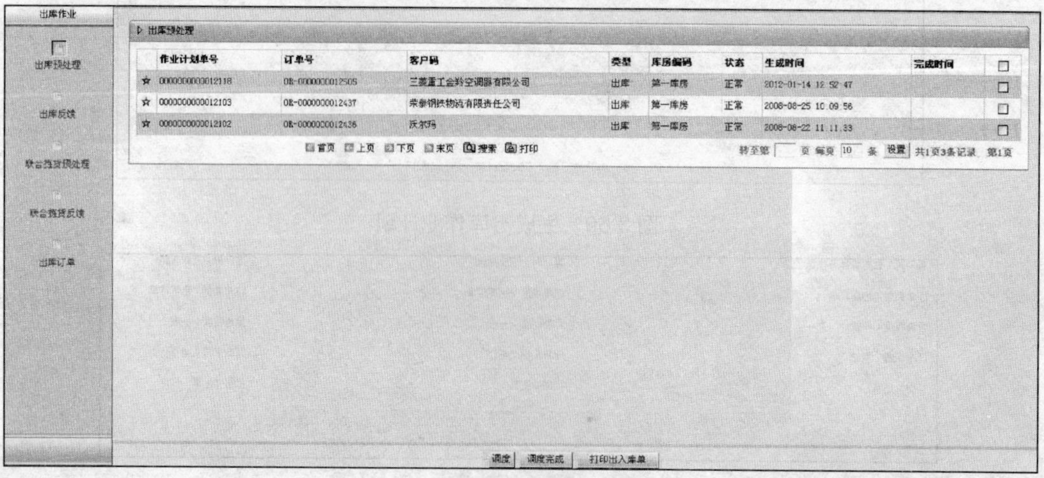

图 3.73　出库预处理

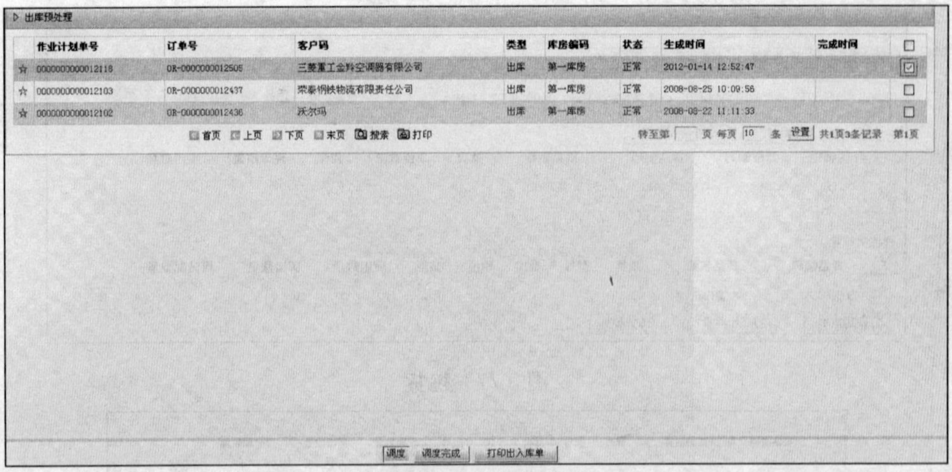

图 3.74　出库调度

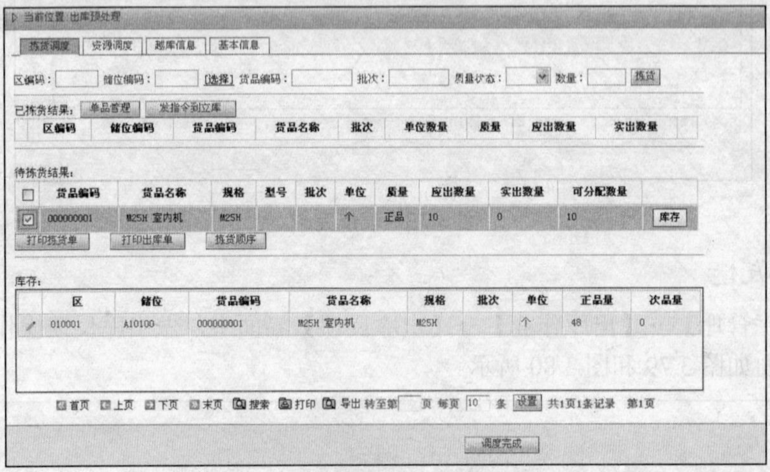

图 3.75　查询库存

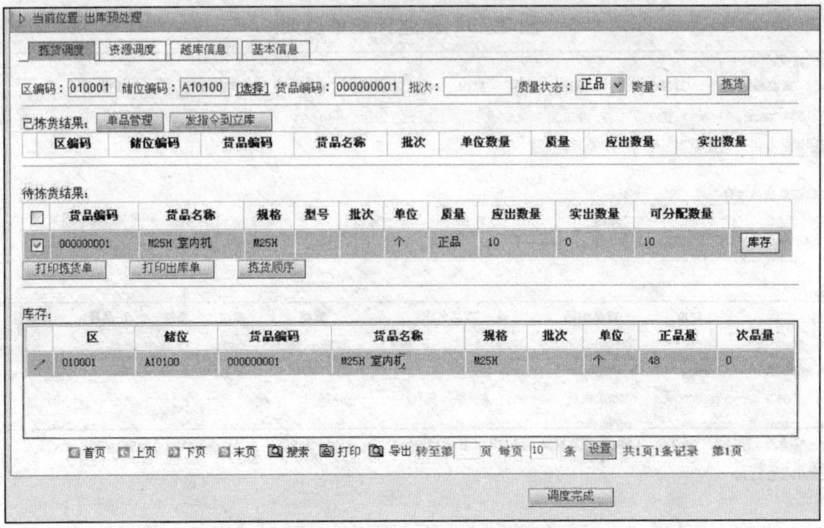

图 3.76　选中拣货货品

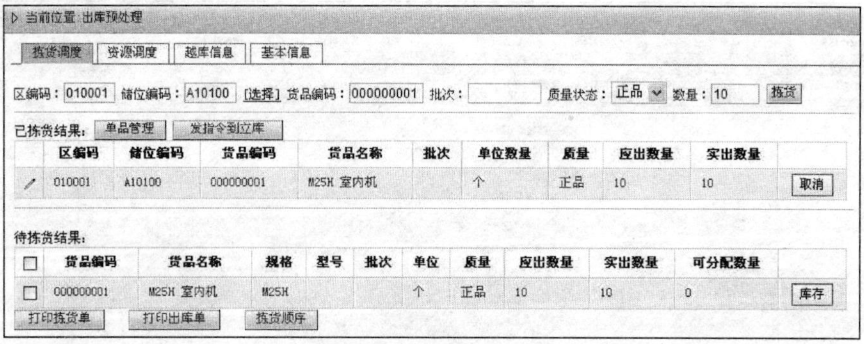

图 3.77　拣货

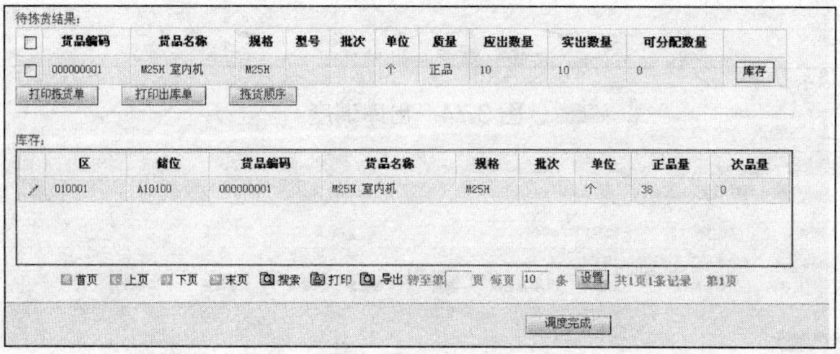

图 3.78　调度完成

5. 出库反馈

在【出库管理】→【出库作业】→【出库反馈】界面中，做出库反馈操作。操作界面如图 3.79 和图 3.80 所示。

图 3.79　作业计划单反馈

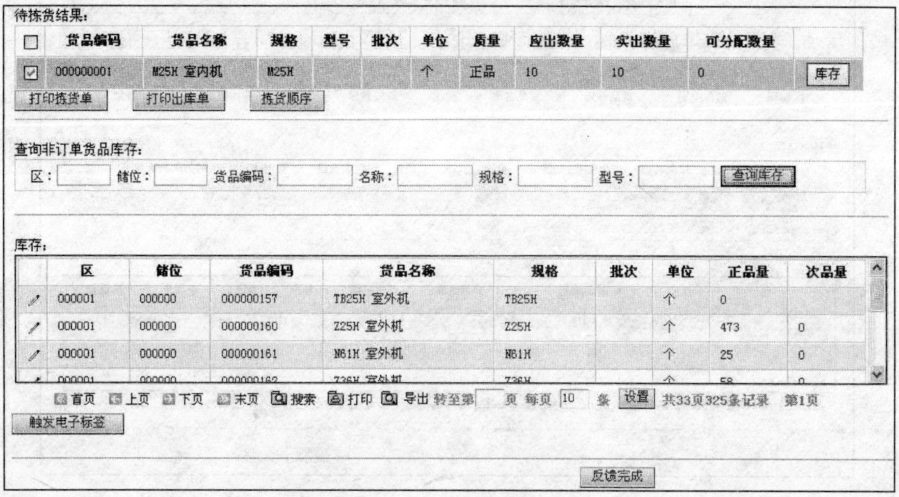

图 3.80　反馈完成

3.6 实验六 移库作业

3.6.1 实验目的

本实验中，学生以仓储调度员或仓储管理员的身份，进行移库单证的录入，生成作业计划，并打印移库单；能够进行移库调度、指定作业资源，并进行作业反馈。帮助学生了解掌握移库作业的相关计算机操作，加强理论知识与实践的结合。

实验目的主要如下。

(1) 了解移库的业务流程。

(2) 掌握库房信息建立、移库单录入、移库单提交、移库单调度、移库单打印、移库反馈等基本操作。

3.6.2 实验准备

1) 教师准备

通过“金文第三方物流系统”中仓储管理系统的移库作业实验平台，对此项实验所需的用户资料、情景数据、实验任务的后台配置进行完善。

2) 学生准备

结合课堂所学知识，掌握移库作业这一业务的基本流程。

3.6.3 背景知识

移库是指因业务或保管需要而将储存的货物从某一仓位转移到另一仓位的发货方式。移库分为内部移库和外部移库。内部移库填制仓储企业内部的移库单，并据此发货；外部移库则根据货主填制的货物转移仓单结算发货。

1. 移库作业的目的

(1) 优化储位。根据商品周转率进行 ABC 分析，对商品进行储位的移动，以优化库存结构。

(2) 提高仓储效率。为了提高库内仓储效率，对不足一个托盘的商品进行拼盘作业，以提高储位的仓储效率。

2. 移库作业的基本流程

1) 打印移库单

信息系统对库内数据进行分析后，打印出移库单，交给移库作业人员。

2) 移库作业

移库作业人员凭移库作业单进行移库作业，并对完成的移库作业进行确认。

3) 调整储位

信息系统对确认过的移库作业进行储位信息的更新，完成移库作业。

按库存物品在仓库中的转移范围不同还可分为以下两种，各自的操作要点如下。

(1) 同一仓库内的商品移库流程操作要点。

① 本流程适用于仓库移库员在同一实物仓库内进行货物储存形态间移动的处理过程。

② 库存物品在仓库库位间的任何移动均需进行移库作业。

③ 移库需要单位填制移库单交由仓储主管核准后，方可执行移库动作。

④ 仓储移库员根据仓储主管核准的移库单进行实物及系统的移库动作。

(2) 不同仓库内的商品移库流程操作要点。

① 本流程适用于跨区域的实物仓库商品转移的过程。

② 发货仓库在系统中依据实际发货的商品做移库动作，并且在系统中打印移库单，转收货仓和车队。

③ 收货仓依据发货仓的移库单进行实物的清点。

④ 依据实际的收货商品，在系统进行移库商品的入库。

⑤ 若收货仓收到实物少于转储单。判断其原因：如果是发货仓实物少，则由发货仓对原先移库明细做倒冲，如果是运输过程中造成的遗失，收货仓先将实际收到的商品加上遗失商品的数量合计数收入库存，然后，对相关遗失部分再系统执行对相关部门的费用化处理。

3. 移库出库货物的处理

(1) 核单出库货物。例如，核对品名、型号、规格、单价、数量等。出库物品应附有质量证明书或副本、磅码单、装箱单等，机电设备、电子产品等物品，其说明书及合格证应随货同付。出货过程中，凡计重货物，一般以入库验收时标明的重量为准，不再重新计重，需分割或拆捆的货物应根据情况进行。

(2) 复核。为了保证出库物品不出差错，对出货的产品应进行复核。复核的内容包括：品名、型号、规格、数量是否同出库单一致；配套是否齐全；技术证件是否齐全；外观质量和包装是否完好。只有加强出库的复核工作，才能防止错发、漏发和重发等事故的发生。

(3) 包装。出库物品的包装必须完整、牢固，标记必须正确清楚，如有破损、潮湿、捆扎松散等不能保障运输中安全的，应加固整理，破包破箱不得出库。各类包装容器上若有水渍、油迹、污损，均不能出库。

(4) 点交。出库物品经过复核和包装后，需要托运和送货的，应由仓库保管机构移交调运机构，属于用户自提的，则由保管机构按出库凭证向提货人当面交清。

(5) 登账。点交后，保管员应在出库单上填写实发数、发货日期等内容，并签名。

(6) 现场和档案的清理。经过出库的一系列工作程序之后，实物、账目和库存档案等都发生了变化。应彻底清理，使保管工作重新趋于账、 物、资金相符的状态。

4. 货物入库检验

验收准备是货物入库验收的第一道程序。仓库接到到货通知后，应根据货物的性质和批量提前做好验收的准备工作。

3.6.4 实验步骤

1. 移库单录入

在【仓储管理】→【移库作业】→【移库作业单】界面中，单击【新增】按钮。

操作界面如图 3.81 所示。

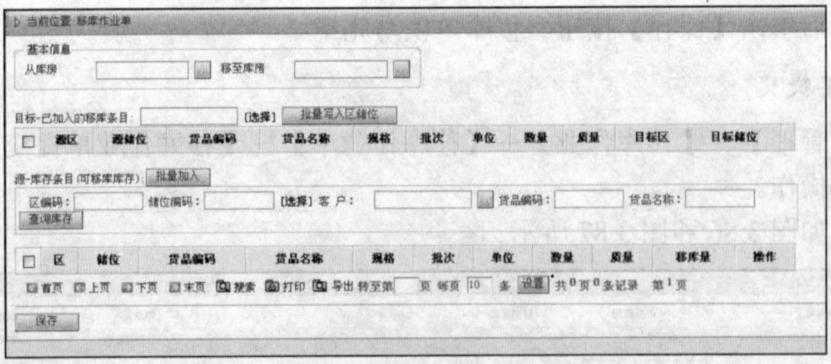

图 3.81　新增移库作业单

填写移库单，内容包括：从某库房移至某库房；查询库存；选择区位、储位和移库量等信息。

操作界面如图 3.82～图 3.85 所示。

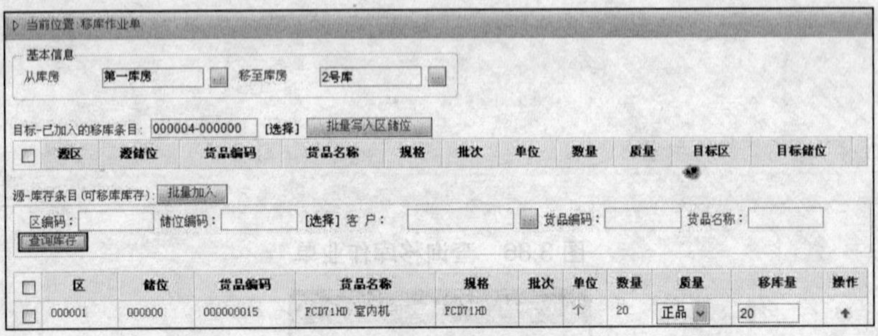

图 3.82　移库信息

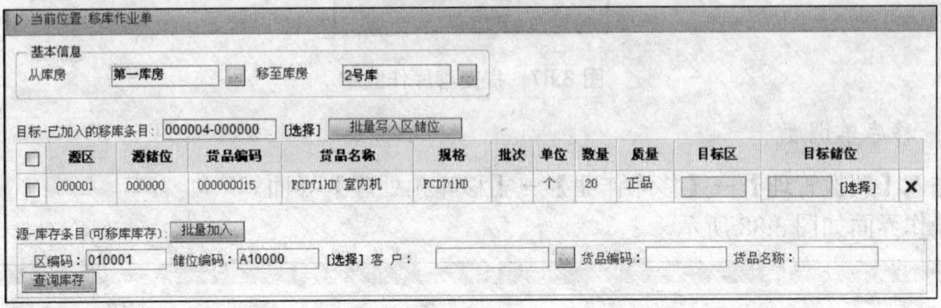

图 3.83　移库作业单

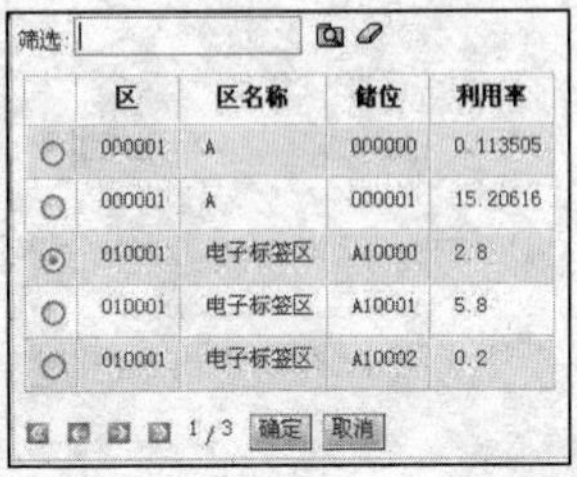

图 3.84　区位、储位信息

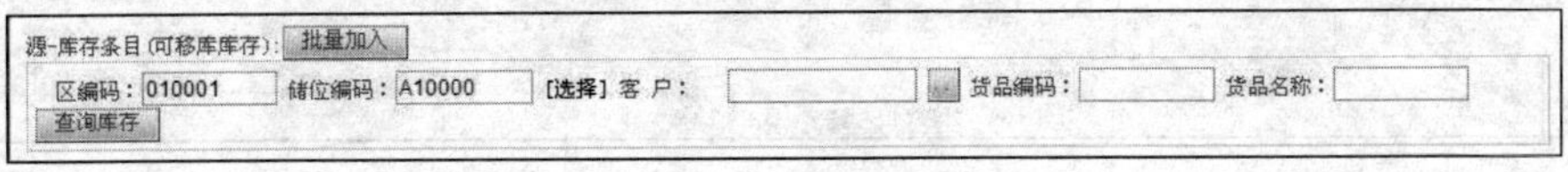

图 3.85　批量加入

填写完毕后单击【保存】按钮。移库单填写完毕。

2. 移库单提交

在【调拨管理】→【移库作业】→【移库作业单】→【移库作业单提交】界面中，进行移库单提交操作。

操作界面如图 3.86 和图 3.87 所示。

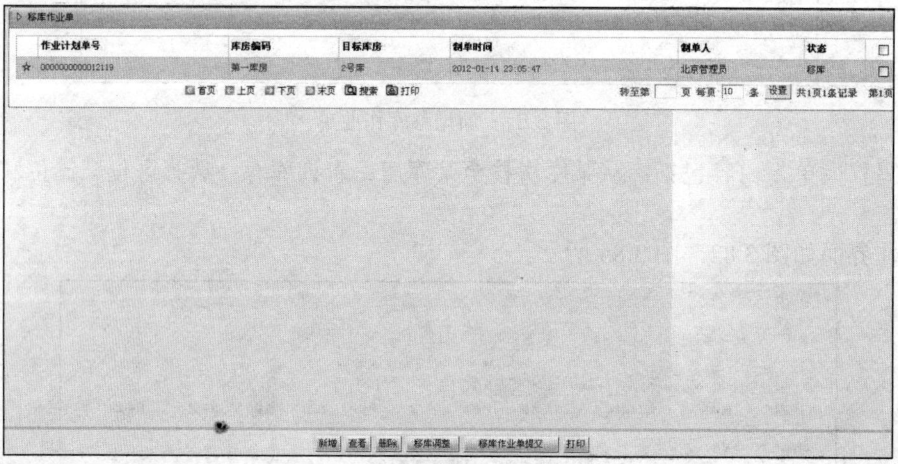

图 3.86　查询移库作业单

图 3.87　提交移库作业单

3. 移库单调度

进入【调拨管理】→【移库作业】→【移库预处理】界面。

操作界面如图 3.88 所示。

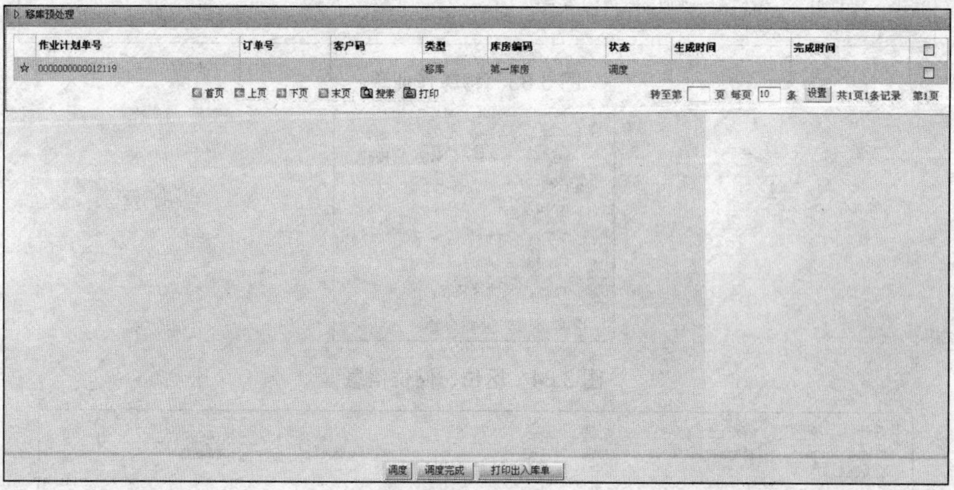

图 3.88　移库预处理

选中要调度的移库单，单击【调度】按钮。对拣货情况、上架情况进行检查。完毕后单击【调度完成】按钮，移库调度完毕。

操作界面如图3.89所示。

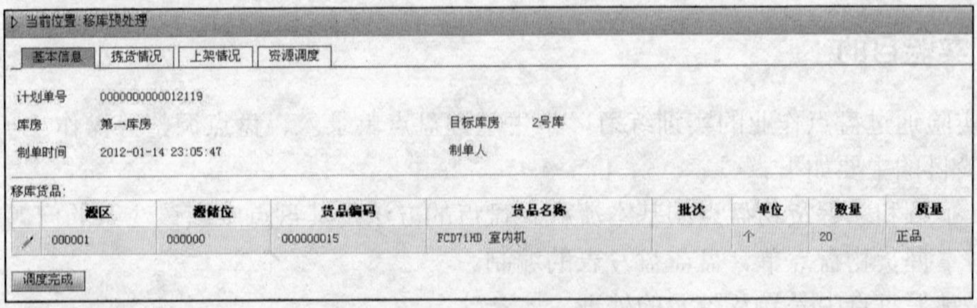

图3.89　调度移库单

4. 移库反馈

在【调拨管理】→【移库作业】→【移库反馈】界面中，选择要反馈的移库单，单击【作业计划单反馈】按钮，进入如下界面。

操作界面如图3.90和图3.91所示。

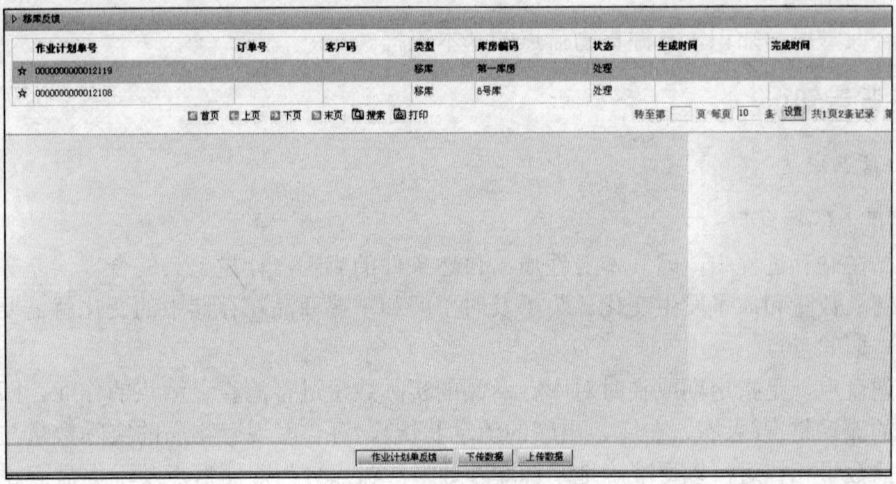

图3.90　选中作业计划单

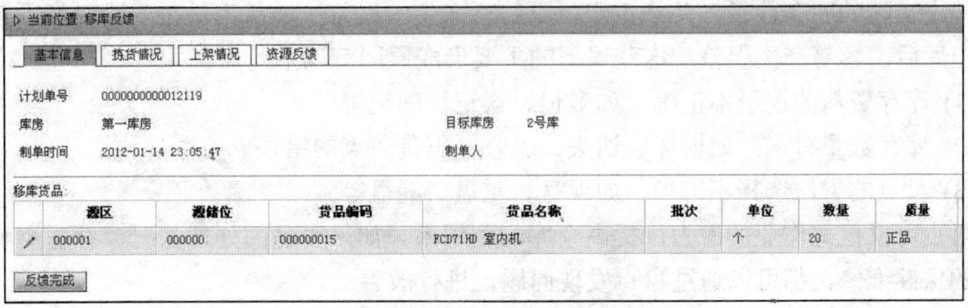

图3.91　作业计划单反馈

同出入库作业反馈，根据实际操作情况，反馈实际移库的数量和作业资源，单击【反馈完成】按钮，完成移库作业。

3.7 实验七 盘点作业

3.7.1 实验目的

本实验通过盘点作业的实训练习，学生掌握盘点单录入、盘点调整等操作。

实验目的主要如下。

(1) 了解和掌握货物盘点的基本流程、盘点的方法及其盘点中应该注意的问题。

(2) 掌握货物盘点单、盘盈盘亏表的编制。

(3) 掌握盘点中差异及盈亏的处理。

3.7.2 实验准备

1) 教师准备

通过“金文第三方物流系统”中仓储管理系统的盘点作业实验平台，对此项实验所需的用户资料、情景数据、实验任务的后台配置进行完善。

2) 学生准备

结合课堂所学知识，掌握货物盘点的基本流程。

3.7.3 背景知识

1. 盘点概述

1) 盘点的概念

商品在储存过程中，因其本身性质、自然条件的影响，计量工具的合理误差等人为原因，使商品数量和质量发生变化。为了及时了解和掌握商品在存储中的变化就需要进行经常的和定期的盘点。

所谓盘点，是指定期或临时对库存商品的实际数量进行清查、清点的作业，即为了掌握货物的流动情况(入库、在库、出库的流动状况)，对仓库现有物品的实际数量与保管账上记录的数量相核对，以便准确地掌握库存数量。盘点分为账面盘点及现货盘点。

2) 盘点的作用

确定实际的库存数量，并修正账货不符所产生的误差。通常物料在一段时间不断地入库与出库后，容易产生误差，这些误差的主要形成原因有以下几点。

(1) 库存资料的记录不正确，如多记、误记、漏记等。

(2) 库存数量有误，如损坏、遗失、验收、出货清点的错误。

(3) 盘点的方法选择不恰当，如误盘、重盘、漏盘等。

盘点可以挖掘作业的潜力，提高仓库的利用率。如呆废品的处理状况、存货周转率、物料的保健维修，都可以通过盘点发现问题，进行改善。

3) 盘点的内容

(1) 检查商品的账面数量与实存数量是否相符。

(2) 检查商品的堆放及维护情况。

(3) 检查各种商品有无超储、积压、损坏变质的现象。

(4) 检查商品的收发情况，以及有无按先进先出发放商品。

(5) 检查对不合格品及呆滞、废商品的处理情况。

(6) 检查安全设施及安全情况。

2. 盘点的种类和方法

1) 盘点的种类

类似于账面库存与现货库存，盘点也分为账面盘点及现货盘点。

账面盘点(永续盘点)就是把每天入库及出库货品的数量及单价，记录在计算机或账簿上，而后不断地累计加总算出账面上的库存量及库存金额。

实地盘点(实盘)就是在现场实际清点调查仓库内的库存数，再依货品单价计算出实际库存金额。

因而，如要得到最正确的库存情况并确保盘点无误，最直接的方法就是确定账面盘点与实地盘点的结果要完全一致。一旦存在差异，即为料账不符的现象，究竟是账面盘点记错或是现货盘点点错，则需找寻错误原因，才能得出正确结果及赋予责任归属。

2) 盘点的方法

(1) 账面盘点。账面盘点具体的方法是将每种货品分别设账，然后将每一种货品的入库与出库的情况详细加以记载。这种盘点的优势就在于不必实地盘点即能随时从计算机或账册上查到货品的相应库存量。

(2) 实地盘点(现货盘点)。实地盘点依据盘点时间频度的不同又分为期末盘点和循环盘点。期末盘点是指在期末一起清点所有的货品数量的方法。而循环盘点则是每天、每周即做少种少量的盘点，到了月末或期末，每项货品至少完成一次的盘点方法。

① 期末盘点法。由于期末盘点是将所有商品一次盘完，因而需要全体员工一起出动，采取分组的方式进行的盘点。一般来说，每组盘点人员至少要 3 人，以便能互相核对减少错误，同时也能彼此牵制避免疏漏。

② 循环盘点法。循环盘点是将每天或每周当作一个周期来盘点，其目的主要是对不同的商品采取不同的管理手段。采用循环盘点法，价格越高或越重要的商品，盘点的次数越多，价格越低越不重要的商品，就尽量减少盘点的次数。循环盘点因为一次只能进行少量的盘点，因而只需专人负责即可，不需要动用全体人员。

③ 期末盘点法与循环盘点法的比较如表 3-1 所示。

表 3-1 期末盘点法与循环盘点法的比较

比较项目 \ 方法	期末盘点法	循环盘点法
盘点时间	期末、每年仅次数	平常、每天或每周一次
所需时间	长	短
所需人员	全体人员(或临时雇用)	专门人员
盘差情况	多且发现时间晚	少且发现时间早
对营运的影响	须停止作业数天	无
对品项的管理	平等	A 类重要货品：仔细管理 B 类不重要货品：稍微管理
盘查原因的查找	不易	容易

3. 盘点的原则

货物盘点时应该按照以下原则进行。

(1) 真实：要求盘点所有的点数、资料必须是真实的，不允许作弊或弄虚作假，掩盖漏洞和失误。

(2) 准确：盘点的过程要求准确无误，资料的输入、陈列的核查、盘点的点数都必须准确。

(3) 完整：所有盘点过程的流程，包括区域的规划、盘点的原始资料、盘点点数等，都必须完整，不要遗漏区域、遗漏货品。

(4) 清楚：盘点过程属于流水作业，不同的人员负责不同的工作，所以所有资料必须清楚，人员的书写必须清楚，货物的整理必须清楚，才能使盘点顺利进行。

(5) 团队精神：盘点是所有参加者的营运过程。为减少盘点的时间，盘点的各个部门必须有良好的配合协调意识，以大局为重，使整个盘点按计划进行。

4. 盘点作业的基本流程

1) 盘点前的准备工作

事先准备工作关系到盘点作业的顺利程度，为了能在短时间内利用有限的人力迅速准确地完成盘点工作，事先的准备工作内容如下：确定盘点的具体方法和作业的程序，确定盘点的时间、盘点的范围和盘点的人员；准备基本工具和相关资料；配合会计决算进行盘点；训练盘点、监盘、监盘的人员，使其熟悉盘点用表单；事先印制完成盘点用表单；确实结清库存资料。

盘点时货物的进出要求：在盘点前，对厂商交来的货物必须明确其所有权。如已经验收完成，应及时整理归档，若尚未完成验收程序，货物属厂商所有，应划分清楚，避免混淆。需盘点的货品应分类堆放整齐，并设置盘点单；盘点期间所到货品应单独存放，并在盘点后入库；盘点前应把盘点期间所需发出的货品完成出库，单独存放。预先鉴定呆料、废品、不良品，以便盘点。账卡、单据、资料均应整理后加以结清。存储场所管理人员在盘点前应自行预盘。

2) 现场盘点

现场盘点即现场对实物进行清点。这一过程主要包括以下环节：初盘、复盘、抽盘。这一过程最为费时费力，也是最容易出错的过程。为了确保获取准确的盘点数据，需要做好盘点前的准备工作，做好人员组织与分工，按照已经选定的盘点方法进行盘点。加强复核与盘点过程的监督。此外，为了提高盘点的效率，盘点时还可以使用计数器、条形码识别装备等对货物进行清点。

3) 编制盘点报告

根据盘点的数量和账簿数量编制盘点报告，确定盘盈盘亏量，追查盘盈盘亏的原因。

期末盘点法和循环盘点法的作业流程如下。

(1) 期末盘点法的作业流程主要有以下步骤。

步骤 1：将全公司员工工作分配。

步骤 2：由一人先清点负责区域的商品，将清点结果填入各商品盘存单。

步骤 3：由第二人复点，填写各商品的盘存单。

步骤4：由第三人核对，检查前两人的记录是否相同且正确。

步骤5：将所有盘点结束后，再与计算机或账册资料进行对照。

(2) 循环盘点法的作业流程主要有以下步骤。

步骤1：决定当天准备盘点的商品。

步骤2：由专门人员负责，利用一定时间至现场清点这些商品的实际库存数。

步骤3：核对盘点商品的计算机登记数。

步骤4：对照结果，如果发现两项库存量数没有差异，则维持原状，若发现有差异，则调查原因，马上修正。

5. 盘点结果处理

盘点结果的处理包括：查明差异，分析原因；认真总结，加强管理；上报批准，调整差异。

1) 差异因素的追查

盘点完成时若发现所得数据与账簿不符，应从以下几个方面追查账面差异的原因：是否因记账员的素质不高，导致货品数目无法表达；是否因料账处理制度的缺点，导致货品数目无法表达；是否因盘点制度的缺点导致货账不符；盘点所得数据与账簿的资料，差异是否在容许误差内；盘点人员是否尽责，产生盈亏时由谁负责；是否产生漏盘、重盘、错盘等情况；盘点差异是否可事先预防，是否可以降低料账差异的程度。

导致账实不符的原因可能是：货品在运输、保管、收发的过程中发现自然变化或损耗；由于计量、检验方面的问题造成的数量质量上的差错；由于保管员或工作人员失职造成的货品损坏、变质或短缺；因为气候影响发生了腐蚀、硬化结块、变色、腐烂、生锈等导致货品数量减少或无法使用；由于自然灾害造成的非常损失和非常事故发生的损毁；在货物收发过程中由于手续不全，或计算、登记上发生错误或漏记，或发生收发凭证遗失，造成账实不符；由于使用的度量衡器具有欠准确，或使用方法错误造成数量差异。

2) 盘盈盘亏的处理

差异原因追查后，应针对主要原因进行适当的调整与处理，至于呆废品、不良品减价的部分则需与盘亏一并处理。物品除了盘点时产生数量的亏盈外，有些货品在价格上会产生增减，这些变更在经主管审核后必须利用货品盘点盈亏及价目增减更正表修改。

6. 呆废物品管理

呆废物品包括：因库存时间过长而又使用极少的或可能根本不用的呆料；因某些原因而丧失使用价值，同时也无法改作他用的废料；在加工过程中所产生的已无法利用的边角、零头、残料。

呆废物品形成的原因包括：因滞销而引起生产变更，致使物料积压；因设计变更造成呆废料的发生；因验料疏忽或经检验合格的物料中仍有少量的不合格品；因保管不当或保存过久而变质；加工后所剩的边角料或碎屑等；因采购不当而造成的呆废物料；用料预算大于实际使用；代课加工余料。

处理呆废物品的目的是物尽其用，减少资金占用，节省储存费用。处理方法包括：

(1) 转用。用于其他产品的生产。

(2) 修正再用。在规格等方面稍加修正加以利用。

(3) 拆零利用。将有用的零件回收利用。

(4) 调换。与加工商或供应商协调，力争等价调换其他物品。

(5) 转赠。转送其他单位使用。

(6) 降价出售。将呆废物品降价出售，回收部分资金。

(7) 报废。无法进行上述处理时，只能销毁，以免占用仓库空间。

3.7.4 实验步骤

一般物流企业的库房根据客户要求或检查、管理的需要会定期或不定期地进行盘点，清点库存数量、质量等，发现损坏或账实不符应及时处理。

1. 盘点单录入

在【盘点管理】→【盘点任务】界面中，单击【新增】按钮，添加盘点信息。

操作界面如图 3.92～图 3.94 所示。

2. 盘点作业

在【盘点管理】→【盘点作业】界面中，选中盘点单，单击【反馈】按钮，完成盘点单。

操作界面如图 3.95 和图 3.96 所示。

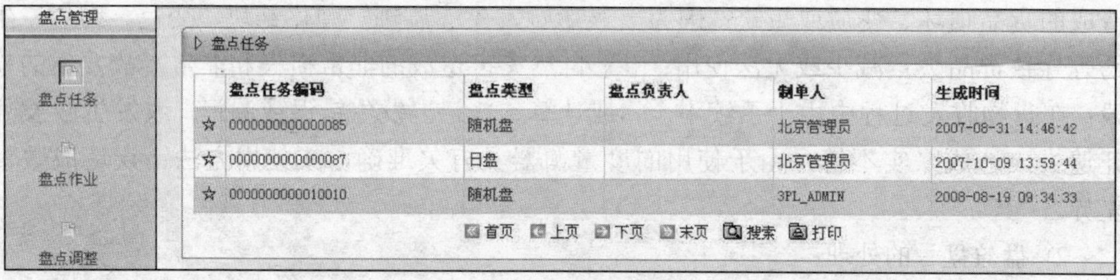

图 3.92　新增盘点单

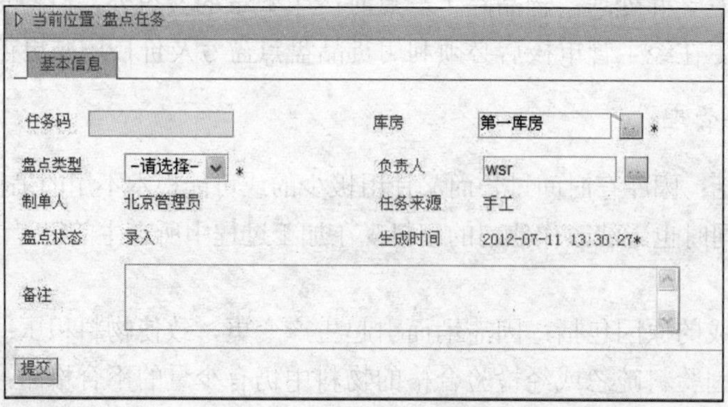

图 3.93　录入盘点信息

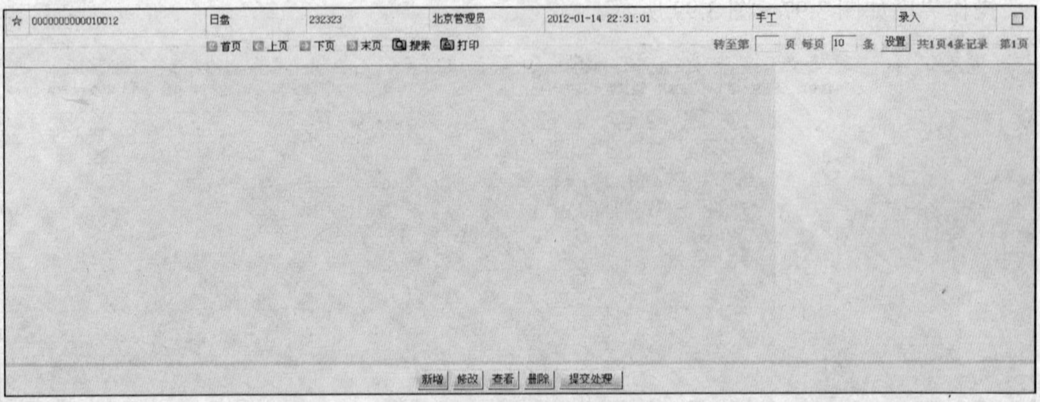

图 3.94 提交盘点单

图 3.95 反馈

▷ 当前位置:盘点作业

盘点作业单

库房：第一库房

	区编码	区名称	储位编码	货品编码	货品名称	规格	型号	批次	单位	实际正品量	实际次品量	实际数量
	000001	A	000000	000000001	M25H 室内机	M25H						
	000001	A	000000	000000002	M33H 室内机	M33H						
	000001	A	000000	000000003	M36H 室内机	M36H						
	000001	A	000000	000000004	AC33H 室内机	AC33H						
	000001	A	000000	000000015	FCD71HD 室内机	FCD71HD						
	000001	A	000000	000000060	Z25H 室内机	Z25H						
	000001	A	000000	000000062	Z36H 室内机	Z36H						
	000001	A	000000	000000115	FCD71HD 室外机	FCD71HD						
	000001	A	000000	000000160	Z25H 室外机	Z25H						
	000001	A	000000	000000162	Z36H 室外机	Z36H						

图 3.96 反馈完成

3. 盘点调整

当盘点结果与系统的库存记录不符时，一般应对系统数据进行调整。这种调整动作需向上级请示，一般根据差异数额多少分级向财务、总经理请示。

进入【盘点调整】界面选中该张盘点单，单击【调整审核】按钮，可查看与调整盘点单。

操作界面如图 3.97～图 3.99 所示。

图 3.97　调整审核

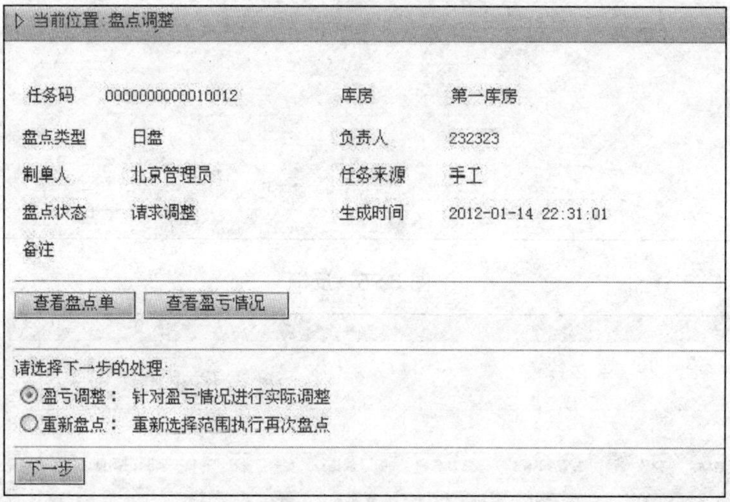

图 3.98　查看盘点单

区编码	储位编码	货品编码	货品名称	批次	单位	正品	正品[盘]	次品	次品[盘]	调整类型	责任人
000001	000000	000000001	M25H 室内机		个	0	34			不调整	
000001	000000	000000002	M33H 室内机		个	0	65			不调整	
000001	000000	000000003	M36H 室内机		个	0	23			不调整	
000001	000000	000000004	AC33H 室内机		个	0	67			不调整	
000001	000000	000000015	FCD71HD 室内机		个	10		10		不调整	
000001	000000	000000060	Z25H 室内机		个	10		10		不调整	
000001	000000	000000062	Z36H 室内机		个	58		0		不调整	
000001	000000	000000115	FCD71HD 室外机		个	10		10		不调整	
000001	000000	000000160	Z25H 室外机		个	473		0		不调整	

图 3.99　调整盘点单

3.8 实验八 库存管理

3.8.1 实验目的

本实验主要是提供库存管理各方面信息的查询，以及库存导入、库存冻结、库存解冻等方面的操作，以便于库存管理工作的开展。

实验目的主要如下。

(1) 了解库存管理工作的重要性及其业务流程。

(2) 掌握库存管理各方面信息的查询。

(3) 掌握库存导入、库存冻结及解冻等方面的操作。

3.8.2 实验准备

1) 教师准备

通过“金文第三方物流系统”中仓储管理系统的库存管理实验平台，对此项实验所需的用户资料、情景数据、实验任务的后台配置进行完善。

2) 学生准备

结合课堂所学知识，掌握库存管理业务的基本流程。

3.8.3 背景知识

1. 库存管理的概念

库存是指处于储存状态的物资或商品。一般情况下企业设置库存的目的是防止短缺，保持生产连续性、快速满足生产需求。因此，库存管理的核心问题就是如何在满足库存需求的前提下，保持合理的库存水平。

库存管理也称为库存控制，是指在保障供应的前提下，以库存物品的数量最少和周转最快为目标所进行的计划、组织、协调和控制。库存管理是对在库物资种类及其存量的管理和控制，是连接采购管理、生产管理和销售管理的桥梁，即根据供应和需求规律确定生产和流通过程中经济合理的物资存储量的管理工作。

现代库存管理主要是在供应链管理理论指导下的库存管理，其目的是为了提高整个供应链的响应能力和效率以支持生产运作。现代库存管理为供应链管理下的库存集成管理方式，它从全局的角度对供应链上的物流、信息流以及资金流进行控制和调度，首先是满足生产上的需要，避免因缺货的发生造成企业生产的中断；其次从顾客需求出发，减少库存的积压，避免导致企业生产成本增加。

2. 库存管理的任务

(1) 以最小的库存量促进生产经营活动，满足生产需求。

(2) 防止缺货，把握适当的库存量，缩短采购时间。

(3) 降低物流成本，用适当的时间间隔，补充与需求量相适应的合理货物量以降低物流成本。

(4) 节约库存费用，实现作业的稳定化，改善物料搬运活动，防止陈腐化，有效使用仓库的面积。

(5) 有效地运用资金，最大限度降低库存储备，减少储备管理费用，减少企业流动资金占用率。

(6) 保证生产的计划性、平稳性以消除或避免销售波动的影响。

3. 库存管理的主要形式

1) 委托保管方式

委托保管是指接受用户的委托，由受托方代存代管所有权属于用户的货物。即把所有权属于用户的货物存放在专业化程度比较高的仓库中，由后者代理用户保管和发送货物，用户则按照一定的标准向受托方支付服务费，从而在一定范围内实现零库存和无库存式生产。

2) 协作分包方式

协作分包的方式主要用于制造企业，这种形式可以通过若干企业的柔性生产准时供应，使主企业的供应库存为零，同时主企业的集中销售库存使若干分包劳务及销售企业的销售库存为零。

3) 轮动方式

轮动方式也称同步方式，是在对系统进行周密设计的前提下，使各个环节速率完全协调的一种零库存、零储备形式。这种方式是在传送带式生产基础上进行更大规模延伸形成的一种使生产与材料供应同步进行，通过传送系统供应从而实现零库存的形式。

4) 准时生产方式和看板方式

准时生产方式不是采用类似传送带的轮动系统，而是"在需要的时候，按需要的量生产所需的产品"，从而实现零库存。这是在日本丰田公司生产方式的基础上发展起来的一种先进的管理模式，是一种旨在消除一切无效劳动、实现企业资源优化配置、全面提高企业经济效益的管理模式。

看板方式是准时生产方式中的一种简单有效的方式，也称"卡片"制度，是在企业的各工序之间，或在企业之间，或在生产企业与供应商之间，采用固定格式的卡片为凭证，由某一环节根据自己的节奏，逆着生产流程方向，向上一个环节指定供应，从而协调关系，做到准时同步。

5) 按订单生产方式

按订单生产即企业的一切生产活动都是按订单来进行的，仓库不再是传统意义上的储存物资的仓库，而是物资流通过程中的一个"枢纽"，是物流作业中的一个站点。物资是按订单信息要求而流动的，因此从根本上消除了呆滞物资，从而也就消灭了"库存"。

6) 无库存储备

国家战略储备的物资是非常重要的物资，因为其在关键时刻可以发挥巨大的作用，所以几乎所有国家都要有各种名义的战略储备。由于战略储备的重要性，一般这种储备都保存在条件良好的仓库中，以防止其损失，延长其保存年限。无库存的储备仍然保持储备，但不采取库存形式，以此达到零库存。

7) 配送方式

企业通过建立完善的物流体系，及时地将按照订单生产出来的物品配送到用户手中，在此过程中通过物品的在途运输和流通加工，减少库存。

4. 传统的库存管理控制方法

1) 关键因素分析法

根据库存物资在生产经营中所起关键性作用的大小，将其划分为 4 个级别：最高优先级、较高优先级、中等优先级、较低优先级，不同的级别采用不同的管理方法。管理要点：最高优先级物资不允许缺货，因为它是生产中的关键因素，偶尔的缺货都会导致生产不能正常进行，为了保证供应，一般和此类物资供应商签订长期合同，结为战略合作伙伴；较高优先级物资允许偶尔缺货，因为基础性的物资在市场上有较多的供应商，可以很快做出选择；中等优先级的物资，在生产中比较重要，但不是关键因素，因此它的缺货不会对生产带来决定性的影响，可以在合理范围内缺货，其需求可根据生产进度计划进行计算，这也是降低库存管理成本的一种方式。较低优先级的物资在经营中需用这些物资，但可替代性高，允许缺货。

2) 供应细分法

根据两种因素(成本/价值；风险和不确定性)可以将库存物资划分为 4 类：策略型、杠杆型、关键型、战略型。

价值比较低，在市场上很容易购买，且风险比较小的物资为策略型物资。管理重点主要放在管理成本控制上，需关注交易过程的管理，侧重整个采购过程成本的下降。

价值比较大，在市场上风险性比较小的物资为杠杆型物资。杠杆型物资价值高，库存成本大，但市场供应充足，较容易购买。因此，管理重点应放在库存成本的控制上，可以考虑在不影响供应的基础上，以各种方法有效地降低直接采购成本，跟供应商签订短期合约，以便能不断寻求、更换、转向成本更低的资源。

价值较低，而风险比较高的物资为关键型或瓶颈型物资。管理上应首先考虑如何减少或消除它们，或采用替代品。在采购与库存策略上，此类物资需设置较高的安全库存，对垄断性的生产商或供应商要建立稳定的供应关系。

物资价值和风险这两个指标都比较高的物资，属于战略型物资。战略型物资能保障公司产品在市场上的竞争力和竞争优势，同时，这种物资或服务可能会给公司带来风险，而且成本较大，是库存管理的重点。此类物资的供应管理策略是与信誉好、综合能力强的供应商建立一种长期的战略合作伙伴关系，签订长期协议，在保障供应的基础上降低缺货风险和成本。另外，企业要根据生产进度计划，合理制订物资需求计划，设置一定量的安全库存，并进行严格的库存控制，降低库存成本和风险。

3) 经济订货批量

最优的库存控制应该是既能满足生产需要，保证生产的正常进行，又最经济合理。企业每次订货的数量多少直接关系到库存的水平和库存总成本大小，因此，企业希望找到一个合适的订货数量使库存总成本最小。经济订货批量模型为满足企业的这个要求提供了可行的分析方法。

经济订货批量(economic order quantity，EOQ)是指订购费用和保管费用总和最低的一次订购批量。在物资总需要量一定的条件下，由于订购次数越多，每次订购批量就越小，订购费用就越大，而保管费用则越小；反之，每次订购数量越大，订购费用就越小，而保管费用就越大。因此，要选择一个最适当的订购批量，使有关的订购费用和保管费用总和为最低。

4) 定量订货方式

定量订货也称控制点订货，是指当库存量下降到预定的最低库存数量(订货点)时，按规定数量(一般以经济订货批量为标准)进行采购补充的一种采购成本控制方式。当库存量下降到订货点时马上按预先确定的订货量采购，若库存量高于订货点则不采取行动。由于定量订货法要求对每个品种进行单独订货作业，这样就会增加订货成本和运输成本，因此它适用于品种数目少但占用资金大的 A 类库存物资的管理。

5) 定期订货方式

定期订货方式又称定期盘点法订货方式，是指按预先确定的订货间隔时间进行采购补充库存的一种订货方式。每次订货数量都不同，该方式的关键在于确定订货周期。采用定期订货方式，要预先掌握每个时期内订货点的库存量。只要订货周期控制得当，既可以不造成缺货，又可以控制最高库存量，从而达到成本控制的目的。该方法往往适用于品种数量大，占用资金较少的 C 类库存和 B 类库存。

6) 双堆订货法

双堆订货法是将库存物资分为两堆存放，第一堆是订货点库存量，其余为第二堆。发料时，先动用第二堆，当第二堆用完只剩第一堆时，就意味着库存下降到了订货点，要立即提出订货。

7) 非强制补充供货法

非强制补充供货法也称最小最大系统，是定量订货方式和定期订货方式的混合使用。非强制补充供货法需要确定最高库存水平，最高库存水平要按每项物资来确定。若在检查日库存余额高于订货点，便不订货；若在检查日库存余额等于或低于订货点，便进行订货。订货数量等于最高库存水平减去在检查期间的库存水平。

5. 库存管理的意义

1) 库存管理是企业物流管理的核心内容

库存管理之所以重要，在于库存领域存在着降低成本的广阔空间。从市场营销的角度来看，企业库存成本降低的潜力比任何其他市场的营销环节要大得多。对于我国的企业来说，物流管理的首要任务是通过物流活动的合理化来降低物流成本，如通过改善物资采购方式和库存控制方法，降低采购费用和保管费用，减少库存资金占用、加速资金周转等；通过合理组织库内作业活动，提高搬运装卸效率，减少保管装卸费用支出等。因此，库存管理就成为企业物流管理的核心内容，采用科学的方法管理和控制库存就成为企业降低物流成本的需要。

2) 库存管理是提高企业生产水平的需要

在激烈的市场竞争中，企业要想提高经济效益，立于不败之地，就必须保持畅通的生产渠道，其中，生产材料的供应就是其中重要的环节。然而，要保证在生产过程中不出现生产材料短缺并不是一件容易的事情。虽然加大库存可以起到满足企业生产的作用，但是，加大库存却存在着一系列的负面后果：增加仓库面积和库存保管费用，从而提高了成本；占用大量的流动资金，造成资金呆滞，会影响资金的时间价值和机会收益；造成产成品和原材料的有形损耗和无形损耗；造成企业资源的大量闲置，影响其合理配置和优化；掩盖了企业生产、经营全过程的各种矛盾和问题，不利于企业提高管理水平等。因此，必须通过有效的库存控制，在满足生产需求的情况下，保持适当的库存量。

3) 库存管理是企业规避风险的需要

经济的高速发展以及科学技术的日新月异使得企业的生产需求越来越专业化、多样化，设备材料更新换代的速度也日益加快，对其质量要求也逐步提高，这就给库存管理带来一定难度，也使库存的风险加大。一旦生产需求发生变化，过多的库存就会成为超储积压物资。因此，必须采用科学的方法管理和控制库存，进而规避需求变化带来的库存风险。

3.8.4 实验步骤

1. 库存查询

在【库存管理】→【库存查询】界面中，选择客户和库房，单击【查询】按钮即可。操作界面如图 3.100 所示。

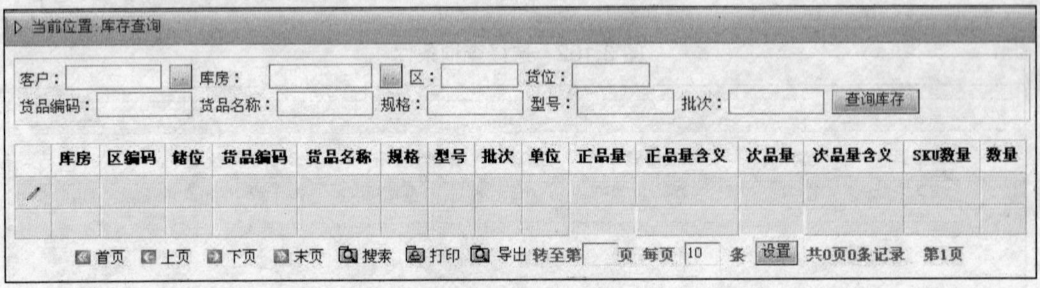

图 3.100 库存查询

2. 可视化库存

在【库存管理】→【可视化库存】界面中，选择库房，单击【查询】按钮即可。操作界面如图 3.101 和图 3.102 所示。

3. 计划库存

在【库存管理】→【计划库存】界面中，选择待查询项，单击【查看】按钮即可。操作界面如图 3.103 所示。

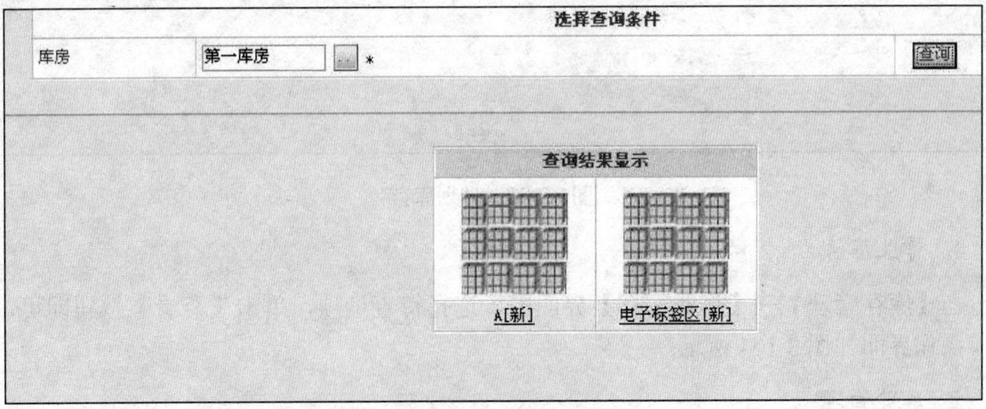

图 3.101 查询库房

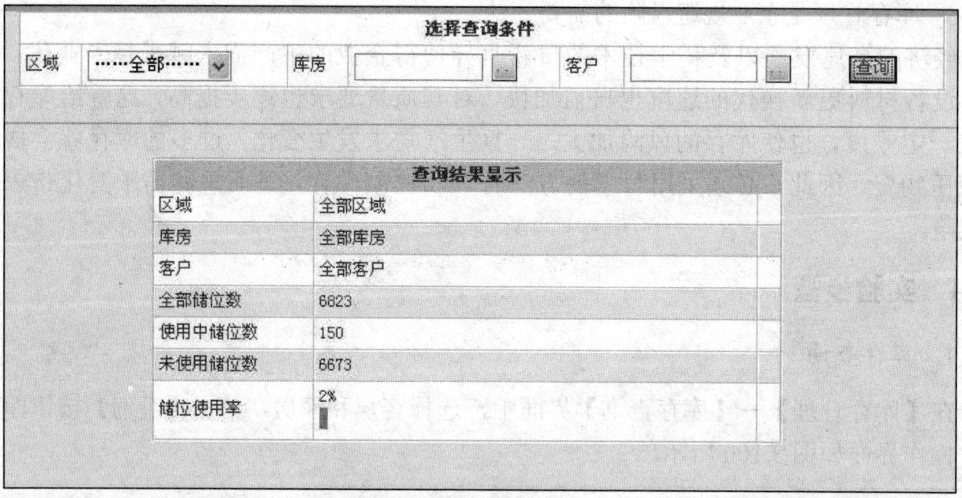

图 3.102 选择查询条件

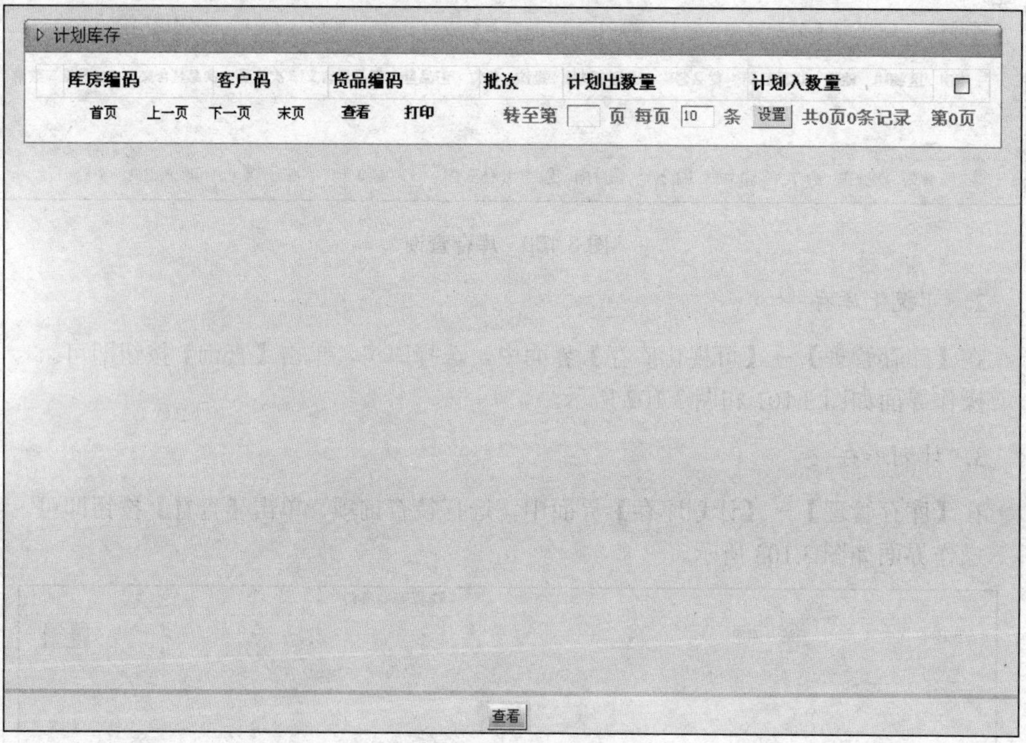

图 3.103 计划库存

4. 作业库存

在【库存管理】→【作业库存】界面中，选择待查询项，单击【查看】按钮即可。操作界面如图 3.104 所示。

5. 库龄管理

在【库存管理】→【库龄管理】界面中，单击【查询入库明细】按钮即可。操作界面如图 3.105 所示。

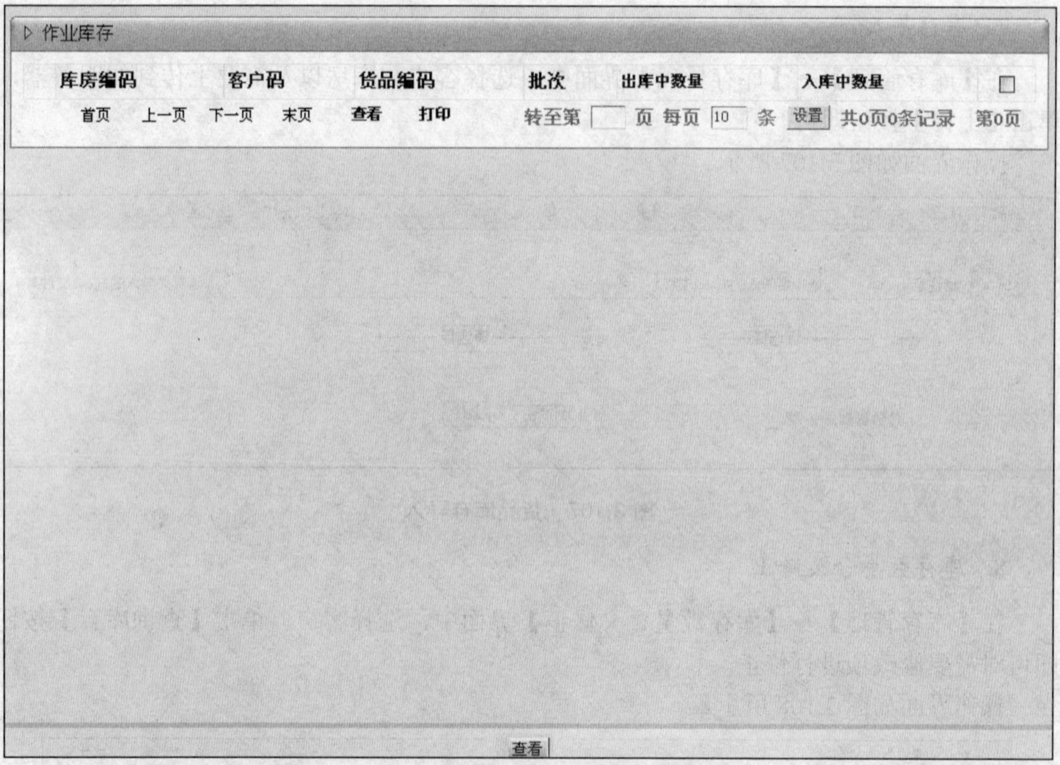

图 3.104　作业库存

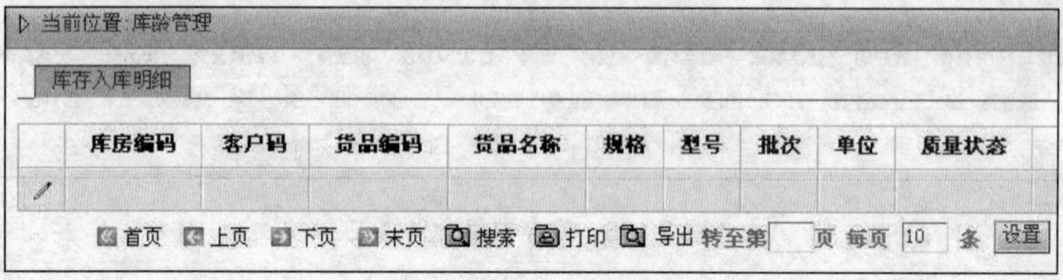

图 3.105　查询入库明细

6. 库龄分析

在【库存管理】→【库龄分析】界面中，选择库房和客户码，单击【查询】按钮即可。

操作界面如图 3.106 所示。

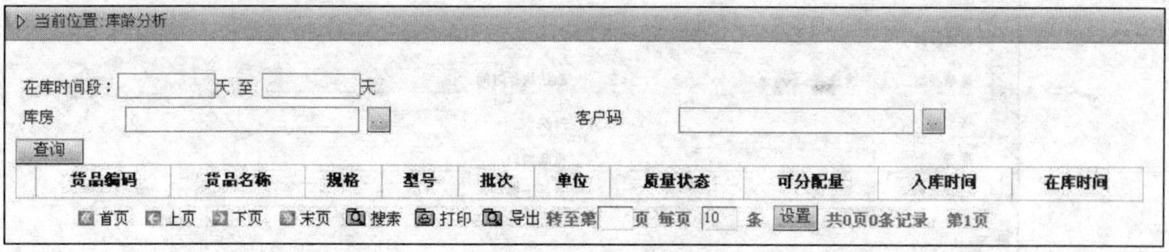

图 3.106　库龄分析

7. 库存导入

在【库存管理】→【库存导入】界面中，选择客户和库房以及需要上传到的服务器，单击【上传】按钮即可。

操作界面如图 3.107 所示。

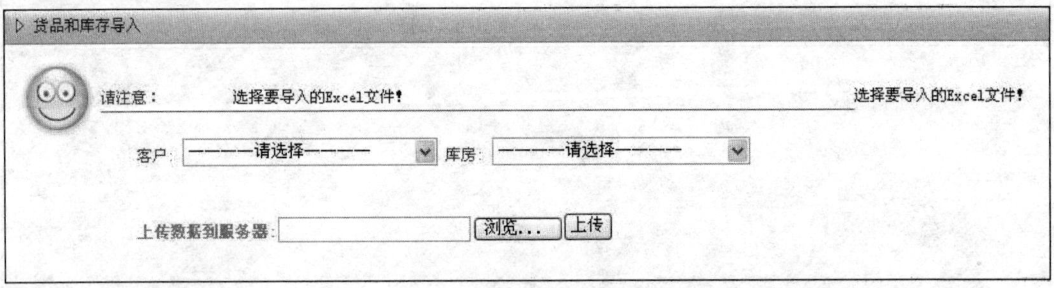

图 3.107　货品库存导入

8. 库存数量含义修正

在【库存管理】→【库存数量含义修正】界面中，选择客户，单击【查询库存】按钮即可对需要修改项进行修正。

操作界面如图 3.108 所示。

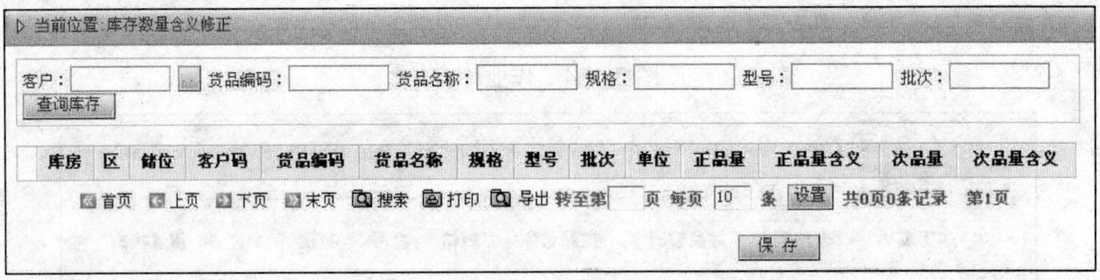

图 3.108　库存数量含义修正

9. 库存冻结

在【库存管理】→【库存冻结】界面中，单击【新增】按钮，填写库存冻结表后，单击【提交】按钮，即新增完毕。

操作界面如图 3.109 所示。

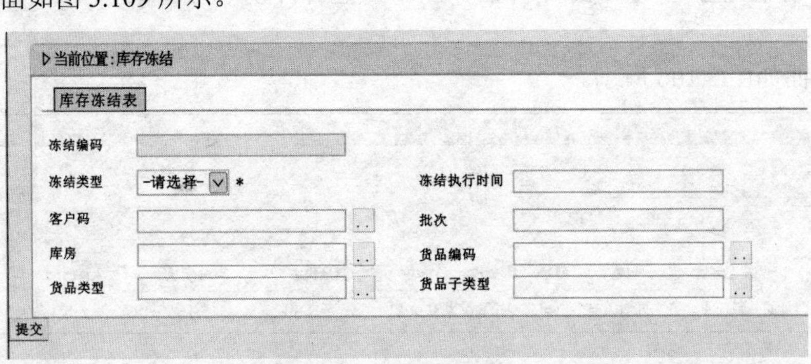

图 3.109　库存冻结

10. 库存解冻

在【库存管理】→【库存冻结】→【库存解冻】界面中，选择待解冻库存，单击【解冻】按钮，即解冻完成。

操作界面如图 3.110 所示。

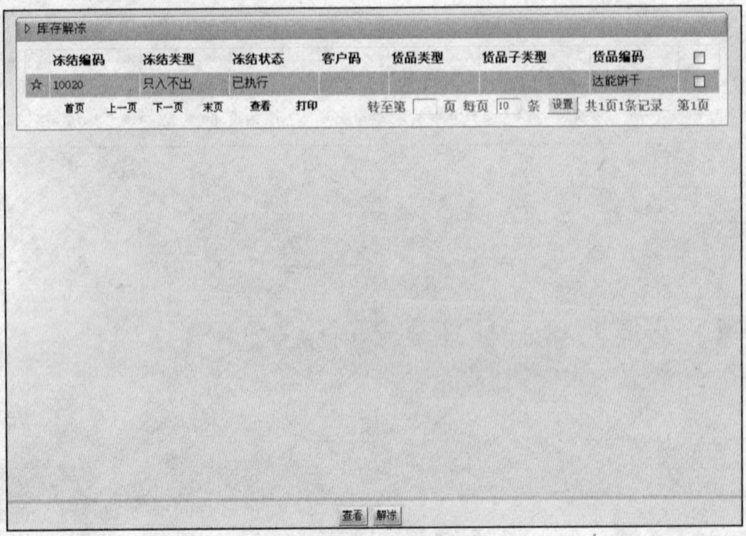

	冻结编码	冻结类型	冻结状态	客户码	货品类型	货品子类型	货品编码	□
☆	10020	只入不出	已执行				达能饼干	□

图 3.110 库存解冻

11. 作业查询

在【库存管理】→【仓储综合查询】→【作业查询】界面中，选择待查询单据，单击【查看】按钮，即可进行查看。

操作界面如图 3.111 所示。

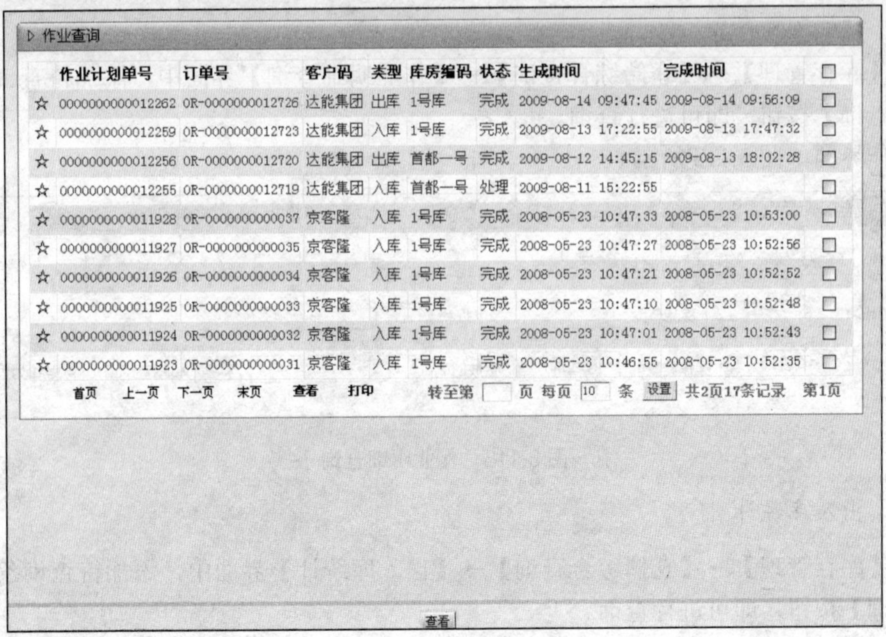

	作业计划单号	订单号	客户码	类型	库房编码	状态	生成时间	完成时间	□
☆	000000000012262	OR-0000000012726	达能集团	出库	1号库	完成	2009-08-14 09:47:45	2009-08-14 09:56:09	□
☆	000000000012259	OR-0000000012723	达能集团	入库	1号库	完成	2009-08-13 17:22:55	2009-08-13 17:47:32	□
☆	000000000012256	OR-0000000012720	达能集团	出库	首都一号	完成	2009-08-12 14:45:15	2009-08-13 18:02:28	□
☆	000000000012255	OR-0000000012719	达能集团	入库	首都一号	处理	2009-08-11 15:22:55		□
☆	000000000011928	OR-000000000037	京客隆	入库	1号库	完成	2008-05-23 10:47:33	2008-05-23 10:53:00	□
☆	000000000011927	OR-000000000035	京客隆	入库	1号库	完成	2008-05-23 10:47:27	2008-05-23 10:52:56	□
☆	000000000011926	OR-000000000034	京客隆	入库	1号库	完成	2008-05-23 10:47:21	2008-05-23 10:52:52	□
☆	000000000011925	OR-000000000033	京客隆	入库	1号库	完成	2008-05-23 10:47:10	2008-05-23 10:52:48	□
☆	000000000011924	OR-000000000032	京客隆	入库	1号库	完成	2008-05-23 10:47:01	2008-05-23 10:52:43	□
☆	000000000011923	OR-000000000031	京客隆	入库	1号库	完成	2008-05-23 10:46:55	2008-05-23 10:52:35	□

图 3.111 作业查询

12. 联合拣货查询

在【库存管理】→【仓储综合查询】→【联合拣货查询】界面中，选择待查询单据，单击【查看】按钮，即可进行查看。

操作界面如图 3.112 所示。

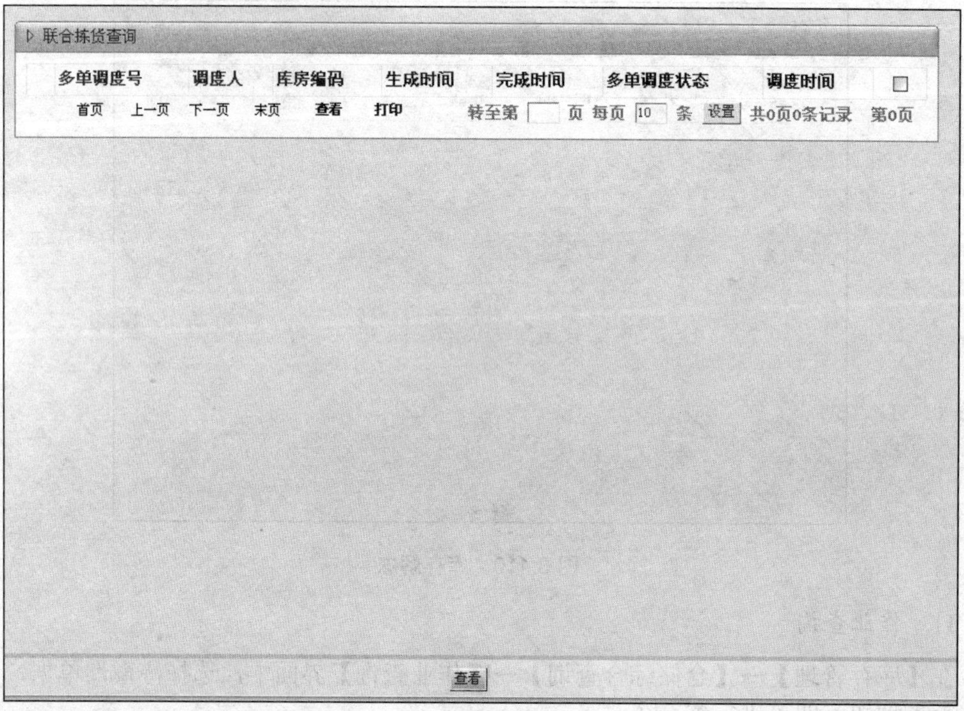

图 3.112 联合拣货查询

13. 作业明细查询

在【库存管理】→【仓储综合查询】→【作业明细查询】界面中，添加待查询条件，单击【查询】按钮，即可进行查询。

操作界面如图 3.113 所示。

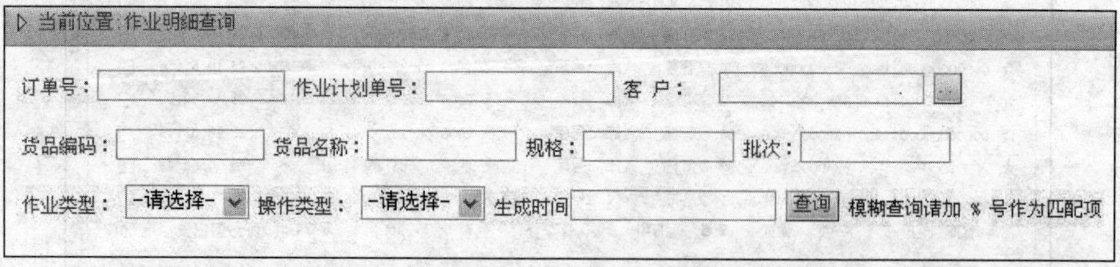

图 3.113 作业明细查询

14. 出入库统计

在【库存管理】→【仓储综合查询】→【出入库统计】界面中，添加待查询条件，单击【查询】按钮，即可进行查询。

操作界面如图 3.114 所示。

图 3.114 出入库统计

15. 库房日吞吐量

在【库存管理】→【仓储综合查询】→【库房日吞吐量】界面中，添加待查询条件，单击【查询】按钮，即可进行查询。

操作界面如图 3.115 所示。

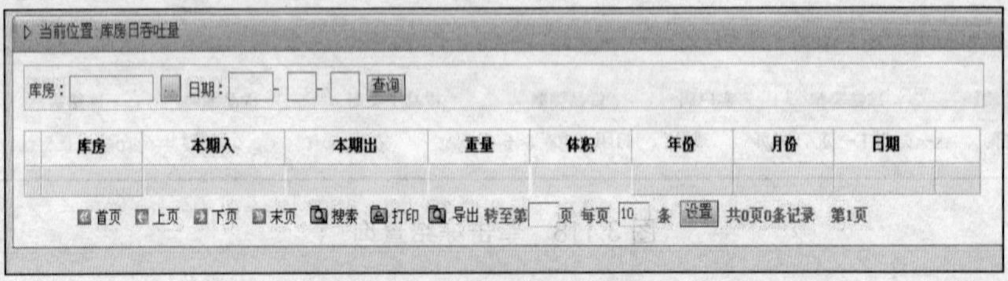

图 3.115 库房日吞吐量

16. 库房月吞吐量

在【库存管理】→【仓储综合查询】→【库房月吞吐量】界面中，添加待查询条件，单击【查询】按钮，即可进行查询。

操作界面如图 3.116 所示。

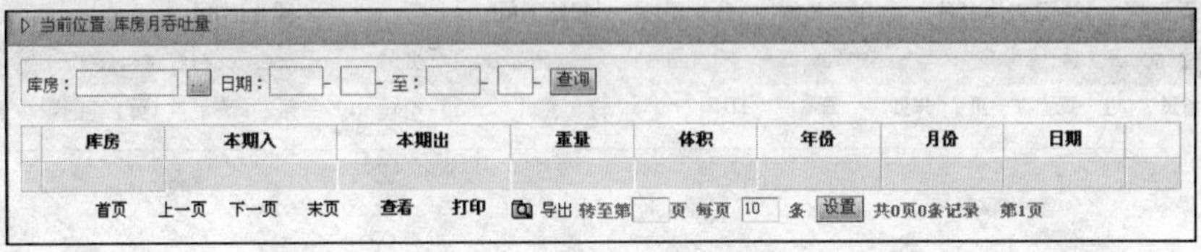

图 3.116 库房月吞吐量

17. 盘点查询

在【库存管理】→【仓储综合查询】→【盘点查询】界面中，添加待查询条件，单击【确定】按钮，即可进行查询。

操作界面如图 3.117 所示。

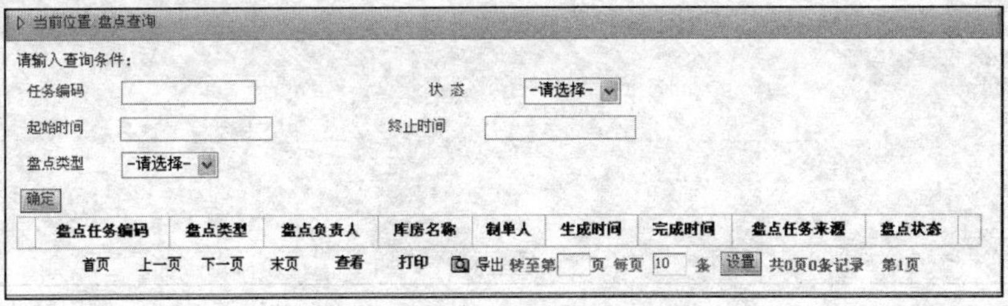

图 3.117 盘点查询

18. 库存冻结查询

在【库存管理】→【仓储综合查询】→【库存冻结查询】界面中，添加待查询条件，单击【确定】按钮，即可进行查询。

操作界面如图 3.118 所示。

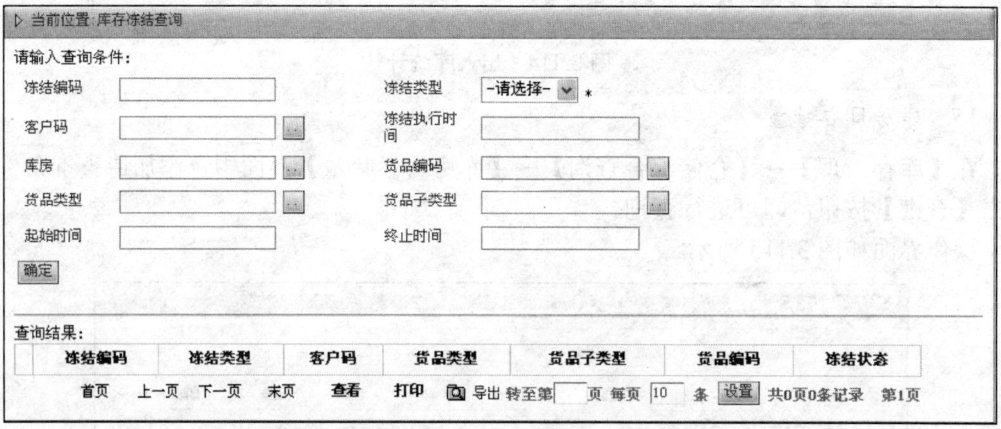

图 3.118　单击冻结查询

19. 货品 ABC 查询

在【库存管理】→【仓储综合查询】→【货品 ABC 查询】界面中，添加待查询条件，单击【查看】按钮，即可进行查询。

操作界面如图 3.119 和图 3.120 所示。

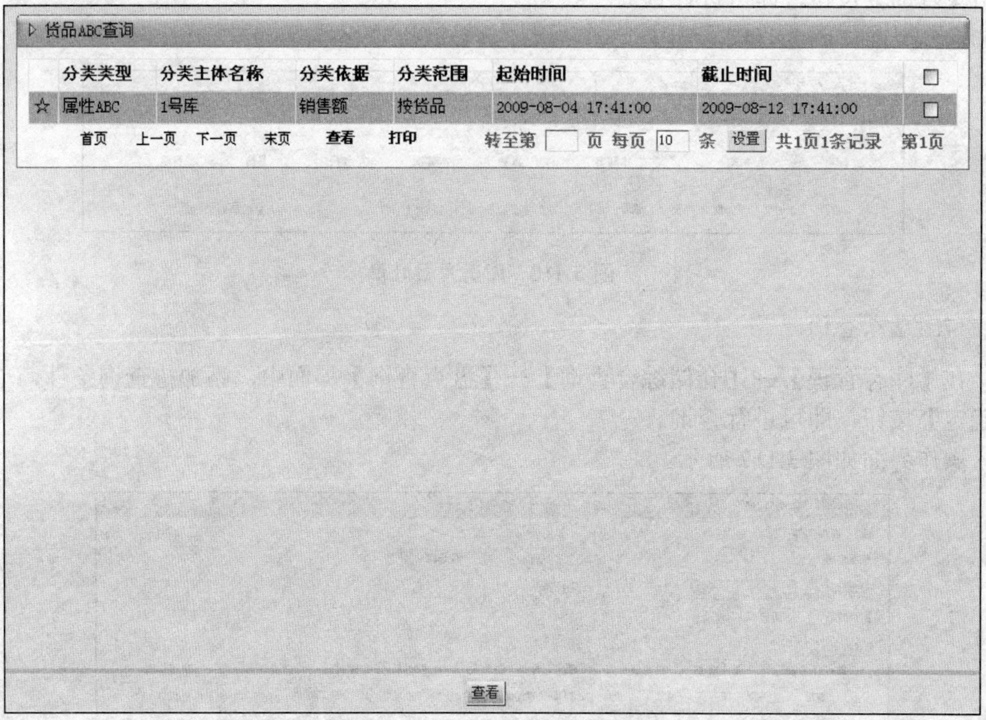

图 3.119　货品 ABC 查询

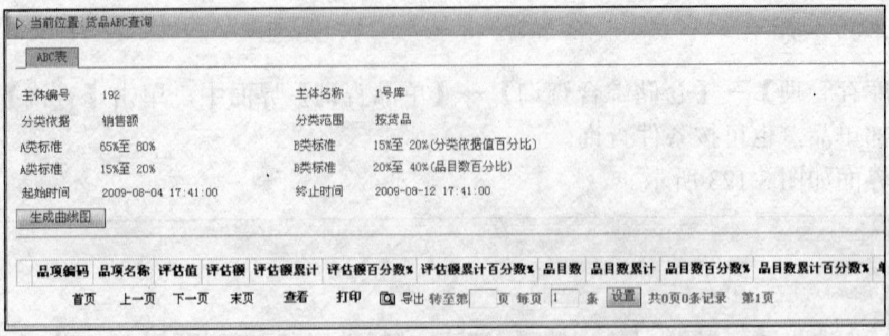

▷ 当前位置:货品ABC查询

ABC表

主体编号 192　　主体名称 1号库

分类依据 销售额　　分类范围 按货品

A类标准 65%至 80%　　B类标准 15%至 20%(分类依据值百分比)

A类标准 15%至 20%　　B类标准 20%至 40%(品目数百分比)

起始时间 2009-08-04 17:41:00　　终止时间 2009-08-12 17:41:00

生成曲线图

	品项编码	品项名称	评估值	评估额	评估额累计	评估额百分数%	评估额累计百分数%	品目数	品目数累计	品目数百分数%	品目数累计百分数%

首页 上一页 下一页 末页 查看 打印 导出 转至第 页 每页 1 条 设置 共0页0条记录 第1页

图 3.120　ABC 表

20. 作业计时查询

在【库存管理】→【仓储综合查询】→【作业计时查询】界面中查询，也可按时间段进行查询。

操作界面如图 3.121 所示。

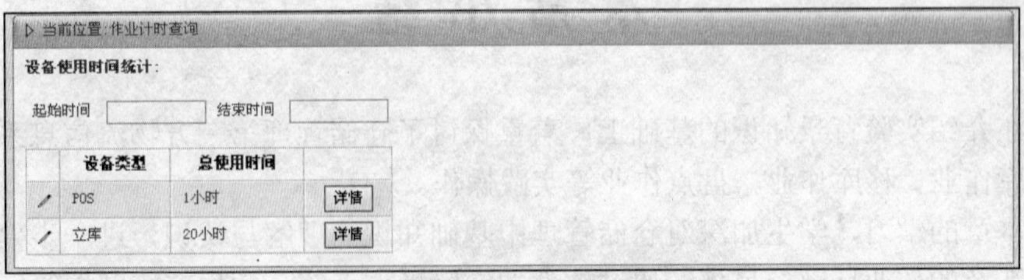

▷ 当前位置:作业计时查询

设备使用时间统计:

起始时间 　　结束时间

	设备类型	总使用时间	
	POS	1小时	详情
	立库	20小时	详情

图 3.121　作业计时查询

21. 作业差异审理

在【库存管理】→【仓储综合查询】→【作业差异审理】界面中，选择待审理单号，单击【审理】按钮即可。

操作界面如图 3.122 所示。

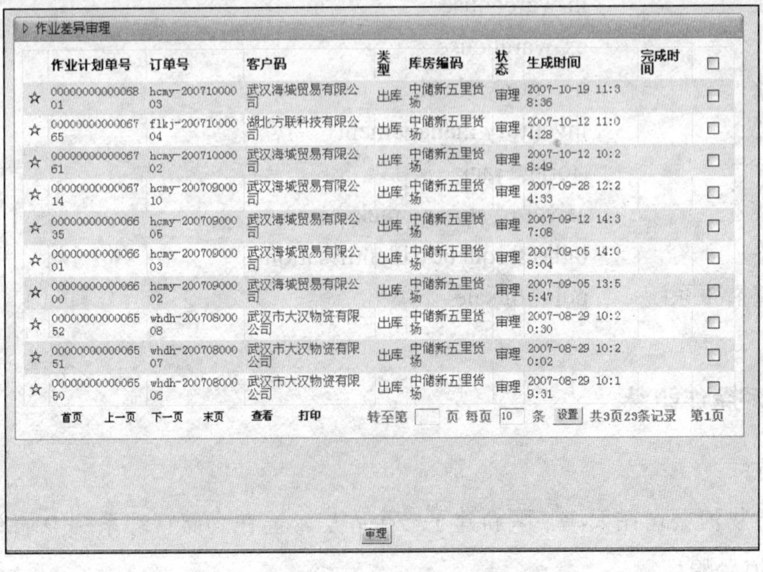

▷ 作业差异审理

	作业计划单号	订单号	客户码	类型	库房编码	状态	生成时间	完成时间	□
☆	000000000000006801	hcmy-20071000003	武汉海城贸易有限公司	出库	中储新五里货场	审理	2007-10-19 11:38:36		□
☆	000000000000006765	flkj-20071000004	湖北方联科技有限公司	出库	中储新五里货场	审理	2007-10-12 11:04:28		□
☆	000000000000006761	hcmy-20071000002	武汉海城贸易有限公司	出库	中储新五里货场	审理	2007-10-12 10:28:49		□
☆	000000000000006714	hcmy-20070900010	武汉海城贸易有限公司	出库	中储新五里货场	审理	2007-09-28 12:24:33		□
☆	000000000000006635	hcmy-20070900005	武汉海城贸易有限公司	出库	中储新五里货场	审理	2007-09-12 14:37:08		□
☆	000000000000006601	hcmy-20070900003	武汉海城贸易有限公司	出库	中储新五里货场	审理	2007-09-05 14:08:04		□
☆	000000000000006600	hcmy-20070900002	武汉海城贸易有限公司	出库	中储新五里货场	审理	2007-09-05 13:55:47		□
☆	000000000000006552	whdh-20070800008	武汉市大汉物资有限公司	出库	中储新五里货场	审理	2007-08-29 10:20:30		□
☆	000000000000006551	whdh-20070800007	武汉市大汉物资有限公司	出库	中储新五里货场	审理	2007-08-29 10:20:02		□
☆	000000000000006550	whdh-20070800006	武汉市大汉物资有限公司	出库	中储新五里货场	审理	2007-08-29 10:19:31		□

首页 上一页 下一页 末页 查看 打印 转至第 页 每页 10 条 设置 共3页23条记录 第1页

审理

图 3.122　作业差异审理

22. 单品查询

在【库存管理】→【仓储综合查询】→【单品查询】界面中，单击【查询】按钮，即可查询全部单品，也可按条件查询。

操作界面如图 3.123 所示。

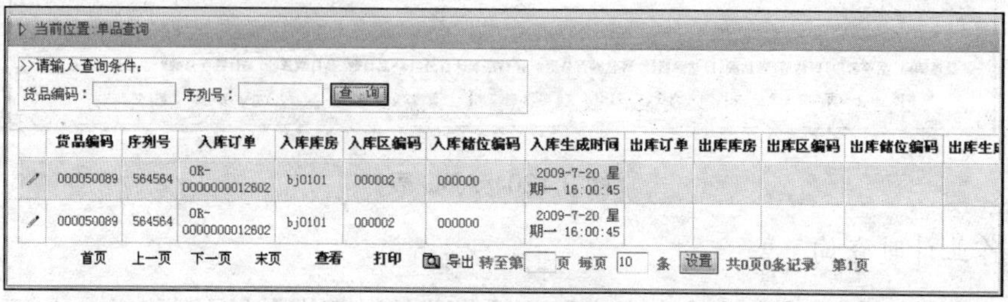

图 3.123　单品查询

本章小结

本章在介绍实验背景知识的基础上，着重探讨了仓储管理第三方物流信息系统中入库作业、出库作业、移库作业、盘点作业等实践操作。

通过本章的学习，学生加深对仓储管理中基础知识的理解与认识，进一步熟悉物流仓储过程中涉及的作业环节。另外，通过软件的实际操作训练，学生熟练掌握第三方物流企业仓储管理平台的一系列操作技术，增加学生的实际操作能力。

关键术语

仓库	warehouse
入库作业	in-warehouse
出库作业	ex-warehouse
盘点作业	inventory check
库存管理	inventory management
货架	storage rack
托盘货架	salver of storage rack
电子标签	radio frequency identification
销售时点情报系统	point of sale

实际操作训练

实验报告一

某第三方物流公司在天津某区新建了一个库房，需在仓储管理系统中录入该库房的相关信息(库房信息略)。

要求：把库房信息、门信息及库管员的信息录入仓储管理系统中。

基于合理的实验数据，完成实验报告。

实验报告二

某第三方物流公司新到一批货品，需在仓储管理系统中录入该货品的相关信息(货品信息略)。

要求：把货品信息、货品数量等信息录入仓储管理系统。

基于合理的实验数据，完成实验报告。

实验报告三

某第三方物流公司新到一批货品，需在仓储管理系统中录入该货品类型品检要求配置及预警库龄。

要求：把货品的品检要求配置及预警库龄录入仓储管理系统。

基于合理的实验数据，完成实验报告。

实验报告四

某第三方物流公司有一批货品要入库，完成相应的入库作业。

(1) 添加该批货品的入库订单，并生成作业计划(入库订单信息略)。

(2) 对该入库订单进行追踪查询。

(3) 对上述订单进行入库调度作业，并打印入库单。

(4) 入库反馈操作，完成入库作业。

基于上述资料及合理的实验数据，完成实验报告。

实验报告五

某第三方物流公司有一批货品要出库，完成相应的出库作业。

(1) 添加该批货品的出库订单，并生成作业计划(出库订单信息略)

(2) 对上述订单进行出库调度作业，并打印出库单。

(3) 出库反馈操作，完成出库作业。

基于上述资料及合理的实验数据，完成实验报告。

实验报告六

某第三方物流公司有一批货品要从一个仓库移到另一个仓库，完成相应的移库作业。

(1) 添加该批货品的移库单。

(2) 对上述订单进行移库单调度作业，并打印移库单。

(3) 移库反馈操作，完成移库作业。

基于上述资料及合理的实验数据，完成实验报告。

实验报告七

某第三方物流公司要对堆垛区的全部货品进行盘点，完成相应的盘点作业。

(1) 新增盘点任务，录入盘点单。

(2) 打印盘点作业单给库工，并进行实际货品的盘点。

(3) 如出现盘点盈亏时进行盘点调整操作。

基于上述资料及合理的实验数据，完成实验报告。

实验报告八

某第三方物流公司要对库存管理各方面的信息进行以下查询。

(1) 查询库存信息。

(2) 查询储位使用情况。

(3) 查询计划库存。

基于上述资料及合理的实验数据，完成实验报告。

第4章 运输管理

【教学要点】

- 加深学生对运输管理知识的理解与认识，掌握物流运输的原则，了解物流运输过程中所涉及的票据。
- 熟悉运输管理系统各个环节的操作技术，增强学生的实际操作能力。
- 了解基本的运输流程，编制合理的运输计划。

导入案例

百胜物流降低连锁餐饮企业运输成本之道

对于连锁餐饮这个锱铢必较的行业来说，靠物流手段节省成本并不容易。然而，作为肯德基、必胜客等业内巨头的指定物流提供商，百胜物流公司抓住运输环节大做文章，通过合理的运输安排，降低配送频率，实施歇业时间送货等优化管理方法，有效地实现了物流成本的“缩水”，给业内管理者指出了一条细致而周密的降低物流成本之路。

对于连锁餐饮业来说，由于原料价格相差不大，物流成本始终是企业成本竞争的焦点。据有关资料显示，在一家连锁餐饮企业的总体配送成本中，运输成本占到 60%左右，而运输成本中的 55%～60%又是可以控制的。因此，降低物流成本应当紧紧围绕运输这个核心环节。

1. 合理安排运输排程

运输排程(也称运输调度)的意义在于，尽量使车辆满载，只要货量许可，就应该做相应的调整，以减少总行驶里程。由于连锁餐饮业餐厅的进货时间是事先约定好的，这就需要配送中心根据餐厅的需要，制作一个类似列车时刻表的主班表，此表是针对连锁餐饮餐厅的进货时间和路线详细规划制定的。

众所周知，餐厅的销售存在季节性波动，因此主班表至少有旺季、淡季两套方案。有必要的话，应该在每次营业季节转换时重新审核运输排程表。安排主班表的基本思路是，首先计算每家餐厅的平均订货量，设计出若干条送货路线，覆盖所有的连锁餐厅，最终达到总行驶里程最短、所需司机人数和车辆数最少的目的。

运输排程的构想最初起源于运筹学中的路线原理，其最简单的模型为，从起点 A 到终点 O 有多条路径可供选择，每条路径的长度各不相同，要求找到最短的路线。实际问题要比这个模型复杂得多，首先，需要了解最短路线的点数，从图上的几个点增加到成百甚至上千个，路径的数量也相应增多到成千上万条。其次，每个点都有一定数量的货物需要配送或提取，因此要寻找的不是一条串联所有点的最短路线，而是每条串联几个点的若干条路线的最优组合。另外，还需要考虑许多限制条件，比如车辆装载能力、车辆数目、每个点在相应的时间开放窗口等，问题的复杂度随着约束数目的增加呈几何级数增长。要解决这些问题，需要用线性规划、整数规划等数学工具，目前市场上有一些软件公司能够以这些数学解题方法作为引擎，结合连锁餐饮业的物流配送需求，做出优化运输路线安排的软件。

在主班表确定以后，就要进入每日运输排程，也就是每天审视各条路线的实际货运量，根据实际货运量对配送路线进行调整，通过对所有路线逐一进行安排，可以去除几条送货路线，至少也能减少某些路线的行驶里程，最终达到提高车辆利用率、提高司机工作效率和降低总行驶里程的目的。

2. 减少不必要的配送

对于产品保鲜要求很高的连锁餐饮业来说，尽力和餐厅沟通，减少不必要的配送频率，可以有效地降低物流配送成本。

在运输方面，餐厅所在路线的总货量不会发生变化，但配送频率上升，结果会导致运输里程上升，相应油耗、过路桥费、维护保养费和司机人工费都要上升。在客户服务方面，餐厅下订单的次数增加，相应的单据处理作业也要增加。餐厅来电打扰的次数相应上升，办公用品(纸、笔、电脑耗材等)的消耗也会增加。在仓储方面，所要花费的拣货、装货的人工会增加。如果涉及短保质期物料的进货频率增加，那么连仓储收货的人工都会增加。在库存管理上，如果涉及短保质期物料进货频率增加，由于进货批量减少，进货运费很可能会上升，处理的厂商订单及后续的单据作业数量也会上升。

由此可见，配送频率增加会影响配送中心的几乎所有职能，最大的影响在于运输里程上升所造成的运费上升。因此，减少不必要的配送，对于连锁餐饮企业显得尤其关键。

3. 提高车辆的利用率

车辆时间利用率也是值得关注的，提高卡车的时间利用率可以从增大卡车尺寸、改变作业班次、二次出车和增加每周的运行天数4个方面着手。由于大型卡车每次可以装载更多的货物，一次出车可以配送更多的餐厅，由此延长了卡车的在途时间，从而增加了其有效作业的时间。这样做还能减少干路运输里程和总运输里程。虽然大型卡车单次的过路桥费、油耗和维修保养费高于小型卡车，但其总体上的使用费用绝对低于小型卡车。

4. 尝试歇业时间送货

目前我国城市的交通限制越来越严，卡车只能在夜间时段进入市区。由于连锁餐厅运作一般到夜间24点结束，如果赶在餐厅下班前送货，车辆的利用率势必非常有限。随之而来的解决办法就是利用餐厅的歇业时间送货。

歇业时间送货避开了城市交通高峰时间，既没有顾客的打扰，也没有餐厅运营的打扰。由于餐厅一般处在繁华路段，夜间停车也不用像白天那样有许多顾忌，可以有充裕的时间进行配送。由于送货窗口拓宽到了下半夜，使卡车可以二次出车，提高了车辆利用率。在餐厅歇业时段送货的最大顾虑在于安全。餐厅没有员工留守，司机必须拥有餐厅钥匙，掌握防盗锁的密码，餐厅安全相对多了一层隐患。卡车送货到餐厅，餐厅没有人员当场验收货物，一旦发生差错很难分清到底是谁的责任，双方只有按诚信的原则妥善处理纠纷。歇业时间送货要求配送中心和餐厅之间有很高的互信度，如此才能将系统成本降低。因此，这种方式并非在所有地方都可行。

资料来源：http://www.doc88.com/p-04969143549.html

【问题与思考】

1. 百胜物流公司优化运输环节，降低物流成本的主要措施有哪些？

2. 思考运输线路管理、调度作业管理对降低百胜物流成本的重要性。

本实验以第三方物流运输公司的应用为目标，由运输线路管理、运单管理、调度作业和场站管理等组成，全面实现了第三方物流运输公司从接单到运输任务完成整个过程中所涉及的计算机管理。通过运输管理系统，能够及时了解每天的运输任务状态，充分满足顾客、运输公司的运输任务查询要求，极大地提高用户服务水平。

4.1 实验一 运输线路管理

4.1.1 实验目的

本实验主要是对运输线路及运力的建立和录入，便于操作时进行查询。

实验目的主要如下。

(1) 了解运输线路管理的业务流程。

(2) 通过后台建立起运输站点的基础资料，了解查询所需要运输的接发站点方法。

(3) 掌握调整或新增运输线路的方法。

(4) 了解取派运力的相关操作。

4.1.2 实验准备

1) 教师准备

通过“金文第三方物流系统”中的运输管理系统的运输线路管理实验平台，对此项实验所需的用户资料、情景数据、实验任务的后台配置进行完善。

2) 学生准备

结合课堂所学知识，掌握运输线路管理业务的基本流程。

4.1.3 背景知识

1. 运输概述

运输是指用设备和工具将物品从一个地点向另一个地点运送的物流活动，其中包括集货、分配、搬运、中转、装卸、分散等一系列操作。运输是在不同地域范围间以改变“物”的空间位置为目的的活动，即对“物”进行空间位移。

常见以下 5 种运输方式。

(1) 铁路运输。铁路运输是使用铁路设施设备运送物品的运输方式，其特点是运输能力大、连续性强，在长距离运输中，速度仅次于航空运输。

(2) 公路运输。公路运输是使用公路设施设备运送物品的运输方式，其特点是机动灵活。

(3) 船舶运输。船舶运输是使用船舶运送货物的运输方式，其特点是运力大、成本低、速度慢，受自然条件影响大。

(4) 航空运输。航空运输是使用飞机运送货物的运输方式，其特点是速度快、运量小、运价高、适合运输贵重急需物品。

(5) 管道运输。管道运输是利用管道输送气体、液体和粉末状固体的运输方式，其特点是运量大，连续作业损耗小。

2. 物流运输的原则

物流运输工作，要遵循“及时、安全、经济”的原则，做到加速商品流通，降低商品流通费用，提高货运质量，多、快、好、省地完成商品运输任务。

(1) 及时。及时就是按照客户需要的时间把商品及时运往消费地，及时地将货物从产地运到销地，尽量缩短货物在途时间。

(2) 准确。准确就是在货物运输过程中，切实防止各种差错事故，做到不错不乱，准确无误地完成任务。

(3) 经济。经济就是以最经济的方式调运商品，降低运输成本。

(4) 安全。商品在运输中的安全，主要是指在运输装卸过程中尽量减少震动和冲击等外力的作用，防止商品的破损；以及防止商品由物理、化学或生物学变化等自然原因所引起的商品减量和商品变质。

3. 车辆运输路线的确定

在进行运输路线管理时，运输路线的确定是运输决策的一个重要领域。运输路线的选择影响到运输设备和人员的利用，正确地确定合理的运输路线可以降低成本。

尽管路线选择问题种类繁多，但可以将其归纳为以下几种基本类型。

1) 起讫点不同的单一问题

对分离的、单个始发点和终点的网络运输路线选择问题，最简单和直观的方法是最短路线法。网络由结点和线连接，线代表点与点之间运行的成本(距离、时间或时间和距离加权的组合)。初始，除始发点外，所有结点都被认为是未解的，即均未确定是否在选定的运输路线上。始发点作为已解的点，计算从原点开始。计算方法如下。

(1) 第 n 次迭代的目标：寻求第 n 次最近始发点的结点，重复 $n=1, 2, \cdots$，直到最近的结点是终点为止。

(2) 第 n 次迭代的输入值：$(n-1)$个最近始发点的结点，是由以前的迭代根据离始发点最短路线的距离计算而得的。这些结点以及始发点称为已解的结点，其余的结点是尚未解的点。

(3) 第 n 次最近结点的候选点：每个已解的结点由线路分支通向一个或多个尚未解的结点，这些未解的结点中有一个以最短路线分支连接的是候选点。

(4) 第 n 个最近结点的计算；将每个已解的结点及其候选点之间的距离和从始发点到该已解结点之间的距离加起来，总距离最短的候选点即为第几个最近的结点，也就是始发点到达该点最短距离的路径。

2) 多起讫点问题

如果有多个货源地可以服务多个目的地，那么面临的问题是，要指定各目的地的供货地，同时要找到供货地、目的地之间的最佳路线。该问题经常发生在多个供应商、工厂或仓库服务于多个客户的情况下。如果各供货地能够满足的需求数据有限，则问题会更复杂。解决这类问题常常运用特殊的线性规划算法来求解。

3) 起讫点重合的问题

物流管理人员经常遇到的一个路线选择问题是始发点就是终点的路线选择。例如，配送车辆从仓库送货至零售点，然后返回仓库，再重新装货；当地的配送车辆从零售店送货至顾客，再返回；接送孩子上学的学校巴士的运行路线；送报车辆的运行路线等。这类问题求解的目标是寻求访问各点的次序，以求运行时间或距离最小化。始发点和终点相重合的路线选择问题通常被称为“旅行推销点”问题，对这类问题应用经验探视法比较有效。

4. 安排车辆运行路线和运行时间

车辆运行路线和时间安排是车辆运行路线选择问题的延伸，车辆运行路线和时间安排受到的约束条件更多。

1) 车辆运行路线和时间安排的约束条件

(1) 每个停留点规定的提货数量和送货数量。

(2) 使用的多种类型车辆的载重量和载货容积各不相同。

(3) 车辆在路线上休息前允许的最大行驶时间。

(4) 停留点规定的在一天内可以提货的时间。

(5) 可能会有允许送货后再提货的时间。

(6) 司机可能只能在一天的特定时间进行短时间的休息或进餐。

2) 运行路线和时间安排的原则

实现满意的运行路线和时间安排要遵循以下8条原则。

(1) 将相互接近的停留点的货物装在一辆车进行运送。车辆的运行路线应将相互接近的停留点串起来，以便停留点之间的运行距离最小化，这样也就使总的路线上的运行时间最小化。

(2) 将集聚在一起的停留点的货物安排同一天送货。当停留点的送货时间是定在一周的不同天数进行时，应当将积聚在一起的停留点安排同一天送货，要避免不是同一天送货的停留点在运行路线上重叠，这样有助于使所需的服务车辆数最小化以及一周中的车辆运行时间和距离最小化。

(3) 运行路线从离仓库最远的停留点开始。合理的运行路线应从离仓库最远的停留点开始并将该集聚区的停留点串起来，然后返回仓库。一旦确认了最远的停留点之后，送货车辆应满载相邻这个关键停留点的一些货物。这辆运货车满载后，再选择另一个最远的停留点，用另一辆运货车满载相邻第二个最远停留点的货物，按此程序进行下去，直至所有停留点的货物都分配给运货车辆。

(4) 一辆运货车顺次途经各停留点的路线要成泪滴状。运货车辆顺次途经各停留点的路线不应交叉并应成泪滴状。但停留点工作时间的约束和在停留点送货后再提货的要求往往会导致路线交叉。

(5) 最有效的运行路线通常是使用大载重量的送货车辆的结果。最好是使用一辆载重量达到能将路线上所有停留点所要求运送的货物都装载的送货车，这样可将服务区停留点的运行距离或时间最小化。

(6) 提货应混在送货过程中进行，而不要在运行路线结束后再进行。提货应尽可能在送货过程中进行，以减少交叉路程量，而在送货结束后再进行提货经常会发生路程交叉。提货混在送货中进行，究竟能做到什么程度，则取决于送货车辆的形状、提货量以及所提的货物对车辆后续送货通道的影响程度。

(7) 对偏离集聚停留点路线远的单独的停留点可应用另一个送货方案。偏离集聚停留点远的停留点，特别是那些送货量小的停留点一般要花费大量的运输时间和车辆费用，因此使用小载量车辆专门为这些停留点送货是经济的，其经济效益取决于该停留点的偏离度和送货量。偏离度越大，送货量越小，使用小载重量的车辆专门为这些停留点送货越经济。另一个可供选择的方案是租用车辆为这些停留点送货。

(8) 避免停留点工作时间太短的约束。停留工作时间太短常会迫使途经停留点的顺序偏离理想状态。由于停留点的工作时间约束一般不是绝对的，因此如果停留点的工作时间确实影响到合理的送货路线，则可以与停留点商量，调整其工作时间或放宽其工作时间约束。

5. 运输中的合理化措施

1) 不合理的运输形式

目前我国存在的主要不合理运输形式如下。

(1) 返程或启程空驶。空车无货载行驶，可以说是不合理运输的最严重形式。在实际运输组织中，有时候必须调运空车，从管理上不能将其看成不合理运输。但是，因调运不当，货源计划不周，不采用运输社会化而形成的空驶，是不合理运输的表现。造成空驶的不合理运输主要有以下几种原因：能利用社会化的运输体系而不利用，却依靠自备车送货提货，这往往出现单程重车，单程空驶的不合理运输；由于工作失误或计划不周，造成货源不实，车辆空去空回，形成双程空驶；由于车辆过分专用，无法搭运回程货，只能单程实车，单程回空周转。

(2) 对流运输，亦称“相向运输”、“交错运输”，指同一种货物，或彼此间可以互相代用而又不影响管理、技术及效益的货物，在同一线路上或平行线路上作相对方向的运送，而与对方运程的全部或一部分发生重叠交错的运输称对流运输。已经制定了合理流向图的产品，一般必须按合理流向的方向运输，如果与合理流向图指定的方向相反，也属对流运输。

在判断对流运输时需注意的是，有的对流运输是不明显的隐蔽对流，如不同时间的相向运输，从发生运输的时间看，并无出现对流，可能做出错误的判断，所以要注意隐蔽的对流运输。

(3) 迂回运输，是舍近取远的一种运输。不选取短距离运输，却选择路程较长进行运输的一种不合理形式。迂回运输有一定复杂性，不能简单处之，只有当计划不周、地理不熟、组织不当而发生的迂回，才属于不合理运输，如果最短距离有交通阻塞、道路情况不好或有对噪声、排气等特殊限制而不能使用时发生的迂回，不能称为不合理运输。

(4) 重复运输。本来可以直接将货物运到目的地，但是在未到达目的地时，在其他场所将货物卸下，再重复装运送达目的地，这是重复运输的一种形式。另一种形式是，同品种货物在同一地点一面运进，同时又向外运出。重复运输的最大问题是增加了非必要的中间环节，这就延缓了流通速度，增加了费用，增大了货损。

(5) 倒流运输，是指货物从销地或中转地向产地或起运地回流的一种运输现象。其不合理程度要甚于对流运输，其原因在于，往返两程的运输都是不必要的，形成了双程的浪费。倒流运输也可以看成隐蔽对流的一种特殊形式。

(6) 过远运输，是指调运物资舍近求远，近处有资源不调而从远处调，这就造成可采取近程运输而未采取，拉长了货物运距的浪费现象。过远运输占用运力时间长、运输工具周转慢、占压资金时间长。远距离自然条件相差大，又易出现货损，增加了费用支出。

(7) 运力选择不当。未选择各种运输工具优势而不正确地利用运输工具造成的不合理现象，常见有以下若干形式。

① 弃水走陆。在同时可以利用水运及陆运时，不利用成本较低的水运或水陆联运，而选择成本较高的铁路运输或汽车运输，使水运优势不能发挥。

② 铁路、大型船舶的过近运输。不是铁路及大型船舶的经济运行里程却利用这些运力进行运输的不合理做法。主要不合理之处在于火车及大型船舶起运及到达目的地的准备、装卸时间长，且机动灵活性不足，在过近距离中利用，发挥不了运速快的优势。相反，由于装卸时间长，反而会延长运输时间。另外，和小型运输设备比较，火车及大型船舶装卸难度大、费用也较高。

③ 运输工具承载能力选择不当。不根据承运货物数量及重量选择，而盲目决定运输工具，造成过分超载、损坏车辆及货物不满载、浪费运力的现象。尤其是"大马拉小车"现象发生较多。由于装货量小，单位货物运输成本必然增加。

④ 托运方式选择不当。对于货主而言，可以选择最好托运方式而未选择，造成运力浪费及费用支出加大的一种不合理运输。例如，应选择整车未选择，反而采取零担托运，应当直达而选择了中转运输，应当中转运输而选择了直达运输等都属于这一类型的不合理运输。

2) 运输合理化的有效措施

针对上述运输不合理的现象，运输合理化的有效措施主要如下。

(1) 提高运输工具实载率。实载率有两个含义：一是单车实际载重与运距的乘积和标定载重与行驶里程之乘积的比率，这在安排单车、单船运输时，是判断装载合理与否的重要指标；二是车船的统计指标，即一定时期内车船实际完成的货物周转量(以吨公里计)占车船载重吨位与行驶公里的乘积的百分比。在计算车船行驶的公里数时，不但包括载货行驶，也包括空驶。

提高实载率的意义在于：充分利用运输工具的额定能力，减少车船空驶和不满载行驶的时间，减少浪费，从而求得运输的合理化。

我国曾在铁路运输上提倡"满载超轴"，其中"满载"的含义就是充分利用货车的容积和载重量，多载货，不空驶，从而达到合理化的目的。这个做法对推动当时运输事业发展起到了积极作用。当前，国内外开展的"配送"形式，优势之一就是将多家需要的货和一家需要的多种货实行配装，以达到容积和载重的充分合理运用，比起以往自家提货或一家送货车辆大部分空驶的状况，是运输合理化的一个进展。在铁路运输中，采用整车运输、合装整车、整车分卸及整车零卸等具体措施，都是提高实载率的有效措施。

(2) 采取减少动力投入，增强运输能力的有效措施求得合理化。这种合理化的要点是少投入、多产出、走高效益之路。运输的投入主要是能耗和基础设施的建设，在设施建设已定型和完成的情况下，尽量减少能源投入，是少投入的核心。做到了这一点就能大大节约运费，降低单位货物的运输成本，达到合理化的目的。

(3) 发展社会化的运输体系。运输社会化的含义是发展运输的大生产优势，实际专业分工，打破一家一户自成运输体系的状况。一家一户的运输小生产，车辆自有，自我服务，不能形成规模，且一家一户运量需求有限，难以自我调剂，因而经常容易出现空驶、运力选择不当、不能满载等浪费现象，且配套的接、发货设施，装卸搬运设施也很难有效地运行，所以浪费颇大。实行运输社会化，可以统一安排运输工具，避免对流倒流、空驶、运力不当等多种不合理形式，不但可以追求组织效益，而且可以追求规模效益，所以发展社会化的运输体系是运输合理化的重要措施。

当前火车运输的社会化运输体系已经较完善，而在公路运输中，小生产方式非常普遍，是建立社会化运输体系的重点。社会化运输体系中，各种联运体系是其中水平较高的方式，联运方式充分利用面向社会的各种运输系统，通过协议进行一票到底的运输，有效打破了一家一户的小生产，受到了欢迎。我国在利用联运这种社会化运输体系时，创造了"一条龙"货运方式。对产、销地及产、销量都较稳定的产品，事先通过与铁路、交通等社会运输部门签订协议，规定专门收、到站，专门航线及运输路线，专门船舶和泊位等，有效保证了许多工业产品的稳定运输，取得了很大成绩。

(4) 开展中短距离铁路公路分流，"以公代铁"的运输。这一措施的要点，是在公路运输经济里程范围内，或者经过论证，超出通常平均经济里程范围，也尽量利用公路。这种运输合理化的表现主要有两点：一是对于比较紧张的铁路运输，用公路分流后，可以得到一定程度的缓解，从而加大这一区段的运输通过能力；二是充分利用公路从门到门和在中途运输中速度快且灵活机动的优势，实现铁路运输服务难以达到的水平。我国"以公代铁"目前在杂货、日用百货运输及煤炭运输中较为普遍，一般在 200 千米以内，有时可达 700～1000 千米。对山西煤炭外运现状认真的技术经济论证表明，用公路代替铁路运至河北、天津、北京等地是合理的。

(5) 尽量发展直达运输。直达运输是追求运输合理化的重要形式，其对合理化的追求要点是通过减少中转过载换载，从而提高运输速度，省却装卸费用，降低中转货损。直达的优势，尤其是在一次运输批量和用户一次需求量达到了一整车时表现最为突出。此外，在生产资料、生活资料运输中，通过直达建立稳定的产销关系和运输系统，也有利于提高运输的计划水平，考虑用最有效的技术来实现这种稳定运输，从而大大提高运输效率。

特别需要一提的是，如同其他合理化措施一样，直达运输的合理性也是在一定条件下才会有所表现，不能绝对认为直达一定优于中转，这要根据用户的要求，从物流总体出发做综合判断。如果从用户需要量看，批量大到一定程度，直达是合理的，批量较小时中转是合理的。

(6) 配载运输。配载运输是充分利用运输工具载重量和容积，合理安排装载的货物及载运方法以求得合理化的一种运输方式。配载运输也是提高运输工具实载率的一种有效形式。配载运输往往是轻重商品的混合配载，在以重质货物运输为主的情况下，同时搭载一些轻泡货物，如海运矿石、黄沙等重质货物，在舱面捎运木材、毛竹等，在基本不增加运力投入情况下，在基本不减少重质货物运输情况下，解决了轻泡货的搭运，因而效果显著。

(7) “四就”直拨运输。“四就”直拨是减少中转运输环节，力求以最少的中转次数完成运输任务的一种形式。一般批量到站或到港的货物，首先要进分配部门或批发部门的仓库，然后再按程序分拨或销售给用户。这样一来，往往出现不合理运输。“四就”直拨，首先是由管理机构预先筹划，然后就厂或就站(码头)、就库、就车(船)将货物分送给用户，而不需再入库了。

(8) 发展特殊运输技术和运输工具。依靠科技进步是运输合理化的重要途径。例如，专用散装及罐车，解决了粉状、液状物运输损耗大、安全性差等问题；袋鼠式车皮，大型半挂车解决了大型设备整体运输问题；“滚装船”解决了车载货的运输问题，集装箱船比一般船能容纳更多的箱体，集装箱高速直达车船加快了运输速度等，都是通过采用先进的科学技术实现合理化。

(9) 通过流通加工，使运输合理化。有不少产品，由于产品本身形态及特性问题，很难实现运输的合理化，如果进行适当加工，就能够有效解决合理运输问题，如将造纸材在产地预先加工成干纸浆，然后压缩体积运输，就能解决造纸材运输不满载的问题。轻泡产品预先捆紧包装成规定尺寸，装车就容易提高装载量；水产品及肉类预先冷冻，就可提高车辆装载率并降低运输损耗。

4.1.4 实验步骤

1. 运输地点管理

通过后台建立起运输站点的基础资料，可以通过本模块查询需要运输的接发站点。

进入【运输管理系统】→【运输线路管理】→【运输地点管理】界面。

操作界面如图 4.1 所示。

▷ 运输地点信息

	站点编号	站点类型	站点名称	车位数量
☆	WHZ	站点	武汉站	0
☆	BBJ	站点	北京站	0
☆	BDL	站点	大连站	0
☆	T00059A	站点	T00059A	0
☆	T00059B	站点	T00059B	0
☆	T00059C	站点	T00059C	0
☆	005	站点	005	0
☆	006	站点	006	0
☆	017	站点	017	0
☆	GZZ	站点	广州站	0

首页 上页 下页 末页 搜索 打印

图 4.1 运输地点管理

2. 运输线路管理

当运送品运输线路需调整或新增运输线路时，可通过此操作完成。

在【运输管理系统】→【运输线路管理】界面中，可见版块操作。

操作界面如图 4.2 所示。

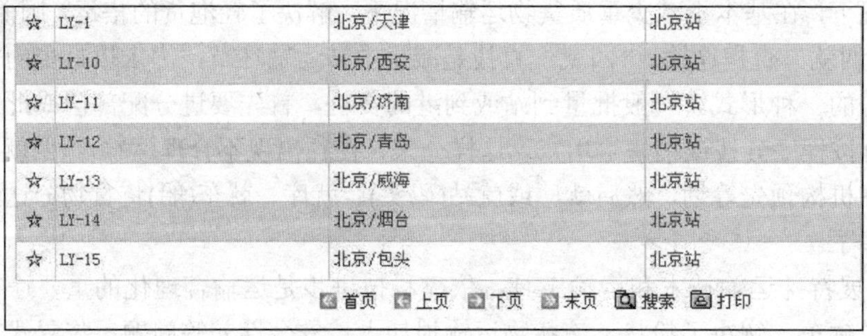

☆	LY-1	北京/天津	北京站
☆	LY-10	北京/西安	北京站
☆	LY-11	北京/济南	北京站
☆	LY-12	北京/青岛	北京站
☆	LY-13	北京/威海	北京站
☆	LY-14	北京/烟台	北京站
☆	LY-15	北京/包头	北京站

图 4.2　运输线路管理

通过单击【新增】、【修改】、【查看】、【删除】按钮可对线路进行操作管理。

新增线路可以通过单击进入后进行增加操作，录入线路基本信息后，选中项目名称后单击【提交】按钮即可。在运输线路信息可以选择多种运输方式。

操作界面如图 4.3 所示。

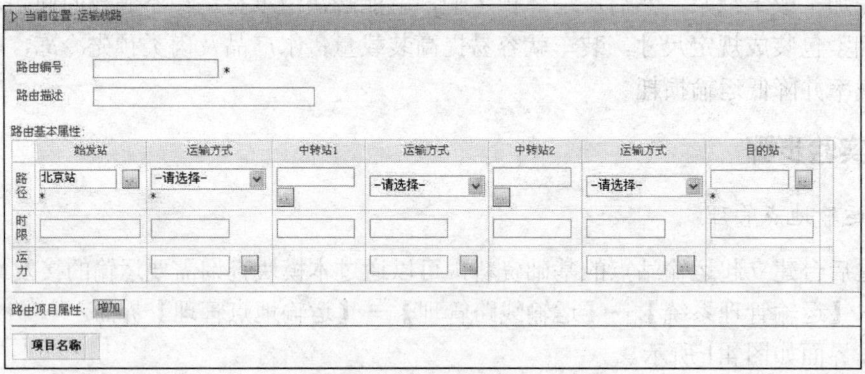

图 4.3　运输线路信息录入

3. 运力管理

本版块的主要作用为公司运力信息的建立和管理，以便配合货物进出操作。

在【运输管理系统】→【运力管理】界面中可见版块操作。

操作界面如图 4.4 和图 4.5 所示。

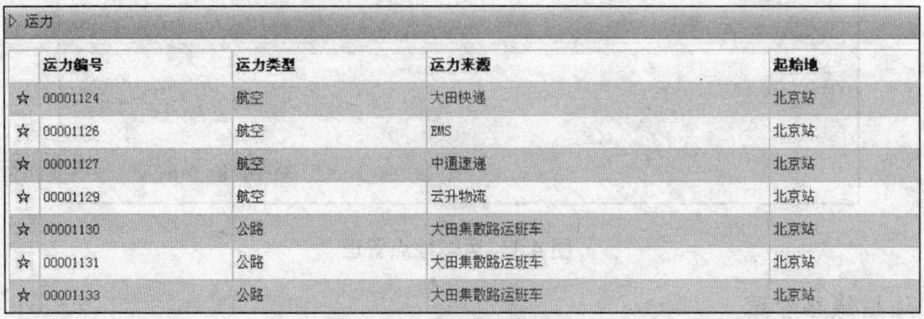

	运力编号	运力类型	运力来源	起始地
☆	00001124	航空	大田快递	北京站
☆	00001126	航空	EMS	北京站
☆	00001127	航空	中通速递	北京站
☆	00001129	航空	云升物流	北京站
☆	00001130	公路	大田集散路运班车	北京站
☆	00001131	公路	大田集散路运班车	北京站
☆	00001133	公路	大田集散路运班车	北京站

图 4.4　运力管理

通过单击【新增】、【修改】、【查看】、【删除】按钮可对运力进行操作管理。

新增公司运力可以单击进入新增界面后进行增加，完成界面资料填写后，单击【提交】按钮即可。

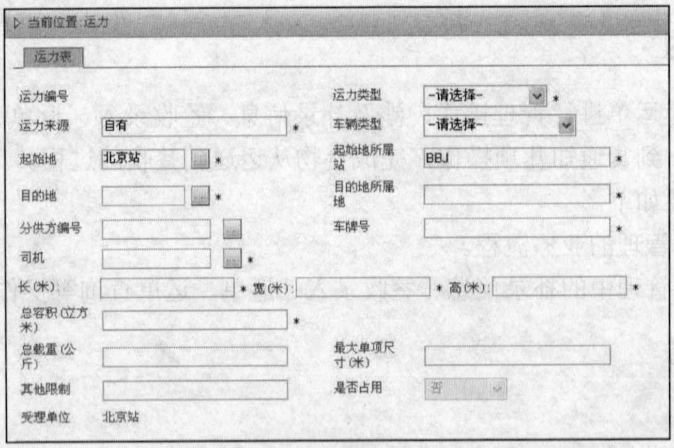

图 4.5 运力信息

4. 取派运力

本版块主要是对运力及配合取货派送基本信息的建立的过程，运力可为本公司运力也可为合作单位的运力。

在【运输管理系统】→【运力管理】→【取派运力】界面中可见版块操作。

操作界面如图 4.6 和图 4.7 所示。

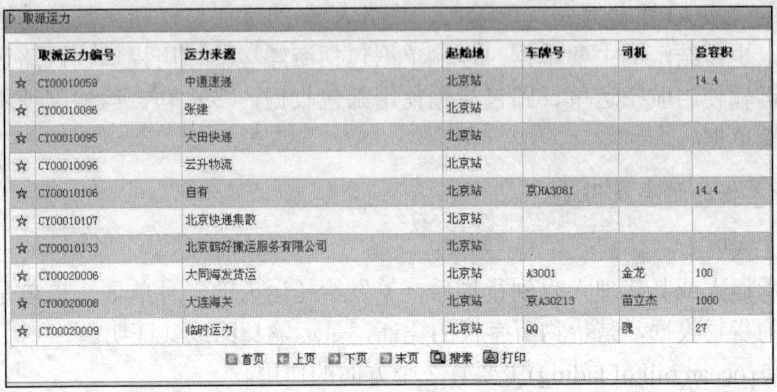

	取派运力编号	运力来源	起始地	车牌号	司机	总容积
☆	CY00010059	中通速递	北京站			14.4
☆	CY00010086	张建	北京站			
☆	CY00010095	大田快递	北京站			
☆	CY00010096	云升物流	北京站			
☆	CY00010106	自有	北京站	京HA3081		14.4
☆	CY00010107	北京快递集散	北京站			
☆	CY00010133	北京鹤好搬运服务有限公司	北京站			
☆	CY00020006	大同海发货运	北京站	A3001	金龙	100
☆	CY00020008	大连海关	北京站	京A30213	苗立杰	1000
☆	CY00020009	临时运力	北京站	QQ	胧	27

图 4.6 取派运力

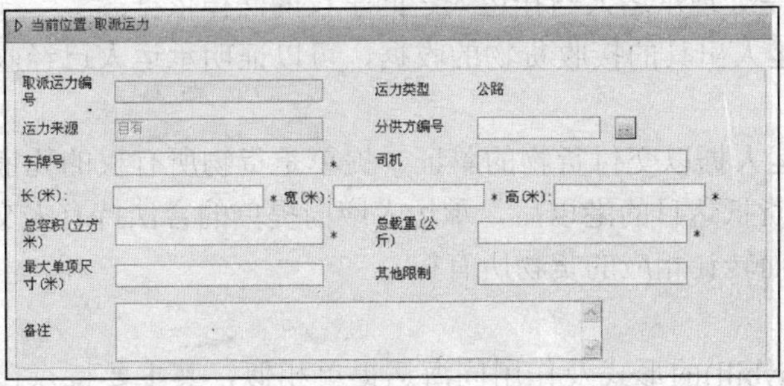

图 4.7 取派运力信息

4.2 实验二 运单管理

4.2.1 实验目的

本实验主要对运单进行管理操作，涉及补录信息、签收录入、返单、运单查询、运输订单、订单审批、到货通知几项操作，完成货物从运送到签收的过程。

实验要求主要如下。

(1) 了解运单管理的业务流程。

(2) 掌握运单管理中的补录信息、签收录入、返单、运单查询等操作步骤。

4.2.2 实验准备

1) 教师准备

通过“金文第三方物流系统”中运输管理系统的运单管理实验平台，对此项实验所需的用户资料、情景数据、实验任务的后台配置进行完善。

2) 学生准备

结合课堂所学知识，掌握运单管理业务的基本流程。

4.2.3 背景知识

运输单据通常是代表运输中的货物或证明货物已经付运的单据。它们具体反映了同货物运输有关的当事人(如发货人、承运人、收货人等)的责任与权利，是货物运输业务中最重要的文件，也是结汇的主要单据。运输单据包括海洋运输使用提单、铁路运输使用铁路运单、航空运输使用航空运单、邮包运输使用邮包收据，多式联合运输则使用联合运输提单或联合运输单据。

1. 运输单据的种类及用途

1) 海运提单

提单是承运人或其代理人收到货物后，签发给托运人的一种单证。提单是承运人或其代理人签发的货物收据，是货物所有权的凭证，是运输契约或其证明。

海运提单(ocean bill of lading)主要有 3 个方面的作用。

(1) 提单是海上运输合同的证明。提单条款明确规定了承运人与托运人之间的权利义务，责任和豁免，是处理承运人与托运人之间争议的法律依据。

(2) 提单是承运人出具的接收货物的收据，可以证明承运人已经收到或接管提单上所列的货物。

(3) 提单是承运人据以交付货物的单证。提单是货物所有权的凭证，在法律上具有物权证书的作用，船货抵达目的港以后，承运人应向提单的合法持有人交付货物。提单可以通过背书转让，从而转让相应的货物所有权。

2) 海运单

海运单(sea waybill)的形式及作用同海运提单相似，其主要特点在于收货人已明确指定。收货人并不需要提交正本单据，而仅需证明自己是海运单载明的收货人即可提取货物。

因此，海运单实质上是不可以转让的，它的应用范围比较窄，主要用于跨国公司成员之间的货物运输。

海运单有 3 个基本作用：①承运人收到由其照管的货物的收据；②运输契约的证明；③在解决经济纠纷的时候作为货物担保的基础。由此可见，海运单前两个作用与提单的作用是相当的，只是不具备提单作为物权凭证的作用。

3) 铁路运单

铁路运单(rail waybill)是由铁路运输承运人签发的货运单据。它是收、发货人同铁路之间的运输契约。其正本在签发后与货物同行，副本签发给托运人用于贸易双方结算货款。在货物发生损失时，还可以用于向铁路进行索赔。

4) 空运单

空运单(air waybill)是由空运承运人或其代理人签发的货运单据。它是承运人收到货物的收据，也是托运人同承运人之间的运输契约，但不具有物权凭证的性质，因此空运单也是不可以转让的。

航空运单依签发人的不同可以分为主运单和分运单。主运单是由航空公司签发的，分运单是由航空货运代理公司签发的，两者在内容上基本相同，法律效力相当，对于收、发货人而言，只是承担货物运输的当事人不同。

5) 装船通知

装船通知(shipping advice)是货物离开起运地后，由出口商发送给进口商通知后者一定数量的货物已经起运的通知文件。在 FOB(free on board)或 CFR(cost and freight)条件下，进口商需要根据装船通知来为进口货物办理保险，因此一般要求出口商在货物离开起运地后两个工作日内向进口商发出装船通知。

6) 提货单

提货单(delivery order)是进口商(收货人)在货物到达目的地后，凭海运提单等运输单据向承运人的代理人换取的提货凭证，用于办理进口报关、提货等手续。

2. 运输单据的制作

运输方式不同，运输单据差异也较大。较重要的有可以作为物权凭证和结汇单据的海运提单、承运货物收据和多式联运单据，空运中的主单和分单，陆运中的国际铁路运单和公路运单，集装箱运输中的场站收据、设备交接单和交货记录联单三大单证，订舱委托书、装货单以及收货单等托运单据，还有 EMS、DHL、UPS、OCS、FEDEX、TNT 等快递收据。

由于海运是最主要的一种运输方式，所以这里主要介绍海运提单的制作和运用。其涉及的业务流程是：货主根据合同/信用证委托(接单)→(货代)订舱→订舱回单→通知客户做箱→安排拖箱、装箱→传报关资料→报关→缴清费用→提单确认和修改→提单发放→寄单→退单(核销等)→换单→凭单提货。

海运提单从性质上讲是货物所有权凭证，通常做成正本三份，副本两份，有正反面条款，船公司根据卖方/货代的托运委托制作(有些受益人自制提单后交承运人签署)，单据名称多数情况下为“Ocean /Marine Bill of Lading”，各国船公司的提单格式、内容和遵循的规则基本统一。

提单内容有提单编号、托运人、收货人、(被)通知人、装货港、目的地/卸货港、船名和航次、唛头及件号、货名及件数、重量和体积、运费到付/预付、正本提单的份数、船公司/代理人签章、承运人的批注、签发提单的时间和地点等，如果是多式联运单据，会有前程运输工具名称、收货地、交付地等项目，集装箱运输时会有箱号、封号、箱型、箱数等内容出现，转让提单时涉及背书，有的提单还需要明确目的港提货代理等。

3. 运输单据管理的注意事项

(1) 包装件数和种类与货物描述相符。

(2) 按实际情况列明。一张提单有几种不同包装应分别列明，托盘和集装箱也可作为包装填列。裸装有捆、件，散装货应注明“In bulk”。货物名称允许使用货物统称。但不得与信用证中货物的描述有抵触。危险品应写清化学名称，注明国际海上危险品运输规则号码(IMCO CODE PAGE)，联合国危规号码(UN CODE NO)，危险品等级(CLASS NO)。冷藏货物注明所要求的温度。

(3) 毛重和尺码。除信用证另有规定外，重量以千克或吨为单位，体积以立方米为计算单位。

(4) 运费和费用(Freight & Charges)。本栏只填运费支付情况，CFR 和 CIF 条件成交，应填写运费预付，FOB 条件成交，一般填写运费到付，除非买方委托发货人代付运费。程租船一般只写明“AS ARRANGED”(按照约定)。如信用证另有规定，按信用证规定填写。

(5) 正本提单份数。按信用证规定签发，并分别用大小写数字填写。信用证中仅规定“全套”，习惯做两份正本，但一份正本亦可视为全套。

(6) 提单日期和签发地点。除备运提单外，提单日期均为装货完毕日期，不能迟于信用证规定的装运期。提单签发地点按照装运地填写。如果船期晚于规定装运期，要求船方同意以担保函换取较早日期提单，这就是“倒签提单”；货未装上船就要求船方出具已装船提单，这就是“预借提单”。

(7) 签署。按“UCP 500”规定，海运提单表面应注明承运人名称，并由承运人或其代理人、船长或其代理人签署。签署人亦须表明其身份。若为代理人签署，还需表明被代理一方的名称和身份。

(8) 其他。信用证要求在提单上加注的内容。如信用证规定每份单据上均应显示“信用证号码”、“提单需提供贸促会证明”等。

4.2.4 实验步骤

1. 补录信息

在【运单管理】→【补录信息】界面中，选定订单后单击【查看】按钮后提交复核。

操作界面如图 4.8 所示。

2. 签收录入

在【运单管理】→【签收录入】界面中，选定订单后，单击查询单号并选定签收类型。

操作界面如图 4.9 所示。

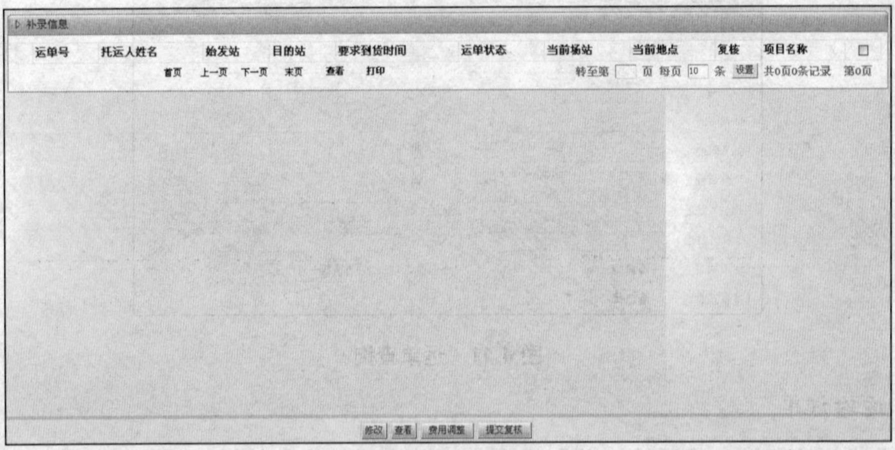

图 4.8 补录信息

	运单号	托运人姓名	托运人电话	收货人姓名	收货人电话
	4710000397142	华新公司	020-34088828	VICKY	020-34088828
	4710000397135	华新公司	020-34088828	张琳	020-34088828
	4710000397128	华新公司	020-34088828	张琳	020-34088828
	4710000397814	华新公司	020-34088828	张丽	020-34088828
	4710000397104	华新公司	020-34088828	张丽	020-34088828

图 4.9 签收录入

3. 返单作业

在【运单管理】→【返单】界面中操作。

操作界面如图 4.10 所示。

	运单号	托运人	收货人	收货人电话	要求到货时间
	9000000000003	丛鹏飞	胖肥肥	02178423113	2008-08-27 15:42:00
	1231231231232	胡建平	胡建平	01380411200	2008-08-25 10:02:00
	1102254569874	丛鹏飞	胖肥肥	02178423113	2008-08-29 10:43:00
	9000900009123	张三			2007-07-26 17:00:00
	4710000601904	丛鹏飞	陆宝乾	13301685535	2006-11-07 17:00:00
	7410852963963	丛鹏飞	胖肥肥	02178423113	2008-01-26 17:35:00
	1234568956923	石刚		311-85363761/3	2007-07-27 11:00:00
	0101010000000	丛鹏飞	广狒狒	456123123	2008-08-20 15:44:00

图 4.10 返单作业

4. 运单查询

在【运单管理】→【运单查询】界面中，此项目主要是可根据运单单号、时间、站点等相关项目对运单进行查询作业，可以了解到运单目前情况和所处方位及后期进度等信息。录入运单基本信息后单击【确定】按钮即可查询。

操作界面如图 4.11 所示。

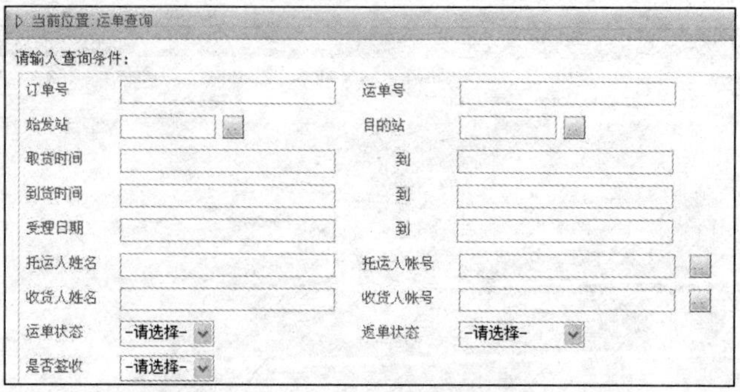

图 4.11　运单查询

5. 运输订单

在【运单管理】→【运输订单】界面中，单击【新增】按钮，根据运送基本信息情况填写运输订单，根据运送单位的需求，把【是否取送】选项栏中的【取货】和【送货】及【签单返回】中的【运单】及【客户单据】选中，则在做运输作业时，需按运送单位的需求选中内容进行签单及取送货操作。

操作界面如图 4.12～图 4.14 所示。

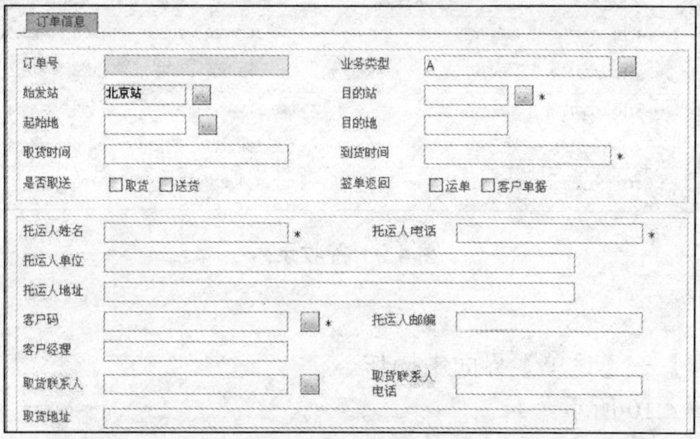

图 4.12　运输订单信息录入(1)

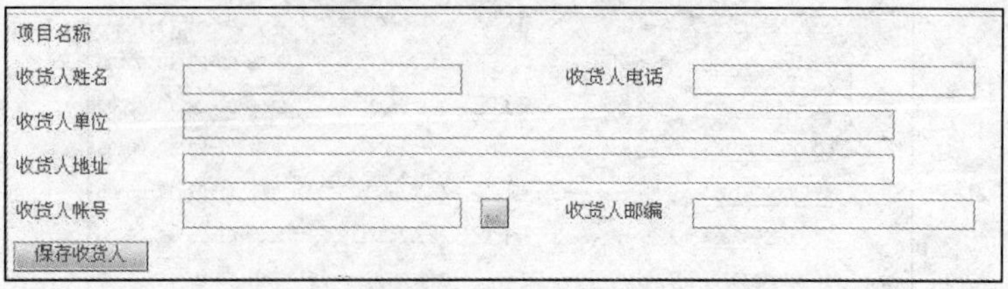

图 4.13　运输订单信息录入(2)

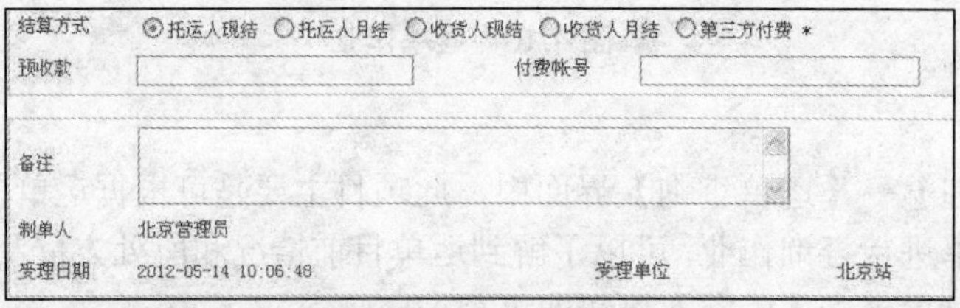

图 4.14　运输订单信息录入(3)

操作完成后单击【保存订单】按钮，则订单生成。

6. 订单审批

订单生成后，根据需求对订单进行审核作业，此操作项目包含【新增】、【修改】、【查看】、【删除】、【生成作业计划】、【提交处理】等项目，可根据情况进行操作，选中生成的订单，单击【生成作业计划】按钮，查看对照，确认无误后，单击【确认生成】按钮。

操作界面如图 4.15 所示。

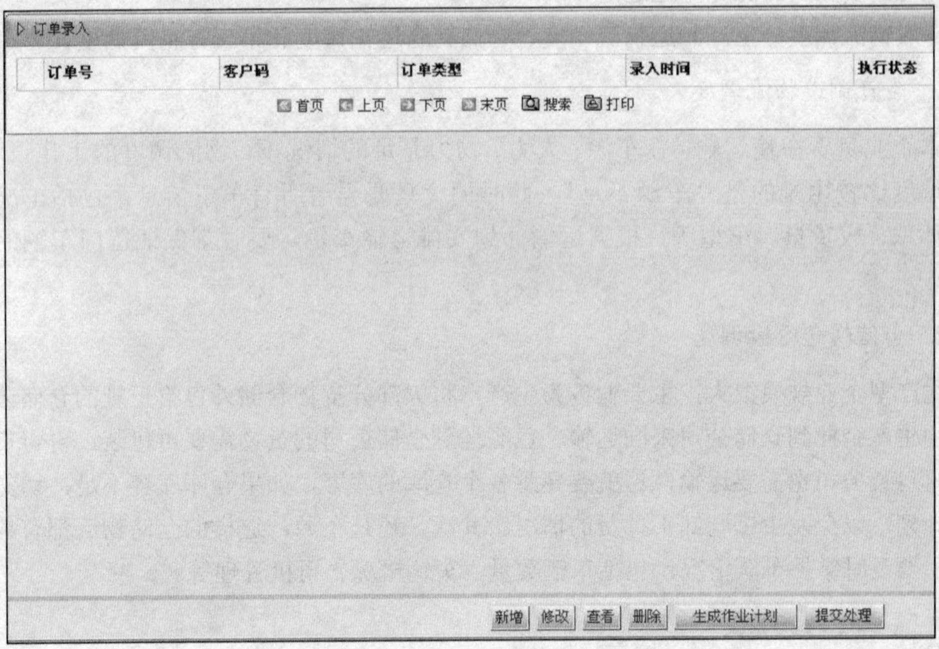

图 4.15 订单审批

4.3 实验三 调度作业

4.3.1 实验目的

本实验主要包括分单、待取派、待发运、到达、力费用调整等操作，帮助学生掌握调度作业的相关计算机操作。

实验目的主要如下。

(1) 了解调度作业的业务流程。

(2) 掌握分单、待取派、待发运、待到达、运力费用调整等实训操作，完成整个调度作业。

4.3.2 实验准备

1) 教师准备

通过“金文第三方物流系统”中运输管理系统的调度作业管理实验平台，对此项实验所需的用户资料、情景数据、实验任务的后台配置进行完善。

2) 学生准备

结合课堂所学知识，掌握调度作业管理业务的基本流程。

4.3.3 背景知识

物流调度主要是指在物流过程中，物流公司根据待发货物的重量、去向、规格、加急程度等对所属的车辆和人员进行合理的安排和调度。物流公司良好的物流调度可以迅速将客户托付的货物及时并完好地送达收货方。

一般物流调度分生产制造物流调度、仓储转仓运输调度和第三方物流调度。

1. 生产制造物流调度

本企业负责在途运输，在车源、人力、物力充足的情况下，物流调度的工作很轻松，物流调度比较困难的是“车源不足”。此时调度只要弄清所有车量信息，包括车况、车辆的体积、载货量、车型等，根据运输计划安排运输车辆，要时刻保证待岗车辆的随时供应。

2. 仓储转仓运输调度

生产型企业规模很大，主要业务为生产，将大部分货物仓储外包给正规的仓储公司，货物由生产企业到仓储公司来回运输、已经运到仓储公司的货物需要再包装，再将货物运输到再包装公司也需要运输，这就要熟悉各个仓库的库容，如果仓库库容不足，切勿分配运输计划，以免发生爆仓卸不掉货的情况。其次，还是车源，这样的仓储物流都有自己的车队，要及时掌握车队情况，包括车辆数量、车辆概况、司机管理等。

3. 第三方物流调度

承接生产制造企业的物流运输计划，物流调度每天都需要将装货车辆及时准备充足，根据订单计划货物的方数、吨位合理安排车辆，且保证提货车辆装货及时率、卸货及时率。

此外，在对物流车辆调度过程中要遵循一定的设计原则。调运优先准则，是在物流调运中根据交货期迟早、距离远近、运输量大小以及客户重要性程度等信息而对当前全部客户的物流调运优先次序进行的分类、排序。根据调运优先准则设定配送点的当前调运优先级，进一步可以构成物流调运的递阶控制机制。调运优先准则以实现物流调运敏捷化为策略层面的首要准则，并按调运策略的层次顺序设置。

(1) 第一级调运优先准则：交货需求早的配送地要优先安排。

(2) 第二级调运优先准则：在交货期相同的配送地中，距配送中心远的优先安排。

(3) 第三级调运优先准则：针对确定的配送地，配送车辆吨位大的优先安排。

(4) 第四级调运优先准则：针对确定车辆，装载物品质量大的优先安排地方。

4.3.4 实验步骤

1. 分单

在【运输管理】→【调度作业】→【分单】界面中，选择图 4.14 中录入的运输订单，单击【分单】按钮。

操作界面如图4.16所示。

图4.16 分单

运输方式分为送港和提货，可以添加中转调度和多种运输方式并存。可填写运单号、路由选择、时限等信息，运单号必须为13位。然后提交分单，并填写货位信息。

操作界面如图4.17和图4.18所示。

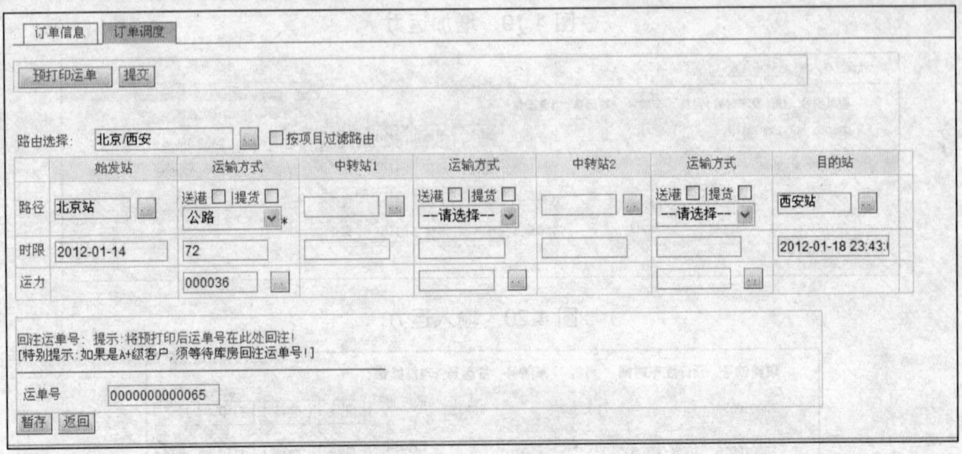

图4.17 提交分单

图4.18 保存分单

2. 待取派

在【运输管理】→【调度作业】→【待取/派】界面中，选中【取/派调度单列表】界面下的一条记录，再在【待取运单列表】界面下，选中图4.18中保存的运单，单击向下按钮，完成待取/派操作。

操作界面如图4.19～图4.24所示。

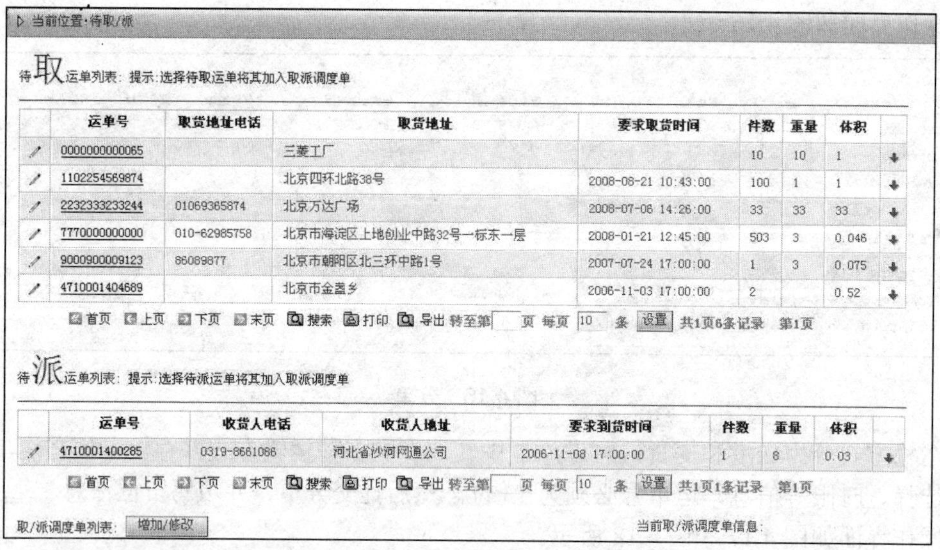

▷ 当前位置·待取/派

待取运单列表：提示：选择待取运单将其加入取派调度单

运单号	取货地址电话	取货地址	要求取货时间	件数	重量	体积
0000000000065		三菱工厂		10	10	1
1102254569874		北京四环北路38号	2008-08-21 10:43:00	100	1	1
2232333233244	01069365874	北京万达广场	2008-07-06 14:26:00	33	33	33
7770000000000	010-62985758	北京市海淀区上地创业中路32号一标东一层	2008-01-21 12:45:00	503	3	0.046
9000900009123	86089877	北京市朝阳区北三环中路1号	2007-07-24 17:00:00	1	3	0.075
4710001404689		北京市金盏乡	2006-11-03 17:00:00	2		0.52

首页 上页 下页 末页 搜索 打印 导出 转至第 页 每页 10 条 设置 共1页6条记录 第1页

待派运单列表：提示：选择待派运单将其加入取派调度单

运单号	收货人电话	收货人地址	要求到货时间	件数	重量	体积
4710001400285	0319-8661086	河北省沙河网通公司	2006-11-08 17:00:00	1	8	0.03

首页 上页 下页 末页 搜索 打印 导出 转至第 页 每页 10 条 设置 共1页1条记录 第1页

取/派调度单列表：增加/修改　　当前取/派调度单信息：

图 4.19　增加运力

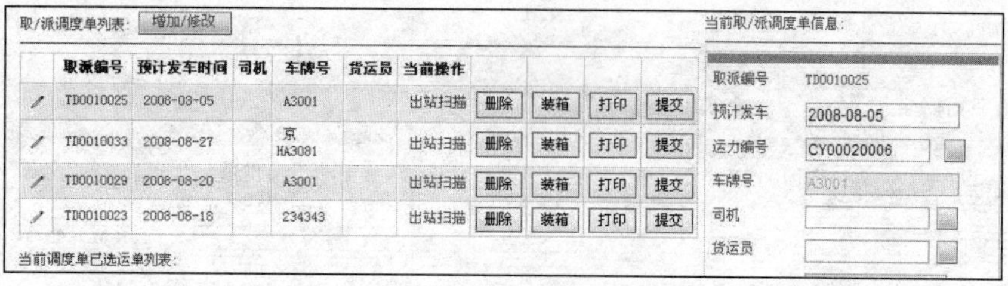

取/派调度单列表：增加/修改　　当前取/派调度单信息：

取派编号	预计发车时间	司机	车牌号	货运员	当前操作				
TD0010025	2008-08-05		A3001		出站扫描	删除	装箱	打印	提交
TD0010033	2008-08-27		京HA3081		出站扫描	删除	装箱	打印	提交
TD0010029	2008-08-20		A3001		出站扫描	删除	装箱	打印	提交
TD0010023	2008-08-18		234343		出站扫描	删除	装箱	打印	提交

当前调度单已选运单列表：

取派编号　TD0010025
预计发车　2008-08-05
运力编号　CY00020006
车牌号　A3001
司机
货运员

图 4.20　输入运力

取派编号	预计发车时间	司机	车牌号	货运员	当前操作				
TD0010039		232323		232323	取派调度	删除	装箱	打印	提交
TD0010025	2008-08-05		A3001		出站扫描	删除	装箱	打印	提交
TD0010033	2008-08-27		京HA3081		出站扫描	删除	装箱	打印	提交
TD0010029	2008-08-20		A3001		出站扫描	删除	装箱	打印	提交
TD0010023	2008-08-18		234343		出站扫描	删除	装箱	打印	提交

当前调度单已选运单列表：

图 4.21　取/派调度

取/派调度单列表：增加/修改　　当前取/派调度单信息：

取派编号	预计发车时间	司机	车牌号	货运员	当前操作				
TD0010025	2008-08-05		A3001		出站扫描	删除	装箱	打印	提交
TD0010033	2008-08-27		京HA3081		出站扫描	删除	装箱	打印	提交
TD0010029	2008-08-20		A3001		出站扫描	删除	装箱	打印	提交
TD0010023	2008-08-18		234343		出站扫描	删除	装箱	打印	提交

当前调度单已选运单列表：

取派编号
预计发车
运力编号　CY00010096
车牌号
司机　232323
货运员　232323

图 4.22　打印取派单(1)

取(派)通知单

单号	TD0010039		操作站		
资源	车辆	辆	车型		
	操作员	人	预计操作时间		小时
总数量	10.0件	总重量	10.0kg	总体积	$1.0M^3$

客户信息

运单号	顺序号	托运人地址	托运人电话	托运人姓名	取派类型	是否返单	是否收款
0000000000065	1	三菱工厂	9875323	张杰	在取	否	是

货品信息

运单号	货品名称	件数(件)	重量(kg)	体积(M3)	备注
0000000000065	电脑	10	10	1	
填表人:			填表时间:		年 月 日

图 4.23 打印取派单(2)

取(派)通知单

单号	TD0010039		操作站		
资源	车辆	辆	车型		
	操作员	人	预计操作时间		小时
总数量	10.0件	总重量	10.0kg	总体积	$1.0M^3$

客户信息

运单号	顺序号	托运人地址	托运人电话	托运人姓名	取派类型	是否返单	是否收款
0000000000065	1	三菱工厂	9875323	张杰	在取	否	是

货品信息

运单号	货品名称	件数(件)	重量(kg)	体积(M3)	备注
0000000000065	电脑	10	10	1	
填表人:			填表时间:		年 月 日

图 4.24 提交取派单

注：先打印再提交。

3. 待发运

在【运输管理】→【调度作业】→【待发运】界面中，选择该张运单，单击【通知】按钮。操作界面如图 4.25～图 4.27 所示。

✎	GC0010025	000036	606	北京站	西安站		10	1	10		9999	9990			装箱	通知
✎	GC0010013	CA00001037	333	北京站			0	0	0		0	0			装箱	通知

图 4.25 发运通知

已选定在该集货单上的运单列表：

	运单号	要求到货时间	当前地点	件数	重量	体积	
✎							↑

图 4.26 订单列表

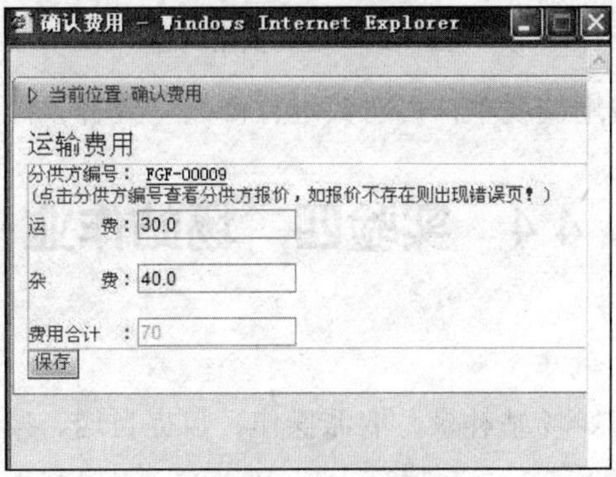

图 4.27 确定费用

在弹出的对话框中单击【确定】按钮，随后在弹出的【确定费用】对话框中，修改运输费用，单击【保存】按钮。

4. 待到达

选择【调度作业】→【待到达】进入待发运界面。

操作界面如图 4.28 所示。

	运力号	交接单号	提单号	班次	始发站	目的站	发时	到时	总件数	总重量	总体积	-	
	CA00001464	FH0002048			北京站	西安站			3	24	0		到货
	CA00001319	FH0001933			北京站	西安站			2	11	0		到货
	CA00001319	FH0001947			北京站	西安站			3	30	0		到货
	000036	FH0000014			北京站	西安站			10	10	1		到货
	00001007	FH0001700			青岛站	西安站			1	120	1		到货
	CA00001319	FH0001691			北京站	西安站			1	5	0		到货

	运单号	托运人单位	当前地点	件数	重量	体积

图 4.28　待到达

单击【到货】按钮，在弹出的对话框中单击【确定】按钮。

5. 运力费用调度

进入【运输管理】→【调度作业】→【运力费用调度】界面。

操作界面如图 4.29 所示。

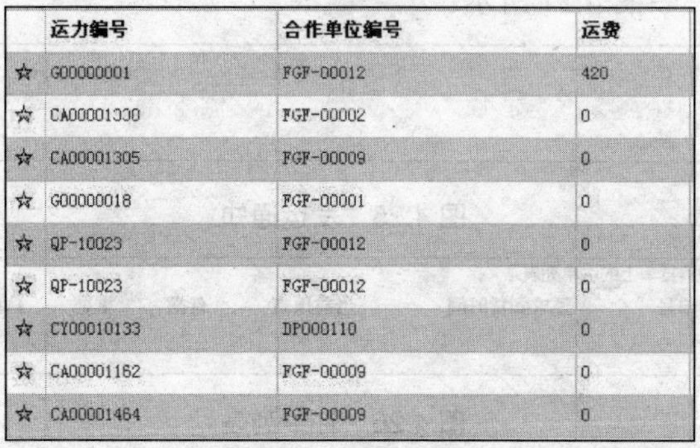

	运力编号	合作单位编号	运费
☆	G00000001	FGF-00012	420
☆	CA00001330	FGF-00002	0
☆	CA00001305	FGF-00009	0
☆	G00000018	FGF-00001	0
☆	QP-10023	FGF-00012	0
☆	QP-10023	FGF-00012	0
☆	CY00010133	DP000110	0
☆	CA00001162	FGF-00009	0
☆	CA00001464	FGF-00009	0

图 4.29　运力费用调度

选取需要已生成的费用调度单，可对其进行修改、查看、再复核操作。

4.4　实验四　场站作业

4.4.1　实验目的

本实验包括标签打印、场站补录、取派操作、自提自送、发送到达、口岸提送、集货项目操作。

实验目的主要如下。

(1) 了解场站作业的业务流程。

(2) 掌握场站作业相关的计算机操作步骤。

4.4.2 实验准备

1) 教师准备

通过“金文第三方物流系统”中运输管理系统的场站作业管理实验平台，对此项实验所需的用户资料、情景数据、实验任务的后台配置进行完善。

2) 学生准备。

结合课堂所学知识，掌握场站作业管理业务的基本流程。

4.4.3 背景知识

在场站管理中，常用到的主要作业为对货物进行盘点、库位调整、简单的拆装加工、拣货及借入借出等作业环节，如图 4.30 所示。相关的背景知识在第 3 章已介绍。

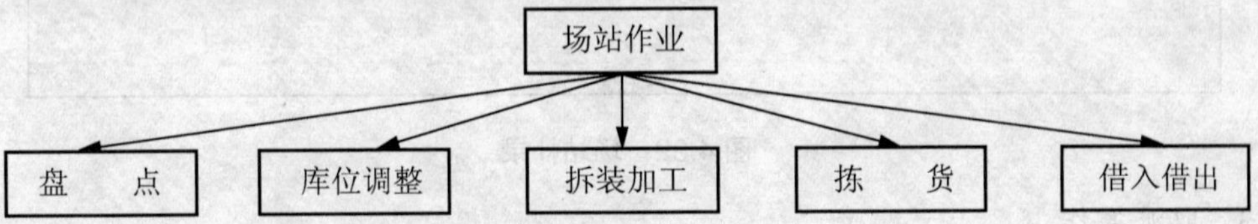

图 4.30 场站管理

4.4.4 实验步骤

1. 标签打印

在【运输管理】→【场站作业】→【标签打印】界面中，在上方显示窗口选中生成的订单后选择查看，确认无误后，单击【打印】按钮即可完成。

操作界面如图 4.31 所示。

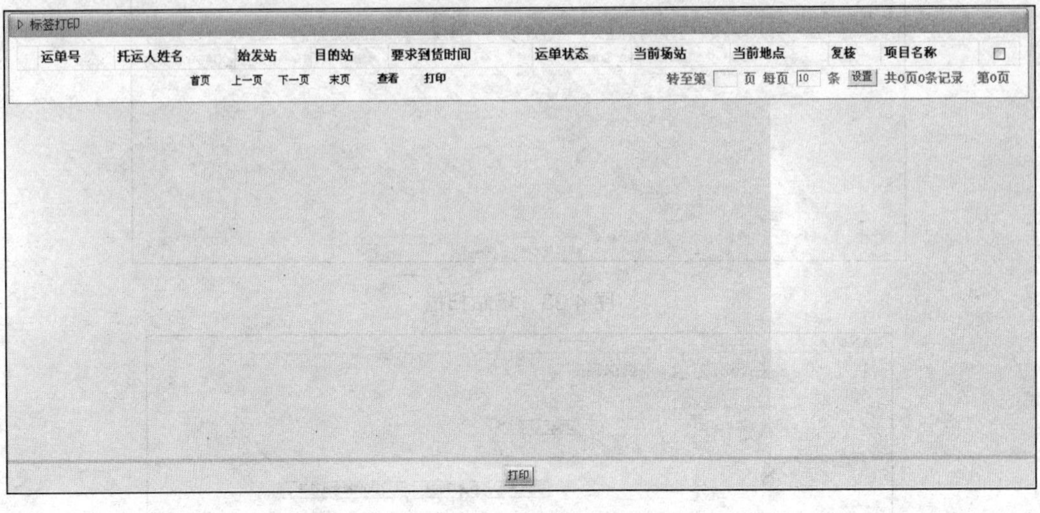

图 4.31 标签打印

2. 场站补录

在【运输管理】→【场站作业】→【场站补录】界面中，在上方显示窗口选中需要调整的订单后选择修改，并查看确认完成。

操作界面如图 4.32 所示。

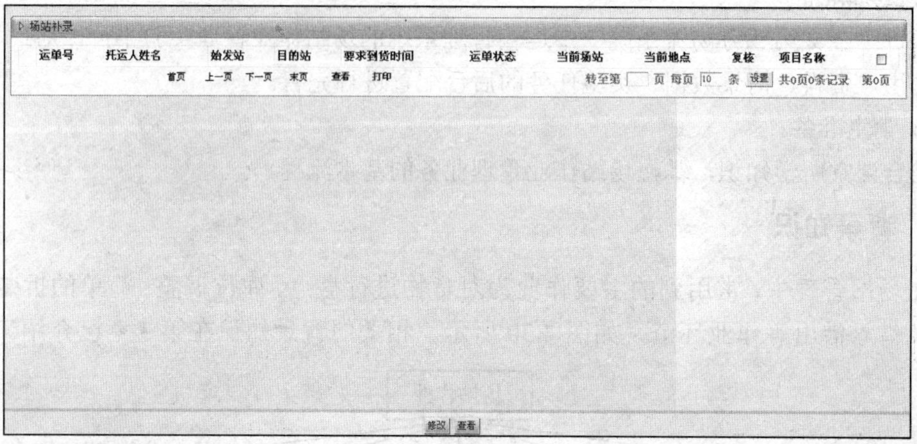

图 4.32　场站补录

3. 取派操作

在【运输管理】→【场站作业】→【取派操作】界面中，选中该订单，单击【场站扫描】按钮，单击【直接出站】按钮即可。

操作界面如图 4.33 和图 4.34 所示。

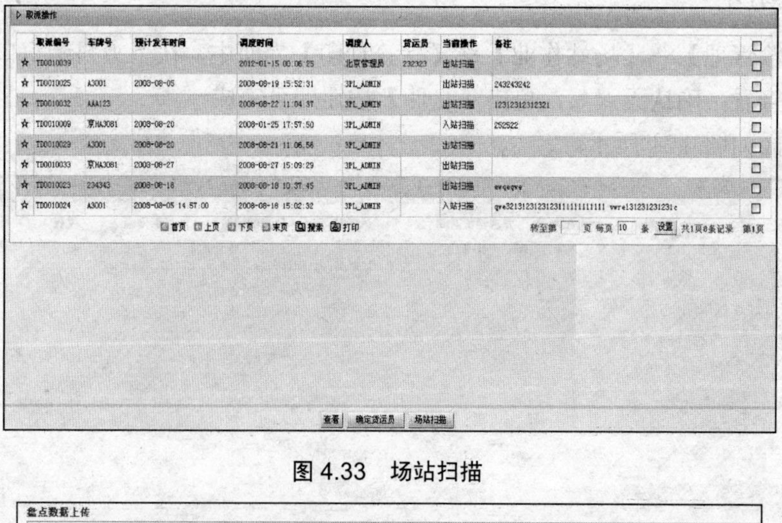

图 4.33　场站扫描

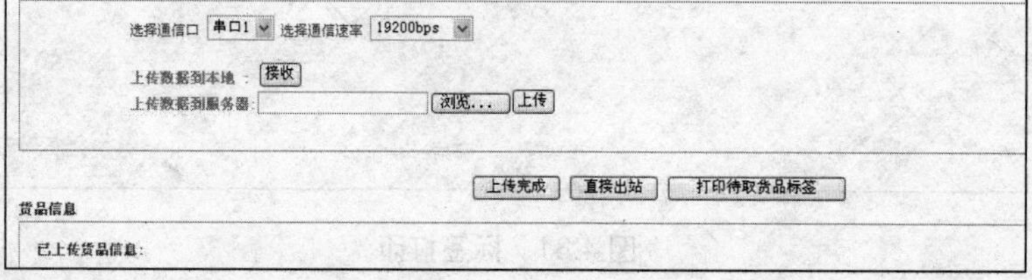

图 4.34　直接出站

在【运输管理】→【场站作业】→【取派操作】界面中，选中该订单，单击【场站扫描】按钮，对入站扫描。单击【直接进站】按钮，单击【直接出站】按钮即可。

操作界面如图 4.35 所示。

图 4.35 场站扫描

4. 自提自送

在【运输管理】→【场站作业】→【自提自送】界面中，选中该单据，单击【场站扫描】按钮。

操作界面如图 4.36 所示。

▷ 自提自送

	运单号	托运人姓名	始发站	目的站	要求到货时间
☆	4710000763374	陈刚	北京站	西安站	2006-11-10 17:00:00
☆	4710000768614	陈刚	北京站		2006-11-09 17:00:00
☆	4710000768621	陈刚	北京站		2006-11-09 17:00:00
☆	4710000768638	陈刚	北京站	西安站	2006-11-09 17:00:00
☆	4710000768645	陈刚	北京站		2006-11-09 17:00:00
☆	4710000768690	陈刚	北京站		2006-11-09 17:00:00
☆	4710001188268	陈刚	北京站		2006-11-08 17:00:00
☆	4710001188305	陈刚	北京站	西安站	2006-11-10 17:00:00
☆	4710001400056	陈刚	北京站	西安站	2006-11-10 17:00:00

图 4.36 自提自送

5. 发送到货

在【运输管理】→【场站作业】→【发送到货】界面中，选中该单据，单击【场站扫描】按钮。

操作界面如图 4.37 所示。

▷ 发运到达

	运力编号	运力类型	起始站	目的站
☆	CA00001500	航空(送港)	西安站	北京站
☆	TE00000344	公路	东莞站	北京站
☆	TE00010013	公路	北京站	上海站

图 4.37 发送到货

6. 发运到达

在【运输管理】→【场站作业】→【发运到达】界面中，选中该单据，单击【场站扫描】按钮，再单击【直接出站】即可。

操作界面如图 4.38 和图 4.39 所示。

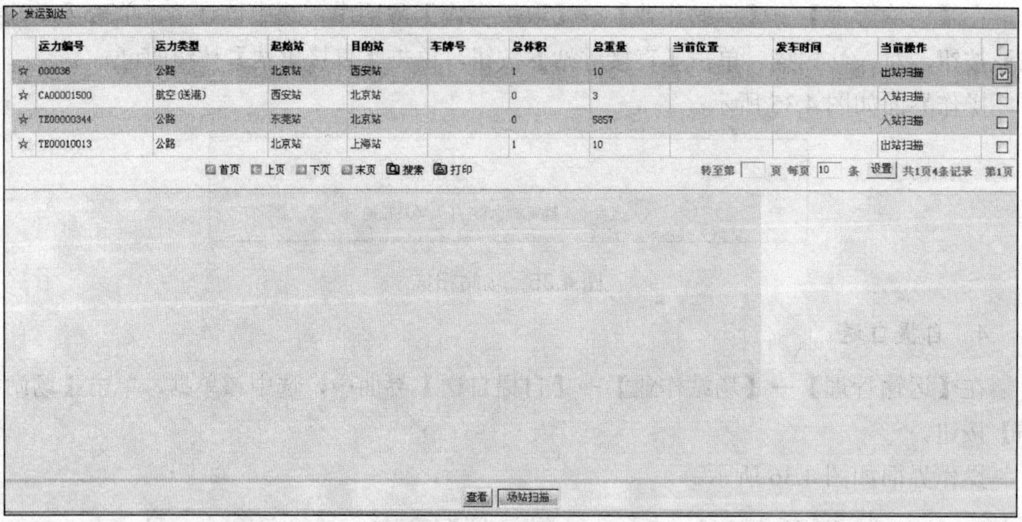

图 4.38　场站扫描

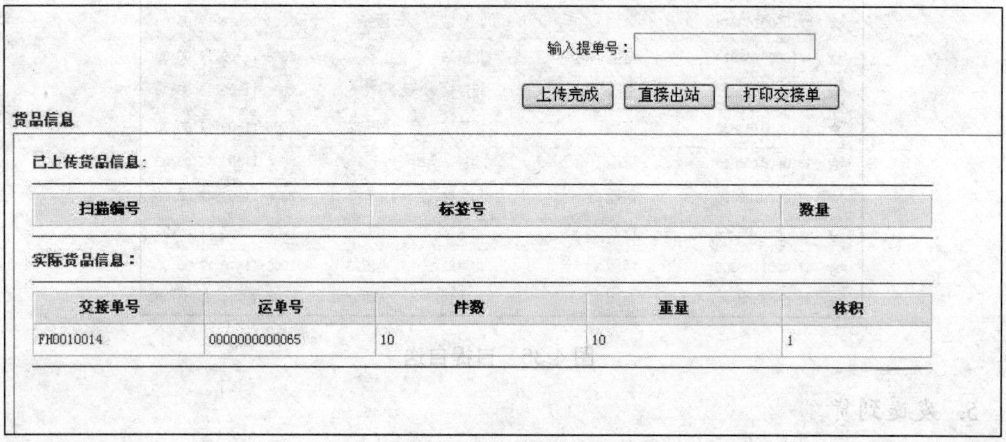

图 4.39　直接出站

7. 口岸提送

在【运输管理】→【场站作业】→【口岸提送】界面中，选中该单据，单击【场站扫描】按钮。

操作界面如图 4.40 所示。

图 4.40　口岸提送

8. 集货

选择【运输管理】→【场站作业】→【集货】界面。

操作界面如图 4.41 所示。

当前位置: 集货

集货货位列表: 提示: 选择集货货位显示其中待发运的运力和搭载的运单

	集货单号	运力编号	货位号	起始站	目的站	总件数	总体积	总重量	集货截止时间
	GC0010017	TE00010009	00000	北京站	A001	0	0	0	
	GC0010015	TE00010007	23	北京站	A001	0	0	0	
	GC0010016	RPR-00000	11223	北京站	3D演示2	0	0	0	
	GC0010018	TE00010011	102101	北京站	3D演示2	0	0	0	
	GC0010014	TE00010006		北京站	3D演示2	0	0	0	
	GC0010013	CA00001037	333	北京站		0	0	0	

图 4.41　集货

本 章 小 结

本章在介绍实验背景知识的基础上，着重探讨了运输管理第三方物流信息系统中路线管理、运单管理、调度及场站管理的实践操作。

通过本章的学习，学生加深对运输管理知识的理解与认识，掌握物流运输的原则，了解物流运输过程中的所涉及的票据；另外，通过软件的实际操作训练，学生熟悉第三方物流企业运输平台的一系列操作技术，增强学生的实际操作能力。

关键术语

运输成本	transport cost
合理化运输	rationalized transport
海运提单	ocean bill of lading
海运单	sea waybill
铁路运单	rail waybill
空运单	air waybill
装船通知	shipping advice
FOB	free on board
CFR	coat and freight
提货单	delivery order
运费和费用	freight & charges
调度	scheduling

实际操作训练

实验报告一

某第三方物流公司的运输路线业务如下。

(1) 2012 年 5 月 1 日，公司需要从天津总公司运输一批货物到广州，故需增加从天津到广州的运输路线。

(2) 公司需要了解天津站、广州站等运输地点的情况，如这些站点的车位数量、储存区的数量等情况。

(3) 查询目前公司的运力情况，合理安排从天津到广州的运输业务。

基于上述资料及合理的实验数据，完成实验报告。

实验报告二

某第三方物流公司运输一批货物从天津到广州，需录入该批货物的运输订单(订单信息略)。

要求：根据运送基本信息情况输入运输订单。

基于合理的实验数据，完成实验报告。

实验报告三

某第三方物流公司在2012年5月1日，需要从天津总公司运输一批货物到广州。

(1) 对已生成的该批货物的订单进行分单调度，并填写相应的货位信息及分单线路。

(2) 打印相应的取(派)通知单。

(3) 查看代发货的订单，录入该订单的运费，发出发货通知；发货后，查看待到达的订单；货物到达目的地，在计算机系统中完成相应的“到货”操作。

(4) 查看费用调度单，了解该订单的费用情况。

基于上述资料及合理的实验数据，完成实验报告。

实验报告四

某第三方物流公司在2012年5月1日，需要从天津总公司运输一批货物到广州。

(1) 打印该订单的标签。

(2) 完成相应的“货物出站”的计算机操作。

基于上述资料及合理的实验数据，完成实验报告。

第5章 配送管理

【教学要点】

- 加深学生对配送管理知识的理解与认识，掌握物流配送的流程，了解物流配送过程中所涉及的各个环节。
- 熟悉物流配送各环节的一系列操作技术，增强学生的实际操作能力。
- 了解基本的物流配送流程，编制合理的物流配送计划。
- 掌握物流配送中心选址的一系列操作，能够独立对选址的效益进行评估。

导入案例

沃尔玛物流配送管理体系

沃尔玛的业务量之所以能够迅速增长，是由于沃尔玛把注意力放在物流运输和配送系统方面，与其他竞争者相比，沃尔玛能够给顾客提供更好的价值，这也正是沃尔玛公司的焦点业务。沃尔玛公司的新任CEO就来自于物流部门，由此可见物流和配送在公司的运营过程中是非常重要的。

沃尔玛物流业务的指导原则，不管是在美国还是世界的任何地方，都是其百分之百一致和完整的物流体系。不管物流项目是大还是小，沃尔玛必须要把所有的物流过程集中到一个伞形结构之下。在供应链中，每一个供应者都是这个链当中的一个环节，沃尔玛必须要使整个供应链成为一个非常平稳、光滑的过程，一个顺畅的过程。这样，沃尔玛的运输、配送以及对订单的处理等所有的环节，都是完整网络中的一部分。这样可以大大降低其成本。

沃尔玛之所以能够取得成功，是因为沃尔玛有一个补货系统。每一个商店都有这样的系统，包括中国的商店。它使得沃尔玛在任何一个时间点都可以知道现在这个商店中有多少货品，有多少货品正在运输过程中，有多少是在配送中心等。同时它也使沃尔玛可以了解，沃尔玛某种货品上周卖了多少，去年卖了多少，而且可以预测沃尔玛将来可以卖多少这种货品。沃尔玛之所以能够了解这么详细，就是因为沃尔玛有UPC统一的货品代码。

商场中所有的产品都有统一的产品代码即UPC代码，这是非常重要的，在中国叫EAN数码。沃尔玛之所以认为这种代码非常重要，是因为可以对代码进行扫描或阅读。在沃尔玛的所有商场中，都不需要用纸张来处理订单。沃尔玛的自动补货系统，可以自动向商场经理订货，及时地对商场提供帮助。经理们可以在商场中随意扫描一件商品，就可以知道现在商场中有多少这种货品，有多少订货，而且知道有多少这种产品正在运输到商店的过程中，会在什么时间到，所有关于这种商品的信息都可以通过扫描产品代码得到，不需要其他人再进行任何复杂的汇报。

由于沃尔玛在美国有数以千计的商场，每一个配送中心都非常大，平均面积约有11万平方米，因此产品的要求量非常大。在这些配送中心，每个月的产品价值超过两亿美元。沃尔玛降低配送成本的一个方法就是把配送成本和供应商伙伴一起分担。这些供货商可以送货到沃尔玛的配送中心，也可以送到一百家商店中。这两者进行比较，如果供货商们采用这种集中式的配送方式，可以节省很多钱，而供货商就可以把省下来的这部分利润，让利于消费者。而且这样做，这些供货商们也可以为沃尔玛分担一些建立配送中心的费用。所有这些做法的最终目的是为向消费者进行让利。通过这种方法，沃尔玛就从整个供应链中，将这笔配送中心的成本费用节省下来。

沃尔玛的集中配送中心是相当大的，而且都在一层当中。之所以是一层，而不是几层，是因为沃尔玛希望产品能够流动，实现产品从一个门进另一个门出。如果有电梯或其他物体，就会阻碍流动过程。因此，沃尔玛所有的配送中心都是非常巨大的一层配送中心。沃尔玛使用一些传送带，让这些产品能够非常有效地进行流动，对其进行一次性处理。比如，在某货品卸下以后，沃尔玛要对这些产品进行一些处理。如果处理好几次，成本就会提高，而如果沃尔玛采用这种传送带，运用无缝的形式，就可以尽可能降低成本。

沃尔玛所有的系统都是基于UNIX系统的，并采用传送带、产品代码以及自动补货系统和激光识别系统，拥有非常大的开放式平台，所有这些组合在一起为沃尔玛节省了相当多的成本。

沃尔玛有各种不同类型的配送中心，有一些时装的配送中心或者一些需要特别处理的产品，如需要小心提取的，还有一些副食品、蔬菜、水果等。以沃尔玛在美国对于香蕉的处理方法为例。在美国，香蕉一般来自于南方地区，不能让它太冷，但是为了使其在运输过程中不受到损害，采摘的时候还未成熟。当然，到商店不能，要在运输的过程中使其成熟。

在整个物流过程当中，最昂贵的就是运输部分，车队省下的成本越多，整个供应链当中所节省的钱就越多，让利给消费者的部分也就越多。沃尔玛用一种尽可能大的卡车，大约有 16 米加长的货柜，其尺寸比集装箱运输卡车更长或者更高。沃尔玛的车辆都是自有的，而且这些司机也是沃尔玛的员工。他们在美国各个州之间的高速公路上运行，车中的每立方米都填得满满的，这样非常有助于沃尔玛节省成本。

沃尔玛的车队大约有 5000 名非司机员工，还有 3700 多名司机。车队每周每次运输可以达 7000～8000 千米，这些卡车也是沃尔玛整个供应链当中的一部分。沃尔玛采用全球定位系统来对车辆进行定位。因此，在任何时候，调度中心都可以知道这些车辆的具体位置，同时他们也可以了解到某个产品运输到了什么地方，还有多长时间才能运到商店，可以精确到小时。沃尔玛知道卡车在哪里，产品在哪里，就可以提高整个系统的效率。沃尔玛的卡车不仅昂贵，而且可能随时会出事故等，因此，对于运输车队来说，要保证他们的安全，避免事故危险，对于沃尔玛来说，就是节省公司的费用，就是节省成本。

简而言之，一个比较合理的物流安排可以使运作成本更低、效率更高。沃尔玛采用现代化的、先进的系统，进行合理的运输安排，通过计算机系统和配送中心，大大节约成本，从而使零售业更加成功。

资料来源：http://wenku.baidu.com/view/12c1a9156c175foe7cd13755.html

【问题与思考】

1. 沃尔玛配送管理作业中涉及哪些基本操作环节？
2. 沃尔玛配送中心应当如何选址？如何考虑选址时遇到的条件约束？

5.1 实验一 配送作业管理

5.1.1 实验目的

本实验主要是对下发配送订单、订单审批、配送调度及配送补录等配送环节的训练。实验目的主要如下。

(1) 了解配送作业管理的业务流程。

(2) 掌握下发配送订单和订单审批的相关操作。

(3) 掌握配送调度的相关操作。

(4) 掌握对配送进行补录的相关操作。

5.1.2 实验准备

1) 教师准备

通过“金文第三方物流系统”中的配送管理实验平台，对此项实验所需的用户资料、情景数据、实验任务的后台配置进行完善。

2) 学生准备

结合课堂所学知识，掌握配送管理业务的概念及其基本流程。

5.1.3 背景知识

1. 配送管理的概念

配送的主体活动与一般物流不同，一般物流是运输及保管，而配送则是运输及分拣配货，分拣配货是配送的独特要求，也是配送中有特点的活动，以送货为目的的运输则是最后实现配送的主要手段，从这一主要手段出发，常常将配送简化看做运输中的一种。

2. 配送管理的经济学分析

从经济学资源配置的角度来看，配送是以现代送货形式实现资源的最终配置的经济活动。这个概念的内涵，概括为以下4点。

(1) 配送是资源配置的一部分，是经济体制的一种形式。

(2) 配送的资源配置作用是“最终配置”，因而是接近顾客的配置。接近顾客是经营战略至关重要的内容。美国兰德公司对《幸福》杂志所列的500家大公司一项调查表明“经营战略和接近顾客至关重要”，证明了这种配置方式的重要性。

(3) 配送的主要经济活动是送货，这里面强调现代送货，表述了和我国旧式送货的区别，其区别以“现代”两字概括，即现代生产力、劳动手段支撑的，依靠科技进步的，实现“配”和“送”有机结合的一种方式。

(4) 配送在社会再生产过程中的位置，是处于接近用户的那一段流通领域，因而有其局限性，配送是一种重要方式，有其战略价值，但是它并不能解决流通领域的所有问题。

3. 配送构成要素

(1) 集货。集货是将分散的或小批量的物品集中起来，以便进行运输、配送的作业。

(2) 分拣。分拣是将物品按品种、出入库先后顺序进行分门别类堆放的作业。

(3) 配货。配货，就是使用各种拣选设备和传输装置，将存放的物品按客户要求分拣出来，配备齐全，送入指定发货地点。

(4) 配装。配装指集中不同客户的配送货物，进行搭配装载以充分利用运能、运力。

(5) 配送运输。配送运输是较短距离、较小规模、频度较高的运输形式，一般使用汽车作为运输工具。配送运输的路线选择问题是技术难点。

(6) 送达服务。送达服务指圆满地实现运到货物的移交，并有效地、方便地处理相关手续，最后完成结算。

(7) 配送加工。配送加工是按照配送客户的要求所进行的流通加工。

4. 运输配送

(1) 物流配送中心根据客户的发货指令视库存情况做相应的配送处理。

(2) 根据配送计划系统将自动地进行车辆、人员、货物的出库处理。

(3) 根据选好的因素由专人负责货物的调配处理，可分自动配货和人工配货，目的是为了更高效地利用物流公司的资源。

(4) 根据系统的安排结果按实际情况进行人工调整。

(5) 在安排好后，系统将根据货物所放地点(库位)情况按物流公司自己设定的优化原则打印出拣货清单。

(6) 承运人凭拣货清单到仓库提货，仓库方做相应的出库处理。

(7) 装车完毕后，根据所送客户数打印出相应的送货单。

(8) 车辆运输途中可通过GPS车辆定位系统随时监控，并做到信息及时沟通。

(9) 在货物到达目的地后，经收货方确认后，凭回单向物流配送中心确认。

(10) 产生所有需要的统计分析数据和财务结算，并产生应收款与应付款。

5.1.4 实验步骤

本实验模块包括配送补录、配送调度、配送签收、配送订单审批、配送订单几部分操作。

1. 配送订单

在【订单管理】→【配送订单】界面中，单击【新增】按钮，选中配送订单，单击【确定】按钮，根据情况填写配送订单。

操作界面如图 5.1 和图 5.2 所示。

图 5.1　配送订单信息录入(1)

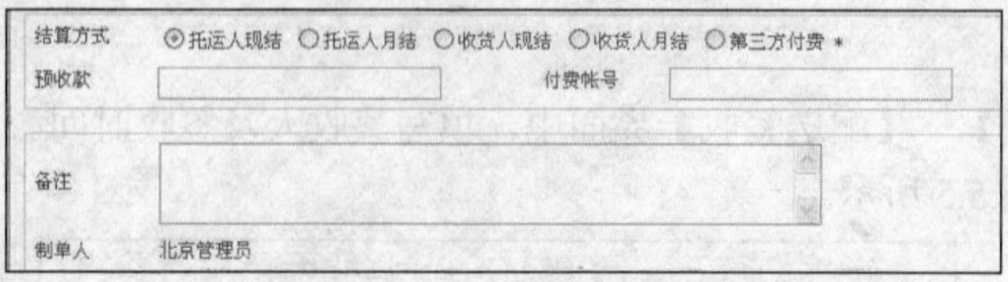

图 5.2　配送订单信息录入(2)

单击【保存订单】按钮。

2. 配送订单审批

进入【配送订单审批】界面后可进行修改、查看、删除、生成作业计划、提交处理操作。操作界面如图 5.3 所示。

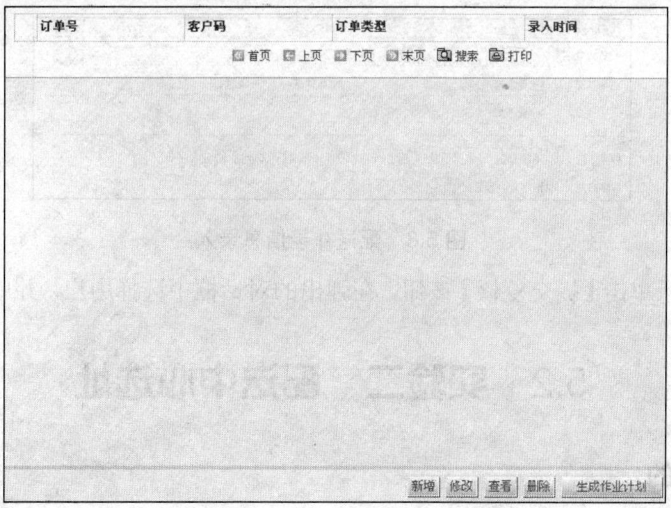

图 5.3　配送订单审批

选中配送订单，单击【查看】按钮确认后，可单击【生成作业计划】按钮操作完成配送订单审批。

3. 配送调度

在【配送管理】→【配送调度】界面中，选中【取/派调度单列表】界面中的一条记录，再在【待取运单列表】界面中，选中图 5.1 中的运单，单击【向下】按钮。

操作界面如图 5.4 所示。

图 5.4 待取运单列表

单击【打印】按钮，在弹出的对话框中单击【确定】按钮。单击【提交】按钮，在弹出的对话框中单击【确定】按钮，在随后弹出的【确认费用】对话框中对费用进行维护，单击【保存】按钮即可。

4. 配送签收

在【配送管理】→【配送签收】界面中，填写签收人及签收时间。

操作界面如图 5.5 所示。

图 5.5 配送签收

单击【保存】按钮，在弹出的对话框中单击【确定】按钮。

5. 配送补录

进入【配送管理】→【配送补录】界面。

操作界面如图 5.6 所示。

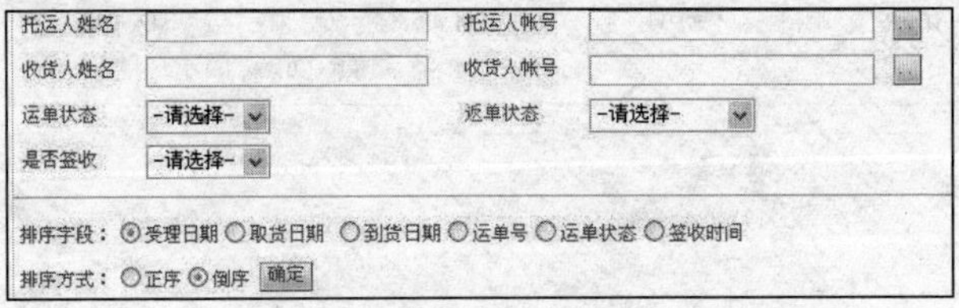

图 5.6 配送补录信息录入

选择该条记录单击【提交复核】按钮，在弹出的对话框中选择用户，并单击【确定】按钮。

5.2 实验二 配送中心选址

5.2.1 实验目的

本实验主要是对配送中心选址、选址后的效益评价以及直觉式选址方法的训练。

实验目的主要如下。

(1) 掌握配送中心选址的基本流程。

(2) 对选址的结果进行效益评估。

(3) 掌握直觉式交互选址方法。

5.2.2 实验准备

1) 教师准备

通过“金文第三方物流系统”中的配送中心选址系统实验平台，对此项实验所需的用户资料、情景数据、实验任务的后台配置进行完善。

2) 学生准备

结合课堂所学知识，掌握配送中心选址实验的操作步骤。

5.2.3 背景知识

1. 配送中心选址的概念

配送中心选址是以提高物流系统的经济效益和社会效益为目标，根据供货状况、需求分布、运输条件、自然环境等因素，利用系统工程的方法，对配送中心的地理位置进行决策的过程。

2. 配送中心选址的影响因素

(1) 客户分布。配送中心是为客户服务的，首先要考虑客户分布。对于商业配送中心，其客户主要是超市和零售店，分布在城市内人口密集的地区，为提高服务水平，同时也应考虑其他条件的影响，配送中心通常设置在城市边缘地区。

(2) 供应商分布。配送中心靠近供应商，对货源供给的可靠性高，库存可以减少，但供应商一般距需求地比较远，而且也比较分散，配送中心靠近客户，因为进货的批量大，有利于降低运输成本。

(3) 交通条件。交通条件是影响配送成本和物流效率的重要因素，特别是大宗物资的配送。因此配送中心应尽可能靠近交通通道，如高速公路、铁路货运站、港口、空港等。

(4) 土地条件(可得性、土地成本)。配送中心需要占用一定数量的土地，用地必须符合国家的土地政策和城市规划；土地成本也是影响物流成本的重要因素。

(5) 人力资源因素。配送中心需要不同层次的人员，一般操作属劳动密集型作业形态，用人较多，其工资待遇应与当地工作水平相适应，因此配送中心选址应考虑员工来源和劳动力成本。

(6) 地区或城市规划。配送中心规划属地区或城市规划的一部分，必须符合城市规划的要求，包括布局、用地，以及与其他行业规划的协调。

3. 配送中心选址原则

配送中心选址过程应同时遵守适应性原则、协调性原则、经济性原则和战略性原则。

(1) 适应性原则。配送中心的选址必须与国家以及省市的区域经济发展方针、政策相适应，与国家物流资源分布和需求分布相适应，与国民经济和社会发展相适应。

(2) 协调性原则。配送中心的选址应将国家的物流网络作为一个大系统来考虑，使配送中心的设施设备在地域分布、物流作业生产力、技术水平等方面互相协调。

(3) 经济性原则。有关选址的费用，主要包括建设费用以及经营费用两个部分，配送中心的选址定在市区还是郊区，需要综合考虑其费用，经济性原则是指选址应当以总费用最低为条件。

(4) 战略性原则。配送中心的选址应具有战略眼光。一是要考虑全局，二是要考虑长远。局部要服从全局，目前利益要服从长远利益，既要考虑目前的实际需要，又要考虑日后发展的可能。

5.2.4　实验步骤

打开 WLP（配送中心选址系统），选择进入【配送中心选址系统】界面，配送方案制定如图 5.7～图 5.11 所示。

	A	B	C	D
1	*编号	名称	*x坐标	*y坐标
2	1	沈阳	30853403	10450436
3	10	营口	30556728	10168041
4	11	盘锦	30511545	10298108
5	12	大连	30402605	9729445
6	13	吉林	31643741	10975564
7	14	丹东	31089944	10027266
8	15	佳木斯	32592689	11701377
9	16	葫芦岛	30211038	10188866
10	17	通化	31484617	10430882
11	18	黑河	31875871	12560806
12	19	同江	33126762	11914195
13	2	绥芬河	32788356	11098263
14	20	辽阳	30794910	10315795
15	21	图们	32459590	10740998
16	22	辽源	31286275	10729005
17	23	白山	31605117	10484182
18	24	松原	31204168	11294661
19	25	大庆	31254493	11649894
20	26	锦州	30282224	10279675
21	27	白城	30708971	11404088
22	28	舒兰	31735568	11101559
23	29	公主岭	31202754	10876956

图 5.7　需求点信息

	A	B	C	D	E	F
1	*编号	名称	类型	*权重	*单位体积	*单位费用
2	1	大型帐篷	1	5	0.500	1
3	2	救生设备	2	10	1.000	5
4	3	食品	3	8	1.000	1
5	4	水	4	10	2.000	1
6	5	药品	5	15	0.500	3
7						
8						

图 5.8　需求物资信息

	A	B	C	D
1	仓储配送计划			
2				
3	供应点	需求点	物资	供应量
4	沈阳	沈阳	水	131
5	沈阳	沈阳	药品	38
6	沈阳	大连	食品	153
7	沈阳	丹东	水	215
8	沈阳	佳木斯	食品	95
9	沈阳	葫芦岛	食品	147
10	沈阳	绥芬河	食品	203
11	沈阳	辽阳	食品	34
12	沈阳	辽阳	水	194
13	沈阳	图们	食品	156
14	沈阳	图们	水	150
15	沈阳	辽源	食品	181
16	沈阳	辽源	水	183
17	沈阳	辽源	药品	391
18	沈阳	白山	水	157
19	沈阳	大庆	食品	93
20	沈阳	大庆	水	179
21	沈阳	敦化	水	173
22	沈阳	长春	水	178
23	沈阳	哈尔滨	药品	389
24	沈阳	磐石	水	150
25	沈阳	大安	食品	109
26	锦州	沈阳	救生设备	347

图 5.9　配送计划图

A	B	C	D	E	F
	查看结果信息				
类型	体积	费用	需求量	加权需求量	
最大限制	38000.	75000	133524	323974.	
实际量	29493.	75000.	114240	280257	
百分比	77.6%	100.%	85.5%	86.5%	

图 5.10　运算优化结果

A	B	C	D	E	F
*编号	名称	*仓库建设费用	*仓库体积限制	*x坐标	*y坐标
1	沈阳	1500	5000	30853403	10450436
10	锦州	2000	5000	30282224	10279675
2	长春	1500	5000	31329231	10971072
3	哈尔滨	1500	5000	31663688	11433591
4	大连	20000	3000	30402605	9729445
5	吉林	1500	3000	31643741	10975564
6	佳木斯	18000	3000	32592689	11701377
7	通化	1500	3000	31484617	10430882
8	辽阳	10000	3000	30794910	10315795
9	大庆	2000	3000	31254493	11649894

图 5.11　仓库备选点

公司可从图 5.11 所示的仓库备选点中选择其一进行投资建设。

本 章 小 结

本章在介绍实验背景知识的基础上，着重探讨了配送作业管理和配送中心选址的实践操作。

通过本章的学习，首先，学生能够加深对配送管理和配送中心选址相关基础知识的理解，熟悉物流配送过程中所涉及的作业环节，如配送订单、订单审批、配送调度、配送补录等；其次，学生能够掌握配送中心选址的操作，并学会对选址进行效益分析与评价；最后，通过软件的使用训练，锻炼学生的实际操作能力。

关键术语

配送管理　distribution management
配送调度　distribution
配送中心　distribution centre
选址　site testing
订单　order
仓库　warehouse

实际操作训练

实验报告一

某第三方物流公司配送中心位于天津：

(1) 2011 年 6 月 1 日，公司从天津向北京、上海、广州、厦门分别运输一批货物。

(2) 2011 年 6 月 3 日，业务人员补录 6 月 1 日发往成都的一批货物。

基于上述资料及合理的实验数据，完成实验报告(货物具体参数自拟)。

实验报告二

某第三方物流公司配送货物的目标城市主要集中有北京、上海、广州、深圳；二线城市主要有天津、哈尔滨、长春、沈阳、石家庄、苏州、杭州、南京、成都、重庆等地。

基于合理的实验数据，完成配送中心选址方案，并自拟数据进行选址后的效益评估，完成实验报告。

第 6 章　综合实验：啤酒游戏

【教学要点】

- 加深学生对供应链管理知识的理解与认识，掌握牛鞭效应的发生原因，了解库存持有成本及缺货成本的概念。
- 熟悉啤酒游戏的过程，增强学生从系统的角度理解供应链中有关问题的能力。

导入案例

白酒行业的“啤酒游戏”

“啤酒游戏”并非仅是啤酒行业的现象，而是营销流通领域一种具有普遍意义的现象，指的是由于供应链中各结点企业之间资讯的不对称以及为了追求自身利益的最大化，造成了需求资讯在供应链内部传递过程中失真。

在营销流通领域中，由于信息传递的失控，零售商对需求乐观，遂追加订货；零售商需求量的增加，大大刺激了生产商，生产商的增产行为又更大地刺激了原料供给商。也就是说信号在逆向传递的过程中被不断放大了，消费者的需求可能只需要10瓶，但零售商的订单使得生产商对需求盲目乐观，造成了好像需要100瓶的印象。而生产商向上游供给商的大量订货又给原料商造成了好像需要1000瓶的印象。反之，当需求缩减的时候也是一样。

这种“啤酒游戏”现象的影响不仅存在于某一个企业，同样存在并影响一个行业的发展。今天，中国的白酒业正同样上演着一场由高端白酒形成的“啤酒游戏”泡沫。不可否认，鉴于经济发展水平的提高及高端白酒的市场价值空间等多种因素，中国白酒的高端之路已是个必然趋势。不仅如此，高端白酒的品牌集中度效应也是越来越强，“品牌家族”的势力越来越集中，马太效应越来越明显。以2004年为例，“贵州茅台”销售额近45亿元，“五粮液酒”本身销量也达到了50亿元，这两者的销量就达到了近100亿元。

但由于商家及厂家对高端白酒市场现象的盲目乐观和错误预测，而产生了一系列的由商家到厂家的高端白酒需求供应链加强的啤酒游戏效应。正是这个啤酒游戏效应导致了每年无数个高端白酒的“换装行动”，从而更进一步地促进了啤酒游戏效应的循环。白酒市场上，从传统的“茅五剑”到各地方名酒以及各类贴牌酒，高端系列白酒新品如雨后春笋般遍地开花，品质也是良莠不齐。市场价格100元以上的高端白酒品牌有5万多个，仅五粮液的贴牌品牌中的高端酒系列就有数百个之多。自21世纪以来，高端白酒的发展势头越来越猛。有一步到位的新锐高端品牌，也有低开高走渐渐地步入高端的老品牌。尽管有如此多的高端品牌，但是，能在市场中立足的却为数不多，究其原因，有相当一部分高端白酒品牌已随时间的流逝，如“啤酒泡沫”般破灭。

1. 白酒巨头的引导效应

这其中不仅有白酒大王五粮液的提价影响，更有以水井坊的颠覆式营销所带来的“比茅台五粮液还贵的酒——中国最贵的白酒”的成功典范，仿佛一夜间让诸多的酒家茅塞顿开，让更多的低端品牌和社会资本看到了高端白酒的巨大的市场空间和利润空间。从水井坊到国窖1573、金剑南、舍得酒等成了后来者的榜样。此外，由于五粮液在白酒中的地位以及企业高端品牌的定位，其越来越多的高端子品牌既是五粮液品牌文化的传播者，又是高端酒概念文化的传播者及消费氛围的缔造者。

2. 外来资本的利润最快化

以金六福、小糊涂仙最为典型。众所周知，白酒的销售需要最大化的渠道和终端的推广渗透，但是，作为外来资本，基本上都没有太多的白酒市场经验，也没有成熟的渠道，在无限的终端跟进和最快的利润之间，他们选择的最佳方式就是单瓶酒的利润最大化。只有这样，才能有利于商家集中目标市场、把控市场，减少市场渠道终端的如进店费等无限的终端投入，从而达到利润回流的最快化。

3. 新品酒不透明的价格空间吸引了商家的开发动力

正如现在的商家虽然卖可口可乐不赚钱而又不得不进货一样，高端白酒中的成熟名品如“茅五剑”的市场利润空间已十分透明，对于商家而言，其作用就是吸引客流和靠走量赢利。在这种情况下，为获取更大的利润空间，寻求新品也正是商家的需求所在。因为，新品高端酒的市场价格空间不透明，且空间很大，是茅、五、剑利润空间的数倍。试想，有如此多的商家在等待新品，高端新品的开发动力能不大吗?

4. 低端市场的切入空间相对较小

鉴于市场开发费用的原因，通常20元以下的低端白酒市场基本上已被地产白酒垄断，外地酒的市场出击基本上都是以中端及中高端价位为主。在既要保证厂家自身的利润空间，又要保证中间商的利润空间和产品品质等的情况下，提高价格则是必然。以产酒大省安徽省省会合肥市为例，10 元以下最畅销的“真得味”是真正的“排档王”；而在相邻的煤城淮南市则是蚌埠大曲的天下。

5. 中国传统的礼文化的带动

自古中国就有“无酒不成礼”，逢年过节时送酒是一种约定俗成的礼文化表现。送好酒也已是必然趋势，而何为好酒呢？就白酒而言，对于缺乏白酒专业知识的普通消费者而言，价格是一个衡量标准。礼是否重、是否有诚意等，价格是最好的说明。正是鉴于此，一些商家则专门生产用于礼品消费的礼盒装，专攻礼品酒市场，在消费者 “面子文化”和巨额利润的带动下，高端白酒带着奢华的面容步步登高。

高端酒的市场风险由于太多的因素引发了高端酒的消费现象，所以其高额的价值空间吸引了零售商、供应商、厂商对于高端酒的关注。更多的商业资本通过厂商联营贴牌定制等在高端获利，从而吸引了更多的厂家和商业资本的注入，最终，由于高端酒的销售周期性原因(逢年过节)，以及商超终端和批发环节的零散性大宗团购的销售现象的影响，而引发了更上一级的供应商更大的供货量及库存量，而随着季节性的变换，厂家通过压货、抛货、转移库存等营销措施进一步促进了高端白酒的啤酒游戏效应。

值得提醒的是：这种信息的扭曲如果和企业生产过程中的不确定因素叠加在一起，将会导致巨大经济损失。所以，一个品牌是否进入高端市场，应对生产商的(社会)市场资源、品牌定位、营销渠道等资源进行战略分析，找准切入点，否则，上了“高速公路”可就难停下来了。

资料来源：http://www.wwgupiao.com/wiki/index.php?doc-view-66536

【问题与思考】

通过“啤酒游戏”现象，思考牛鞭效应产生的原因及缓解办法。

啤酒游戏是在出货时间延迟、资讯不足的产销模拟系统中进行的。在该游戏中，由于消费者需求的小幅变动，而通过整个系统的加乘作用将产生很大的危机，即首先是大量缺货，整个系统订单都不断增加，库存逐渐枯竭，欠货也不断增加，随后好不容易达到订货单大批交货，但新收到订货数量却开始骤降。

本实验通过操作“啤酒游戏软件”，进一步认知相关供应链的概念和原理，通过软件的操作，模拟供应链上下游之间的角色，感受供应链中信息不透明所造成的需求放大，进一步分析牛鞭效应产生的原因和特征。

6.1.1 实验目的

“啤酒游戏”是一个经典的供应链游戏，说明供应链中一个很典型的现象——牛鞭效应。该游戏是生产与配销单一品牌啤酒(情人啤酒)的产销模拟系统中进行的。参加游戏的学员各自扮演不同的角色：零售商、批发商和制造商。他们只需每周做一个决定，那便是订购多少啤酒，唯一的目标是尽量扮演好自己的角色，使利润最大。三者间的联系只是由卡车司机通过一张纸上的核对数字(订货单、发货单)来沟通信息。

实验目的主要如下。

(1) 熟悉“啤酒游戏”的基本过程。

(2) 了解时间滞延、资讯不足对产销系统的影响。

(3) 突破一定的习惯思维方式，以结构性或系统性的思考才能找到问题并有改善的可能。

6.1.2 实验准备

1) 教师准备

通过“金文第三方物流系统”中的啤酒游戏实验平台，对此项实验所需的用户资料、情景数据、实验任务的后台配置进行完善。

2) 学生准备

结合课堂所学知识，熟悉啤酒游戏的基本过程，以及牛鞭效应等基本概念。

6.1.3 背景知识

1. 啤酒游戏简介

啤酒游戏，是 20 世纪 60 年代麻省理工大学的 Sloan 管理学院所发展出来的一种策略游戏。圣吉(Senge)在其著名的《第五项修炼》中，用了整整一章描述啤酒游戏及其反映的系统化思考的问题，比如蝴蝶效应和被切割的局部思考等，继而探讨如何有效进行系统化思考。圣吉的系统化思考的观点，消除了片面、局部思考的危机，以系统化思考作为融合自我超越、改善心智模式、建立共同远景、团队学习 4 项修炼的第五项修炼，以建立学习型组织的框架。聚合 5 项修炼，使组织释放出潜藏的巨大能量。

近 20 多年以来，啤酒游戏在教室与管理训练讲习会中反复使用。参加的人有各种年龄、国籍、文化和行业背景。有些参加者以前没听说过生产配销系统，有些人已花了相当长的时间在这样的业务上。然而每次玩这个游戏，都会发生相同的危机，产生类似的结果。其中原因必定超乎个体因素，在于游戏所处的结构中。啤酒游戏配销系统的波动现象，揭示了系统思考的原理：结构影响行为。不同的人处于相同的结构之中，倾向于产生性质类似的结果，人类系统中的结构是微妙而错综复杂的。在啤酒游戏中发现了圣吉提出的 7 项学习智障。

啤酒产销模拟游戏假设：①简化为单线产销、供销，只由零售商、批发商、分销商、制造商 4 个企业实体组成产供销系统；②有需求时，尽量满足需求发货，除非缺货；③发货后即下达采购订单，各个企业实体只有一个决策，即采购数量的决策。

每个企业实体均可自由做出决策，其唯一目的是追求利润最大化，游戏的最后结果是以整组总成本最低者为优胜。

啤酒游戏企业实体：①零售商，按照顾客订单和库存量向顾客发货，并向批发商订货；销售比较稳定的一种啤酒(叫“情人”啤酒)，虽不是超级流行的品牌，但就像每天都收到早报一般，开始时每周都卖掉 4 箱“情人”啤酒。为了确定总是有足够的情人啤酒，尝试着随时保持 12 箱的库存量。因此每周一啤酒卡车经过时都订购 4 箱，久而久之，已经将每周 4 箱的周转率看做理所当然。②同样，批发商向分销商、分销商向制造商订货。③制造商根据订单和库存量决定生产量，并向分销商发货。

经典的啤酒游戏揭示出：为改善啤酒游戏的绩效，参加人员必须扩大思考的范围，了解不同角色之间的互动情形，克服 7 项学习智障，学会系统化思考方式，融合 5 项修炼，掌握系统结构层次的洞察力，建立结构性的思考框架，运用在大系统中有效运营的决策方式与策略。

2. 供应链

供应链是围绕核心企业，通过对信息流、物流、资金流的控制，从采购原材料开始，制成中间产品以及最终产品，最后由销售网络把产品送到消费者手中的将供应商、制造商、分销商、零售商、直到最终用户连成一个整体的功能网链结构模式。它是一个范围更广的企业结构模式，它包含所有加盟的结点企业，从原材料的供应开始，经过网链中不同企业的制造加工、组装、分销等过程直到最终用户。它不仅是一条连接供应商到用户的物流链、信息链、资金链，而且是一条增值链，物料在供应链上因加工、包装、运输等过程而增加其价值，给相关企业都带来收益。

根据不同的划分标准，可以将供应链分为以下几种类型。

1) 根据范围不同划分

内部供应链是指企业内部产品生产和流通过程中所涉及的采购部门、生产部门、仓储部门、销售部门等组成的供需网络。

外部供应链则是指企业外部的，与企业相关的产品生产和流通过程中涉及的原材料供应商、生产厂商、储运商、零售商以及最终消费者组成的供需网络。

内部供应链和外部供应链的关系：两者共同组成了企业产品从原材料到成品到消费者的供应链。可以说，内部供应链是外部供应链的缩小化。如对于制造厂商，其采购部门就可看做外部供应链中的供应商。它们的区别只在于外部供应链范围大，涉及企业众多，企业间的协调更困难。

2) 根据稳定性不同划分

根据供应链存在的稳定性划分，可以将供应链分为稳定的和动态的供应链。基于相对稳定、单一的市场需求而组成的供应链稳定性较强，而基于相对频繁变化、复杂的需求而组成的供应链动态性较高。在实际管理运作中，需要根据不断变化的需求，相应地改变供应链的组成。

3) 根据容量和需求不同划分

根据供应链容量与用户需求的关系不同，可以划分为平衡的供应链和倾斜的供应链。

一个供应链具有一定的、相对稳定的设备容量和生产能力(所有结点企业能力的综合，包括供应商、制造商、运输商、分销商、零售商等)，但用户需求处于不断变化的过程中，当供应链的容量能满足用户需求时，供应链处于平衡状态，而当市场变化加剧，造成供应链成本增加、库存增加、浪费增加等现象时，企业不是在最优状态下运作，供应链则处于倾斜状态。平衡的供应链可以实现各主要职能(采购/低采购成本、生产/规模效益、分销/低运输成本、市场/产品多样化和财务/资金运转快)之间的均衡。

4) 根据功能性不同划分

根据供应链的功能模式(物理功能、市场中介功能和客户需求功能)不同可以把供应链划分为两种：有效性供应链(efficient supply chain)和反应性供应链(responsive supply chain)。

有效性供应链主要体现供应链的物理功能，即以最低的成本将原材料转化成零部件、半成品、产品，以及在供应链中的运输等；反应性供应链主要体现供应链的市场中介的功能，即把产品分配到满足用户需求的市场，对未预知的需求做出快速反应等。

5) 根据企业地位不同划分

根据供应链中企业地位不同，可以将供应链分成盟主型供应链和非盟主型供应链。盟主型供应链是指供应链中某一成员的结点企业在整个供应链中占据主导地位，对其他成员具有很强的辐射能力和吸引能力，通常称该企业为核心企业或主导企业。例如，以生产商为核心的供应链——奇瑞汽车有限公司；以中间商为核心的供应链——中国烟草系统、香港利丰公司；以零售商为核心的供应链——沃尔玛、家乐福。

非盟主型供应链是指供应链中企业的地位彼此差距不大，对供应链的重要程度相同。

3. 牛鞭效应

牛鞭效应，是指供应链上的一种需求变异放大现象，是信息流从最终客户端向原始供应商端传递时，无法有效地实现信息的共享，使得信息扭曲而逐级放大，导致了需求信息出现越来越大的波动，此信息扭曲的放大作用在图形上很像一根甩起牛鞭，因此被形象地称为牛鞭效应。可以将处于上游的供应方比作梢部，下游的用户比作根部，一旦根部抖动，传递到末梢端就会出现很大的波动。

“牛鞭效应”在如今的供应链管理中无疑表现得最为突出。1998 年，在英国举办的供应链管理专题会议上，一位与会者提及，在他的欧洲日杂公司，生产、供应环节发生着这样的现象：从渔场码头得到原材料，经过加工、配送到产品的最终销售需要 150 天时间，虽然消费者得到这样的商品没有感觉到不好，而且所有的中间环节也都是按照他们原本的最优效率运转着，但是这位管理者做了一个数据对比后，感到非常惊愕，他的产品加工的整个过程仅仅占用了 150 天中的 45 分钟。为什么供应链条被拖得这么长，而真正最有价值的只有 45 分钟，大部分时效被如何浪费掉了呢？

在整条供应链上，每一个结点企业的订单都会产生波动，需求信息都有扭曲发生(或多或少)，这样下来，通过零售商、批发商、分销商、制造商，逐级而上，信息的扭曲越来越严重。美国著名的供应链管理专家李效良(Hau L. Lee)教授对牛鞭效应的描述是：尽管特定产品的顾客需求变动不大，但是这些商品的库存和延期交货波动水平却相当大。

解决牛鞭效应最好的方法是将这个鞭子缩得越短越好，这样引起的变化也会很小。透过高效的供应链管理系统，可以弱化牛鞭效应，直接降低企业的营运成本，实现实时响应客户需求的理想境界。高效的整合供应链被认为是解决方法的最有效武器。

但是必须改变一些传统的模式才能达到真正的高效运转。传统上，由于供应链每一环节都是自己管理的库存，都有自己的库存控制目标和相应的策略，而且相互之间缺乏信息沟通，彼此独占库存信息，因此不可避免地产生了需求信息的扭曲和时滞，使供应商无法快速准确地满足用户的需求。主要问题发生在快速响应用户需求的整个供应链上，供应链各个环节的活动都应该是同步进行的，而传统的库存和分销管理思想显然无法满足这一要求。为此，出现了一种供应商管理库存(vender managed inventory，VMI)这种新兴的供应链库存管理方式，正在成为生产制造过程中避免“牛鞭效应”的突破点。

1) 牛鞭效应产生的原因

产生“牛鞭效应”的原因主要有 6 个方面，即需求预测修正、订货批量决策、价格波动、短缺博弈、库存责任失衡和应付环境变异。

(1) 需求预测修正。需求预测修正是指当供应链的成员采用其直接的下游订货数据作为市场需求信息和依据时，就会产生需求放大。

例如，在市场销售活动中，假如零售商的历史最高月销量为 1000 件，但下月正逢重大节日，为了保证销售不断货，他会在月最高销量基础上再追加 $A\%$，于是他向其上级批发商下订单$(1+A\%)1000$ 件。

批发商汇总该区域的销量预计后(假设)为 12000 件，他为了保证零售商的需要又追加 B%，于是他向生产商下订单$(1+B\%)12000$ 件。

生产商为了保证批发商的订货量，虽然他明知其中有夸大成分，但他并不知道具体情况，于是他不得不至少按$(1+B\%)12000$件投产，并且为了稳妥起见，在考虑毁损、漏订等情况后，他又加量生产，这样一层一层地增加预订量，导致“牛鞭效应”。

(2) 订货批量决策。在供应链中，每个企业都会向其上游订货，一般情况下，销售商并不会来一个订单就向上级供应商订货一次，而是在考虑库存和运输费用的基础上，在一个周期或者汇总到一定数量后再向供应商订货；为了降低订货频率，降低成本和规避断货风险，销售商往往会按照最佳经济规模加量订货。同时频繁的订货也会增加供应商的工作量和成本，供应商也往往要求销售商在一定数量或一定周期订货，此时销售商为了尽早得到货物或全额得到货物，或者为备不时之需，往往会人为提高订货量，这样，由于订货策略导致了“牛鞭效应”。

(3) 价格波动。价格波动是由于一些促销手段，或者经济环境突变造成的，如价格折扣、数量折扣、与竞争对手的恶性竞争，及供不应求、通货膨胀、自然灾害、社会动荡等。这种因素使许多零售商和推销人员预先采购的订货量大于实际的需求量，因为如果库存成本小于由于价格折扣所获得的利益，销售人员当然愿意预先多买，这样订货没有真实反映需求的变化，从而产生“牛鞭效应”。

(4) 短缺博弈。当需求大于供应时，理性的决策是按照订货量比例分配现有供应量，比如，总的供应量只有订货量的40%，合理的配给办法就是按其订货的40%供货。此时，销售商为了获得更大份额的配给量，故意夸大其订货需求是在所难免的，当需求降温时，订货又突然消失，这种由于短缺博弈导致的需求信息的扭曲最终导致“牛鞭效应”。

(5) 库存责任失衡。库存责任失衡加剧了订货需求放大。在营销操作上，通常的做法是供应商先铺货，待销售商销售完成后再结算。这种体制导致的结果是供应商需要在销售商(批发商、零售商)结算之前按照销售商的订货量负责将货物运至销售商指定的地方，而销售商并不承担货物搬运费用；在发生货物毁损或者供给过剩时，供应商还需承担调换、退货及其他相关损失，这样，库存责任自然转移到供应商，从而使销售商处于有利地位。同时在销售商资金周转不畅时，由于有大量存货可作为资产使用，所以销售商会利用这些存货与其他供应商易货，或者不顾供应商的价格规定，低价出货，加速资金回笼，从而缓解资金周转的困境；再者，销售商掌握大数量的库存也可以作为与供应商进行博弈的筹码。因此，销售商普遍倾向于加大订货量掌握主动权，这样也必然会导致“牛鞭效应”。

(6) 应付环境变异。应付环境变异所产生的不确定性也是促使订货需求放大加剧的现实原因。自然环境、人文环境、政策环境和社会环境的变化都会增强市场的不确定性。销售商应对这些不确定性因素影响的最主要手段之一就是保持库存，并且随着这些不确定性的增强，库存量也会随之变化。当对不确定性的预测被人为渲染，或者形成一种较普遍认识时，为了保持有应付这些不确定性的安全库存，销售商会加大订货，将不确定性风险转移给供应商，这样也会导致“牛鞭效应”。

2) 解决牛鞭效应的方法

从供应商的角度看，“牛鞭效应”是供应链上的各层级销售商(总经销商、批发商、零售商)转嫁风险和进行投机的结果，它会导致生产无序，库存增加，成本加重，通路阻塞，市场混乱，风险增大，因此妥善解决就能规避风险，减量增效。企业可以从以下6个方面进行综合治理。

(1) 订货分级管理。从供应商的角度看，并不是所有销售商(批发商、零售商)的地位和作用都是相同的。按照帕累托定律，他们有的是一般销售商，有的是重要销售商，有的是关键销售商，而且关键销售商的比例大约占 20%，却实现了 80%的销量。因此供应商应根据一定标准将销售商进行分类，对于不同的销售商划分不同的等级，对他们的订货实行分级管理，如对于一般销售商的订货实行满足管理，对于重要销售商的订货进行充分管理，对于关键销售商的订货实现完美管理，这样就可以通过管住关键销售商和重要销售商来减少变异概率；在供应短缺时，可以优先确保关键销售商的订货；供应商还可以通过分级管理策略，在合适时机剔除不合格销售商，维护销售商的统一性和渠道管理的规范性。

这种方法在一些优秀企业已经得到很好的应用，效果明显，如 3M 公司为其关键客户提供完美订货服务。为了提高服务的质量，确保关键客户，3M 公司推行了一种称之为“白金俱乐部”的服务措施。3M 公司对“白金俱乐部”的成员实行了各种意外事故保障措施，以便在主要供货地点缺货时，能够获得所需的存货来完成“白金”客户的订货。这些保障措施包括从次要的储备地点将存货转移出来，以及在世界范围内搜寻 3M 公司其他仓库设施中的存货。一旦这些应急措施就绪，立即利用溢价运输服务来安排直接递送，甚至在特殊情况下，3M 公司还会借用已出售的货物来供给“白金”客户，这样做的目的就是要保证在任何情况下都能为关键客户提供完善的订货服务，增强销售商的信心，营造良好的市场氛围，减少订货需求放大。

(2) 加强出入库管理，合理分担库存责任。避免人为处理供应链上的有关数据的一个方法是使上游企业可以获得其下游企业的真实需求信息，这样，上下游企业都可以根据相同的原始资料来制订供需计划。例如，IBM、惠普和苹果等公司在合作协议中明确要求分销商将零售商中央仓库里产品的出库情况反馈回去，虽然这些数据没有零售商销售点的数据那么全面，但却优于把货物发送出去以后就失去对货物的信息。

使用电子数据交换系统(EDI)等现代信息技术对销售情况进行适时跟踪也是解决“牛鞭效应”的重要方法，如 Dell 通过 Internet &Intranet、电话、传真等组成了一个高效信息网络，当订单产生时即可传至 Dell 信息中心，由信息中心将订单分解为子任务，并通过 Internet 和企业间信息网分派给各区域中心，各区域中心按 Dell 电子订单进行组装，并按时间表在约定的时间内准时供货(通常不超过 48 小时)，从而使订货、制造、供应“一站式”完成，有效地防止了“牛鞭效应”的产生。

联合库存管理策略是合理分担库存责任、防止需求变异放大的先进方法。在供应商管理库存的环境下，销售商的大库存并不需要预付款，不会增加资金周转压力，相反，大库存还会起到融资作用，提高资本收益率，甚至大库存还能起到制约供应商的作用，因此它实质上加剧了订货需求放大，使供应商的风险异常加大。联合库存管理则是对此进行修正，是使供应商与销售商权利责任平衡的一种风险分担的库存管理模式，它在供应商与销售商之间建立起了合理的库存成本、运输成本与竞争性库存损失的分担机制，将供应商全责转化为各销售商的部分责任，从而使双方成本和风险共担，利益共享，有利于形成成本、风险与效益平衡，从而有效地抑制了“牛鞭效应”的产生和加剧。

(3) 缩短提前期，实行外包服务。一般来说，订货提前期越短，订量越准确，因此鼓励缩短订货期是破解“牛鞭效应”的一个好办法。

根据沃尔玛的调查，如果提前 26 周进货，需求预测误差为 40%，如果提前 16 周进货，则需求预测的误差为 20%，如果在销售时节开始时进货，则需求预测的误差为 10%。并且通过应用现代信息系统可以及时获得销售信息和货物流动情况，同时通过多频度小数量联合送货方式，实现实需型订货，从而使需求预测的误差进一步降低。

使用外包服务，如第三方物流也可以缩短提前期和使小批订货实现规模经营，这样销售商就无须从同一个供应商那里一次性大批订货。虽然这样会增加额外的处理费用和管理费用，但只要所节省的费用比额外的费用大，这种方法还是值得应用的。

(4) 规避短缺情况下的博弈行为。在供应不足时，供应商可以根据顾客以前的销售记录来进行限额供应，而不是根据订购的数量，这样就可以防止销售商为了获得更多的供应而夸大订购量。通用汽车公司长期以来都是这样做的，现在很多大公司，如惠普等也开始采用这种方法。

在供不应求时，销售商对供应商的供应情况缺乏了解，博弈的程度就很容易加剧。与销售商共享供应能力和库存状况的有关信息能减轻销售商的忧虑，从而在一定程度上可以防止他们参与博弈。但是，共享这些信息并不能完全解决问题，如果供应商在销售旺季来临之前帮助销售商做好订货工作，他们就能更好地设计生产能力和安排生产进度以满足产品的需求，从而降低产生“牛鞭效应”的机率。

(5) 参考历史资料，适当减量修正，分批发送。供应商根据历史资料和当前环境分析，适当削减订货量，同时为保证需求，供应商可使用联合库存和联合运输方式多批次发送，这样，在不增加成本的前提下，也能够保证订货的满足。

(6) 提前回款期限。根据回款比例安排物流配送是消除订货量虚高的一种好办法，因为这种方法只是将期初预订数作为一种参考，具体的供应与回款挂钩，从而保证了订购和配送的双回路管理。

提前回款期的具体方法是将会计核算期分为若干期间，在每个期间(假如说一个月分为3 个期间或者 4 个期间，每个期间 10 天或者 7 天)末就应当回款一次；对于在期间末之前多少天积极回款者给予价格优惠等，会有利于该项计划推进。

4. 库存持有成本

库存持有成本(inventory carrying cost)是指和所储存的库存数量相关的成本，它由许多不同的部分组成，通常是物流成本中较大的一部分。但许多公司和企业并没有对物流中库存持有成本做精确的计算，而通常采用估计的方法来推算，或者采用行业的平均数据。事实上，即使是同一类型的企业，企业之间库存持有成本的差别也是非常大的，企业要分析自己的物流系统存在的问题，提高物流系统的绩效，必须将库存持有成本单独进行精确核算，才能更准确地把握物流系统各环节的成本状况，在物流系统决策中对各部分进行平衡，实现系统成本的最优化决策。

1) 库存持有成本的构成

(1) 库存投资资金成本。库存投资的资金成本是指库存商品占用了可以用于其他投资的资金，不管这种资金是从企业内部筹集还是从外部筹集(比如销售股票或从银行贷款等)，对于企业而言，都因为保持库存而丧失了其他投资的机会，因此，应以使用资金的机会成本来计算库存持有成本中的资金成本。事实上，资金成本往往占持有成本的大部分。

(2) 库存服务成本。库存服务成本由按货物金额计算的税金和为维持库存而产生的火灾和盗窃保险组成。一般情况下，税金随库存水平的不同而不同。库存水平对保险费率影响较小。

(3) 仓储空间成本。仓储空间成本不同于仓储成本，它只包含随库存数量变动的成本。仓储空间成本通常和 4 类常见设施有关：工厂仓库、公共仓库、租用仓库、公司自营或私人仓库。4 种仓储条件下，仓储空间成本是不同的。

在工厂仓库条件下，仓储空间成本可以忽略不计。

公共仓库的费用通常是基于移入和移出仓库的产品数量(搬运费用)以及储存的库存数量(储存费用)来计算的。

租用仓库是指通过签约占用别人仓库的一段规定的使用时间。

在公司自营或私人仓库条件下，一般直接计算库存物资的库存持有成本。

(4) 库存风险成本。库存风险成本一般包括废弃成本、损坏成本、损耗成本、移仓成本。

① 废弃成本是指由于再也不能以正常的价格出售而必须处理掉的成本。

② 损坏成本是仓库营运过程中发生的产品损毁而丧失使用价值的那一部分产品成本。

③ 损耗成本多是因为盗窃造成的产品缺失而损失的那一部分产品成本。

④ 移仓成本是指为避免废弃而将库存从一个仓库所在地运至另一个仓库所在地时产生的成本。

2) 库存持有成本的影响因素

(1) 库存投资的机会成本率。影响库存持有成本的首要因素是库存投资的机会成本率。企业在库存上投资的资金来源不同，其计价成本率也不同。库存投资是以丧失其他投资机会为代价的，因此，必须以其他投资机会的回报率作为计算持有成本的依据。如果企业资金富余，可将银行存款用于库存投资，此种情况下银行存款利率就是库存投资的机会成本率；如果企业资金短缺，要通过出售股票来获得资金对库存进行投资，则应以出售股票预期的利率为库存投资的机会成本率；如果通过银行贷款的方式，则贷款利率为库存投资的资金成本率。一般而言，企业资金越富余，库存持有成本中资金成本率越低；企业资金越短缺，库存持有成本中资金成本率越高。所以，资金富余的企业可以保持一个较高水平的库存来满足市场的需要；而资金短缺的企业，总是想办法降低库存水平，减少库存对资金的占用。

(2) 库存周转率。库存周转率也是影响库存持有成本的重要因素之一。从理论上讲，库存持有成本与库存周转率成反比关系，库存周转率越高，库存占用资金的时间越短，库存持有成本越低。但事实上，对于一个企业而言，不能单纯地考虑库存持有成本而采用某种库存策略，而应该通盘考虑整个物流系统，以整体成本最低来制定库存策略。库存周转率越高，对物流系统的要求也越高，一味地提高库存周转率，可能导致批量成本、运输配送成本、缺货成本的增加大于持有成本的减少，总成本上升。因此，对利用库存周转率来降低持有成本的策略只能在一定的范围内使用才有效。

(3) 仓库的类型和存货水平的变动情况。库存所使用的仓库类型不同，其持有成本中空间成本也不同。在 4 种类型的仓库中，只有使用公共仓库的空间成本与库存水平密切相关，而使用工厂仓库和公司自营仓库的空间成本几乎与库存水平无关，因此不影响持有成本。租用仓库在库存水平不频繁变动的情况下，其仓储空间成本也可忽略，但是，只要因为库存水平的变动而产生的费用则要计入持有成本。

总之，仓储空间成本的存在都是和库存水平的变动密切相关。一般而言，库存水平变化越频繁，发生空间成本的概率就越大。因此，企业都希望市场保持长期稳定，这样可以避免存货水平的波动而发生额外的持有成本。

5. 缺货成本

缺货成本又称亏空成本，是由于外部和内部中断供应所产生的。外部短缺、内部短缺将最终导致延期付货或失销。缺货成本将包括销售利润的损失直至难以估量的商誉损失。不同物品的缺货成本随用户或组织内部策略的不同而很不相同。

6.1.4 实验步骤

1. 角色设置

游戏中涉及 4 类角色，分别是制造商、批发商、零售商和教师。在实际操作过程中全班学员可以分成多个游戏小组，教师为每个游戏小组创建一个游戏，小组中不同的学员扮演不同的角色，每个游戏当中有唯一的制造商，制造商下可以有 M 个批发商，每个批发商下面又可以有 N 个零售商(M、N 可以自定)。

每个角色的主要任务如表 6-1 所示。

表 6-1 每个角色的主要任务

序号	角色	任务描述
1	教师	(1) 创建游戏 (2) 定义每个角色的初始库存、前两周的需求和接收量 (3) 定义零售商 30 周的需求量 (4) 监控游戏的运行状态和数据
2	零售商	(1) 在每一周确定向下游的销售量 (2) 在每一周确定向上游的订货量/生产
3	批发商	
4	制造商	

2. 时滞

由于订单处理及物流运输处理环节，因此在订单下达和货物接收过程中存在时滞问题。具体如下：下游发出订单到上游接到订单的时间是 2 周；上游发出货物到下游接到货物的时间是 2 周；因此某角色从发出订货订单到接到该订单的货物的时间是 4 周。

3. 创建游戏

创建游戏操作由教师完成。

(1) 通过游戏主界面中的“创建游戏”操作进入创建游戏界面。

操作界面如图 6.1 所示。

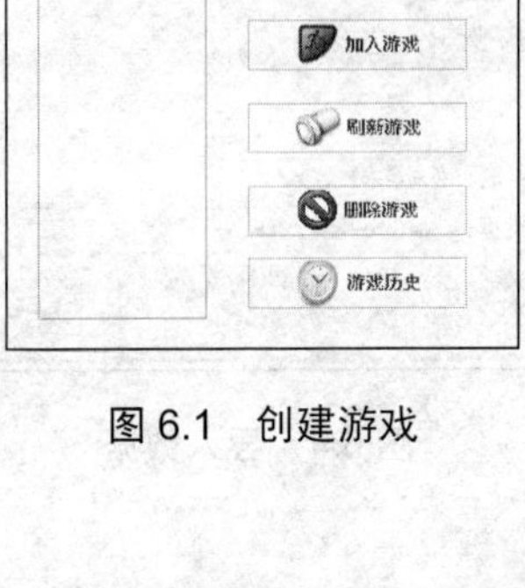

图 6.1 创建游戏

(2) 填写游戏名称、批发商数量(M)、零售商数量(N，每个批发商下的零售商数量)，单击【确定】按钮。系统将创建 1 个制造商、M 个批发商，$M \times N$ 个零售商，角色名称分别为制造商、批发商 1～批发商 M、零售商 1A～零售商 MN。

操作界面如图 6.2 所示。

(3) 游戏创建成功后，进入游戏初始设置及监控界面，在此界面可以设定每个零售商 30 周的需求量，可以定义每个角色的初始库存、前两周的需求和接收量。

操作界面如图 6.3 所示。

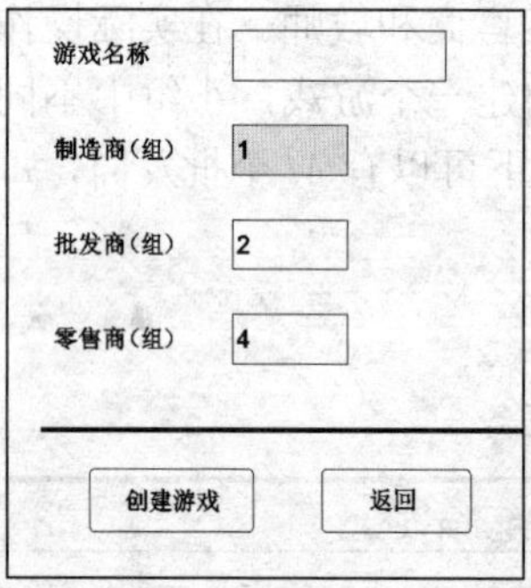

图 6.2　填写游戏名称及参与者数量

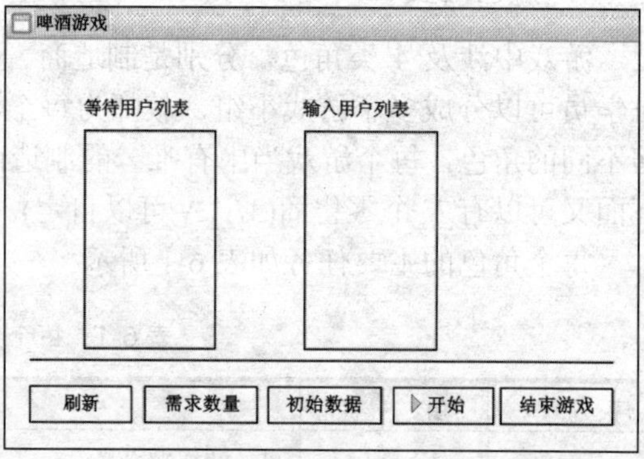

图 6.3　定义初始库存及需求接受量

(4) 单击【需求数量】按钮，进入需求设定界面，在此界面中可以单击【导入】按钮，从 Excel 表格中导入零售商 30 周的需求，导入后系统将列出每个零售商 30 周的需求，并可以对此需求数据双击进行修改。对需求数据调整完毕后，可以单击【保存】按钮保存需求数据。

操作界面如图 6.4 和图 6.5 所示。

(5) 单击【初始数据】按钮，进入初始参数设定界面，在此界面中分别列出了 A 制造商的初始库存、前两周的默认需求量和制造产出量；B 批发商的初始库存、前两周的默认需求量和到货量；C 零售商的初始库存、前两周的默认到货量。教师可以对列出的初始化参数进行调整，调整完毕后，可以单击【保存】按钮保存参数数据。

操作界面如图 6.6 所示。

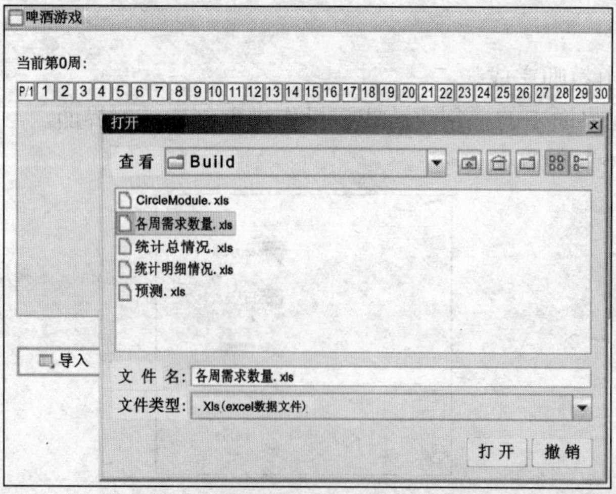

图 6.4　导入数据

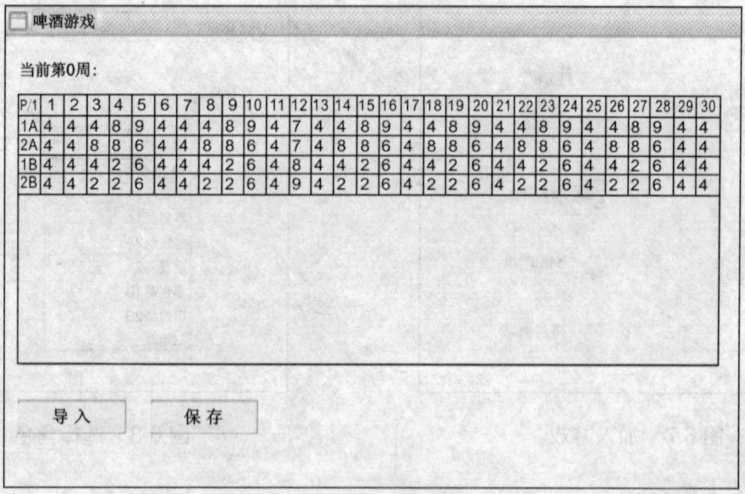

P/1	1	2	3	4	5	6	7	8	9	10	11	12	13	14	15	16	17	18	19	20	21	22	23	24	25	26	27	28	29	30
1A	4	4	4	8	9	4	4	4	8	9	4	7	4	4	8	9	4	4	8	9	4	4	8	9	4	4	8	9	4	4
2A	4	4	8	8	6	4	4	8	8	6	4	7	4	8	8	6	4	8	8	6	4	8	8	6	4	8	8	6	4	4
1B	4	4	4	2	6	4	4	4	2	6	4	8	4	4	2	6	4	4	2	6	4	4	2	6	4	4	2	6	4	4
2B	4	4	2	2	6	4	4	2	2	6	4	9	4	2	2	6	4	2	2	6	4	2	2	6	4	2	2	6	4	4

图 6.5　保存数据

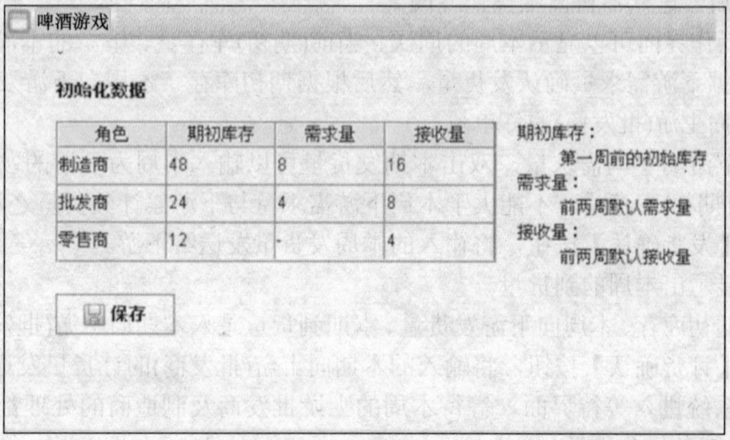

角色	期初库存	需求量	接收量
制造商	48	8	16
批发商	24	4	8
零售商	12	-	4

图 6.6　保存

(6) 设定好上面的所有参数后，可以单击【开始】按钮启动游戏，游戏启动后学员可以加入游戏。

(7) 在游戏运作过程中，教师可以随时单击【刷新】按钮查看该游戏中每个参与角色的当前状态，在【输入列表】中列出了当前正在确认销售量及订单量的角色，在【等待列表】中列出了当前正在等待下周操作的角色。

6.1.5　加入游戏

学员可以在游戏主界面加入教师创建的游戏。

(1) 单击游戏主界面中的【刷新游戏】按钮操作，系统将在已有游戏列表中列出所有教师创建好的游戏名称。

(2) 学员选择一个游戏，单击【加入游戏】按钮操作，将进入选择游戏角色的界面。

(3) 在选择游戏角色的界面列出可以选择的游戏角色，并单击【加入游戏】按钮操作，可以进入游戏操作主界面。

操作界面如图 6.7 和图 6.8 所示。

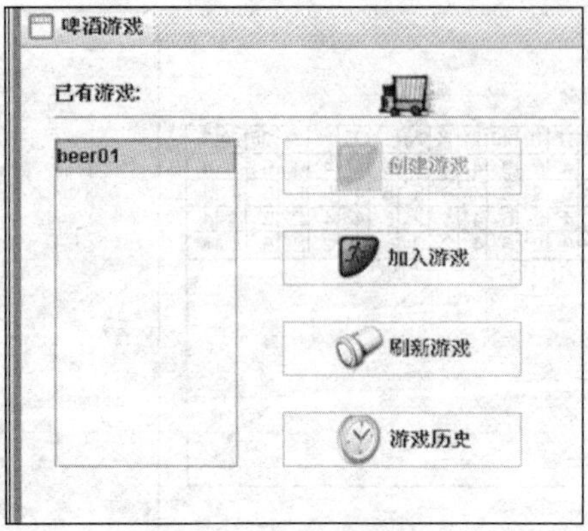

图 6.7 加入游戏

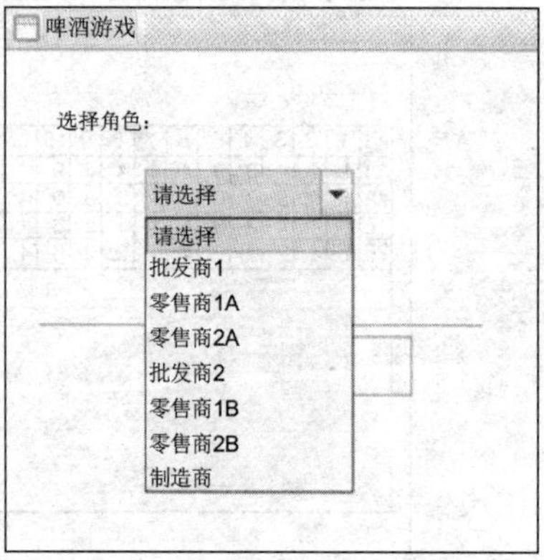

图 6.8 选择角色

1. 零售商角色操作

进入游戏后，进入零售商主操作界面。

(1) 在主操作界面可以显示本周的周次、当前(期初)库存量、下游的本周需求量，这时零售商要先根据下游需求量确认发货量，然后根据期初库存、本周向下游发货量、本周到货量确认本周向上游(批发商)的订单量。

(2) 根据下游的本周需求量，双击本期发货量可以输入本周为下游的发货量，发货量不能大于当前(期初)库存量，不能大于本周下游需求量与下游累计欠货量之和。

(3) 单击【发货确认】按钮，将输入的本周发货量发送给下游。

(4) 系统显示出本周的到货量。

(5) 根据期初库存、本周向下游发货量、本期到货量录入本期向上游(批发商)的订货量。

(6) 单击【订货确认】按钮，将输入的本期向上游(批发商)的订货量发送给上游。

(7) 然后系统进入等待界面，等待本周的上游批发商及制造商的处理都完毕后，可以再次进入(1)～(7)的操作循环。

操作界面如图 6.9 和图 6.10 所示。

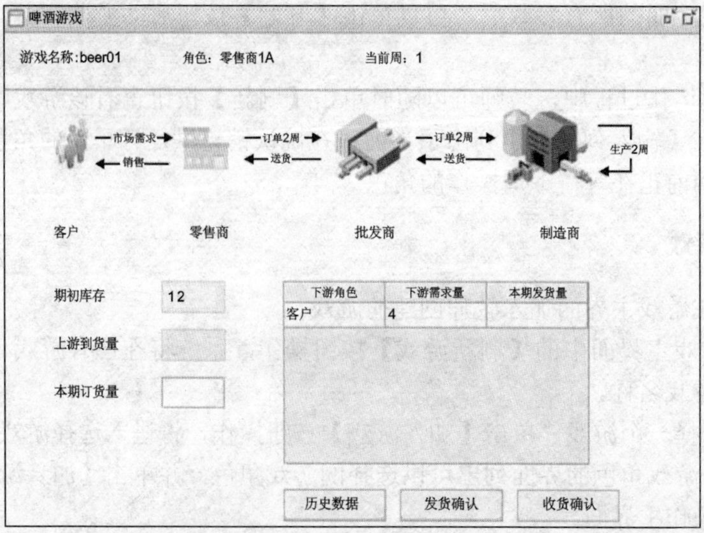

图 6.9 零售商操作界面

图 6.10　等待界面

2. 批发商角色操作

进入游戏后，先进入等待界面，待所有零售商在本周的处理都完毕后，可以进入批发商主操作界面。

(1) 在主操作界面可以显示本周的周次、当前(期初)库存量、所有下游(零售商)的本周需求量，这时批发商要先根据下游需求量确认发货量，然后根据期初库存、本周向下游发货量、本周到货量确认本周向上游的订单量。

(2) 根据下游每个零售商的本周需求量，双击本期发货量可以输入本周为每个零售商的发货量，发货量不能大于当前(期初)库存量，不能大于本周下游需求量与下游累计欠货量之和。

(3) 单击【发货确认】按钮，将输入的本周发货量发送给下游。

(4) 系统显示出本周的到货量。

(5) 根据期初库存、本周向下游发货量、本期到货量录入本期向上游的订货量。

(6) 单击【订货确认】按钮，将输入的本期向上游的订货量发送给上游。

(7) 然后系统重新进入等待界面，等待本周的上游制造商及下一周所有零售商的处理都完毕后，可以再次进入(1)～(7)的操作循环。

操作界面如图 6.10 和图 6.11 所示。

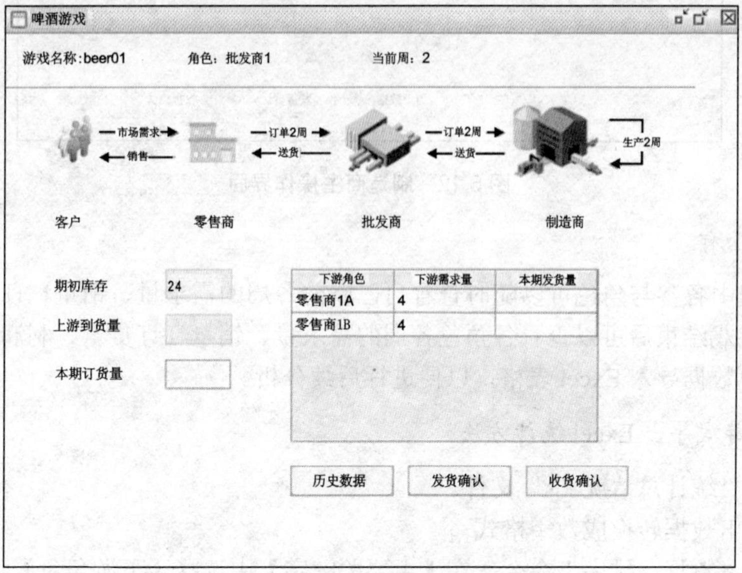

图 6.11　批发商主操作界面

3. 制造商角色操作

进入游戏后，先进入等待界面，等待所有的零售商、批发商在本周的处理都完毕后，可以进入制造商主操作界面。

(1) 在主操作界面可以显示本周的周次、当前(期初)库存量、所有下游(批发商)的本周需求量，这时制造商要先根据下游需求量确认发货量，然后根据期初库存、本周向下游发货量、本周到货量确认本周向上游的订单量。

(2) 根据下游每个批发商的本周需求量，双击本期发货量可以输入本周为每个批发商的发货量，发货量不能大于当前(期初)库存量，不能大于本周下游需求量与下游累计欠货量之和。

(3) 单击【发货确认】按钮，将输入的本周发货量发送给下游。

(4) 系统显示出本周的到货量。

(5) 根据期初库存、本周向下游发货量、本期到货量录入本期向上游的订货量。

(6) 单击【订货确认】按钮，将输入的本期向上游的订货量发送给上游。

(7) 然后系统重新进入等待界面，等待下一周所有的零售商、批发商的处理都完毕后，可以再次进入(1)～(7)的操作循环。

操作界面如图 6.10 和图 6.12 所示。

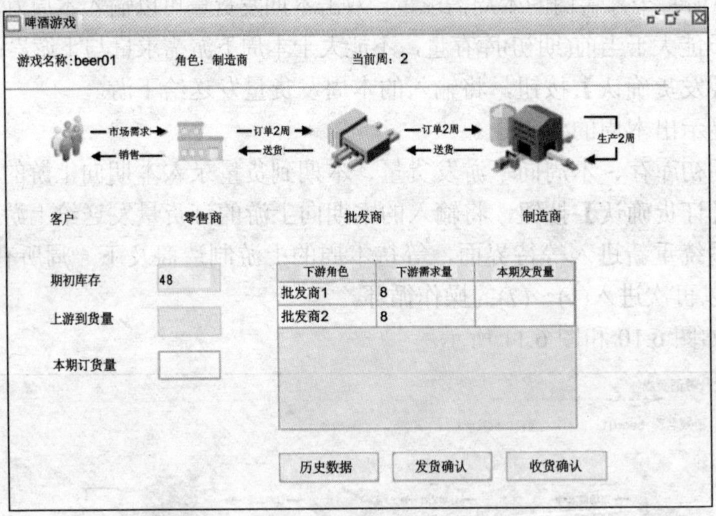

图 6.12　制造商主操作界面

4. 历史查看

游戏过程中各参与角色可以随时查看自己以前各周的需求量、销量、订货量、利润等详细信息，游戏结束后可以查看各角色各周的需求量、销量、订货量、利润等详细信息。也可以将历史数据导入 Excel 表格，以便进行后续分析。

5. 啤酒游戏导出 Excel 统计方法

(1) 打开“统计总情况.xls”文件。

(2) 把导出数据转换成数字格式。

(3) 选择“数据→排序”命令，在【主要关键字】中选择【下游角色】，单击【确定】按钮。

(4) 选择“数据→分类汇总”命令，在【分类字段】中选择【利润】，在【汇总方式】中选择【求和】。

(5) 选择“数据→筛选→自动筛选”命令。

(6) 在下游角色的下拉列表框中，选择不同的角色，观察各周数据。

6. 附件

1) 角色资料卡 A：司机

(1) 司机分为 A、B 共 2 人，其中 A 负责传递零售商与批发商间的订单与发货单，并扮作消费者提供啤酒市场需求量；B 负责传递批发商与制造商间的订货与发货单。

(2) 司机需在一定的时间以信息条形式发布一定的信息：啤酒需求增加的原因(某流行音乐录影带中以“我喝下最后一口情人啤酒，投向太阳。”作为歌曲的结尾)。

信息条发布时间：制造商——第 7 周；零售商——第 8 周；批发商——第 10 周(参见附件)。

(3) 时滞的实现。司机接到订单后，由于多家用户及一定的运输距离，在 2 周后送到批发商或制造商处，批发商或制造商立即发货，司机在 2 周后送到货。

时滞是利用订发货单汇总板来实现的，事先在板上挂好前 2 周的订(发)货单(事先准备好)，然后根据操作流程示意图 2 的步骤完成第 1 周的 2 步。注意订发货单必须从上面插，从最底下取。所有订货、销货和发货均在期初进行。

司机 A、B 确认第 1 周结束，开始第 2 周，游戏将在第 5 周时进入正轨。

司机 A 每一周以信息条形式向零售商发布啤酒市场需求量信息：“第*周，你的顾客向你要货××箱”，具体箱数由司机 A 填写。

2) 角色资料卡 B：零售商

(1) 情人啤酒是你的主营项目，以箱数为单位，每周订货一次，到货一次，所有订发货业务均在期初完成。

(2) 发订单到收到该批货物需时 4 周(如在第 3 周发出的订单，将会在第 7 周送到)。

(3) 标准库存为 12 箱，第 1 周期初，零售商为标准库存。

(4) 与批发商的联系只是通过订发货单由司机 A 来完成。

(5) 每周由教官告知啤酒需求量，同时扮演司机 A 接受你的本周订单，并给你送货(先给货，再接订单)。

(6) 零售商在此游戏中除填写订货单外，还需填写零售商情况表，如表 6-2 所示。

表 6-2　零售商情况表

周次 t	啤酒市场需求量 A	销量 B	本期欠货量(顾客) C	期初库存量 D	批发商送货量 E	本期欠货量(批发商) F	累计欠货量(批发商) G	期末库存量 H	订货量(批发商) I	本期利润 J
1				12						
2										
…										
29										
30										

演练成绩：第____组，零售商____，总利润额____。

表格说明：

(1) 第 t 周的欠货量(顾客)＝第 t 周的啤酒市场需求量－第 t 周的销量，$C(t)=A(t)-B(t)$。

(2) 第 t 周的累计欠货量(批发商)＝第 $t-1$ 周的累计欠货量(批发商)＋第 t 周的本期欠货量(批发商)；$G(t)=G(t-1)+F(t)$。

(3) 第 t 周的期初库存量＝第 $t-1$ 周的期末库存量；$D(t)=H(t-1)$。

(4) 第 t 周的期末库存量＝第 t 周的期初库存量＋第 t 周的批发商送货量－ 第 t 周的本期销量；$H(t)=D(t)+E(t)-B(t)$。

(5) 第 t 周的利润额＝第 t 周销量×10－第 t 周欠货量×2－第 t 周期末库存量×1；$K(t)=B(t)\times5-C(t)\times2-H(t)\times1$。

3) 角色资料卡 C：批发商

(1) 情人啤酒是其主营项目。

(2) 你有固定的 3 个零售商。

(3) 以箱数为单位。

(4) 标准库存为 24 箱(8×3＝24)。

(5) 每周零售商们向你订货一次，订购后大约 4 周后货才可送到。比如，零售商们第 3 周订的货，将会在第 7 周送到。

(6) 每周向制造商订货一次，订单平均需时 4 周，即在你订购后大约 4 周货才可送到。

(7) 与零售商、制造商间联系仅仅是通过订单、送货单，分别由卡车司机 A 和 B 完成。

(8) 卡车司机 A 给你带来各零售商的订单，同时你给零售商们发货；卡车司机 B 给你送货，并接受你的本周订单。

(9) 每次发货量不得大于订单量加累计欠货量。

(10) 每周结束后，批发商计算本期利润额，游戏结束后，各批发商计算总利润额并将结果上报给教官。

批发商在此游戏模拟中需填写表 6-3 和表 6-4。

表 6-3 批发商情况表

批发商发货单	
零售商(如 1A)	
发货时间(第几周)	
发货数量(箱)	
批发商订货单	
批发商(1、2、3、4)	
订货时间(第几周)	
订货数量(箱)	

演练成绩：第____组，批发商____，总利润额____。

表格说明：

(1) 第 t 周的总欠货量(零售商)＝第 t 周的零售商订单总量—第 t 周的本期发货总量；$C(t)=A(t)-B(t)$。

(2) 第 t 周的累计欠货量(制造商)＝第 $t-1$ 周的累计欠货量(制造商)＋第 t 周的本期欠货量(制造商)；$H(t)=H(t-1)+G(t)$。

(3) 第 t 周的累计欠货量(零售商)＝第 $t-1$ 周的累计欠货量(零售商)＋第 t 周的本期欠货量(零售商) $D(t)=D(t-1)+C(t)$。

(4) 第 t 周的期初库存量＝第 $t-1$ 周的期末库存量；$E(t)=I(t-1)$。

(5) 第 t 周的期末库存量＝第 t 周的期初库存量＋第 t 周的制造商送货量－第 t 周的本期发货总量；$I(t)=E(t)+F(t)-B(t)$。

(6) 第 t 周的利润额＝第 t 周送货总量×5－第 t 周累计欠货量×2－第 t 周期末库存量×1；$K(t)=B(t)\times5-D(t)\times2-I(t)\times1$。

(7) 每一周批发商均在周初向零售商发货，周末制造商发来的货物才能到达批发商处。

表 6-4　各零售商订发货情况统计表

周次	零售商 A				零售商 B				零售商 C				零售商 D			
	订货量	发货量	欠货量	累计欠货	订货量	发货量	欠货量	累计欠货	订货量	发货量	欠货量	累计欠货	订货量	发货量	欠货量	累计欠货
1																
2																
…																
30																

4) 角色资料卡 D：制造商

(1) 在某地区由 4 家批发商独家代理。

(2) 以箱数为单位。

(3) 与制造商间联系仅仅是通过订单、送货单，由卡车司机 B(教官)完成；他给你带来各批发商订单，在此同时你给批发商们发货。

(4) 每周批发商们向你订货一次，订单平均需时 4 周，即订购后大约 4 周货才可送到。比如，批发商们第 3 周发出的订单，将会在第 7 周收到货。

(5) 每周制造商都可以对自己生产的啤酒量做一次决定，但注意从决定啤酒生产量到啤酒产出至少需要 2 周。

(6) 保持一定的库存，标准库存为 96 箱。

(7) 在扩大规模前，最低生产水平为 30 箱，最高生产水平为 60 箱，

在扩大规模后，最低生产水平为 60 箱，最高生产水平为 120 箱(注意：扩大生产后，生产量不得低于相应的最低生产能力)。

(8) 每次发货量不得大于订单量加累计欠货量。

(9) 每周结束后，制造商计算本期利润额，游戏结束后，制造商计算总利润额并将结果上报给教官。

制造商在此游戏模拟中需填写表 6-5 和表 6-6。

表 6-5　制造商情况表

周次 t	批发商订单量 A	本期发货量 B	本期发货欠货量 C	累计欠货量 D	期初库存量 E	制造产出量 F	期末库存量 G	计划生产量 H	本期利润 J
1					96	48			
2						48			
…									
30									

演练成绩：第____组，制造商____，总利润额____。

表格说明：

(1) 第 t 周的本期发货欠货量＝第 t 周的批发商订单量－第 t 周的本期发货量；$C(t)=A(t)-B(t)$。

(2) 第 t 周的累计欠货量＝第 $t-1$ 周的累计欠货量＋第 t 周的本期发货欠货量；$D(t)=D(t-1)+C(t)$。

(3) 第 t 周的制造产出量＝第 $t-2$ 周的计划生产量；$F(t)=H(t-2)$。

(4) 第 t 周的期初库存量＝第 $t-1$ 周的期末库存量；$E(t)=G(t-1)$。

(5) 第 t 周的期末库存量＝第 t 周的期初库存量＋第 t 周的制造产出量－第 t 周的本期发货量；$G(t)=E(t)+F(t)-B(t)$。

(6) 每周最低生产量：基本生产能力为 30，扩大生产后生产能力为 60。

每周最高生产量：基本生产能力为 60，扩大生产后生产能力为 120。

注意：扩大生产后，生产量不得低于相应的最低生产能力。

(7) 第 t 周的利润额＝第 t 周发货量×5－第 t 周累计欠货量×2－第 t 周期末库存量×1；$J(t)=B(t)\times 5-D(t)\times 2-G(t)\times 1$。

(8) 每周制造商均在周初向批发商发货，制造商两周前生产的货物在周末时才能进入仓库。

表 6-6 各批发商情况表

周次	批发商：1				批发商：2				批发商：3				批发商：4			
	订货量	发货量	欠货量	累计欠货	订货量	发货量	欠货量	累计欠货	订货量	发货量	欠货量	累计欠货	订货量	发货量	欠货量	累计欠货
1																
2																
…																
30																

5) 啤酒游戏相关附图

啤酒游戏相关附图如图 6.13～图 6.17 所示。

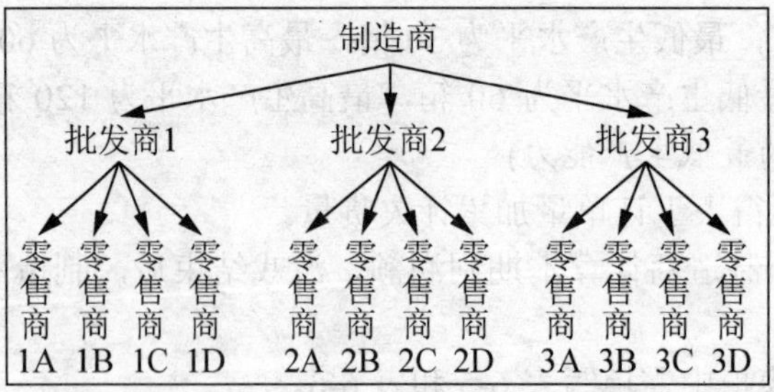

图 6.13 啤酒游戏角色结构示意图

(a) 订单汇总板示意图

图 6.14 订单汇总板示意图

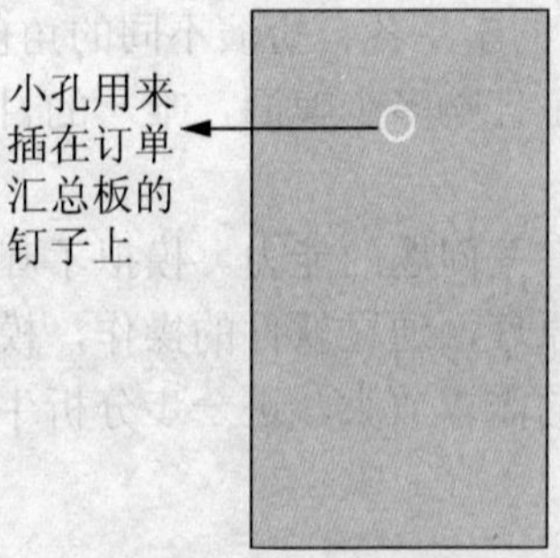

(b) 订单示意图

图 6.14　订单汇总板示意图(续)

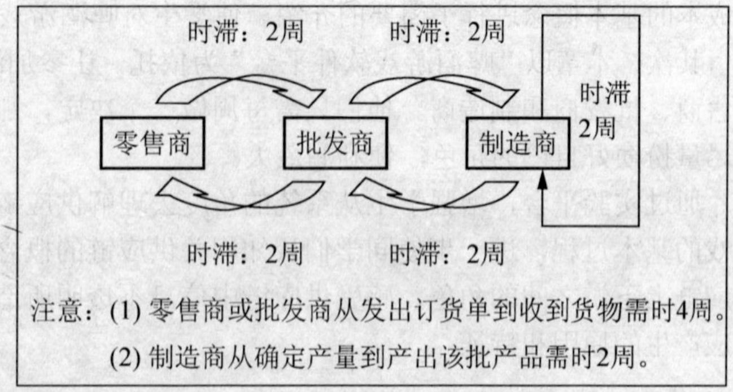

图 6.15　操作流程示意图(1)

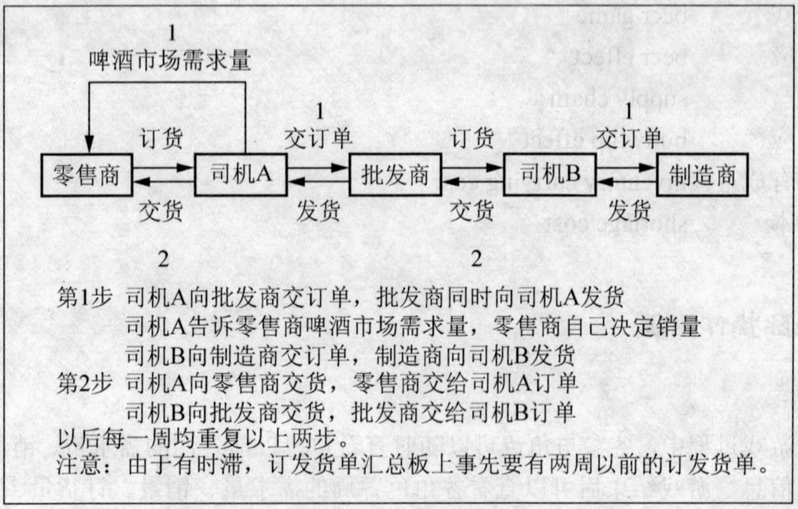

图 6.16　操作流程示意图(2)

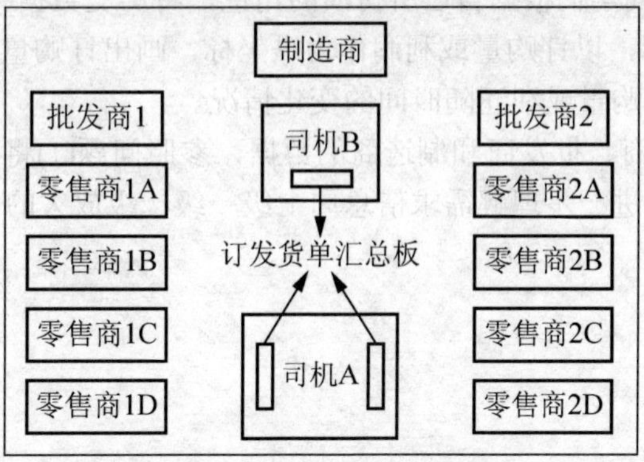

图 6.17　场地布置示意图

本 章 小 结

本章在介绍啤酒游戏的基础上，对游戏涉及的供应链、牛鞭效应、库存持有成本及缺货成本的基本概念进行了简要的介绍，使学生对啤酒游戏有更深刻的理解。

其次，本章以“啤酒游戏软件平台”为依托，让参加游戏的学生各自扮演不同的角色：零售商、批发商和制造商。他们只需每周做一个决定，那便是订购多少啤酒，唯一的目标是尽量扮演好自己的角色，使利润最大。

通过实验平台，增强学生从系统的角度去理解供应链中有关问题的能力。模拟了啤酒游戏的基本过程，进一步使同学们认知相关供应链的概念和原理，通过软件的操作，模拟供应链上下游之间的角色，感受供应链中信息不透明所造成的需求放大，进一步分析牛鞭效应产生的原因和特征。

关键术语

啤酒游戏	beer game
啤酒效应	beer effect
供应链	supply chain
牛鞭效应	bullwhip effect
库存持有成本	inventory carrying cost
缺货成本	shortage cost

实际操作训练

实验报告

在啤酒游戏过程中，各参与角色可以随时查看自己以前各周的需求量、销量、订货量、利润等详细信息，游戏结束后可以查看各角色各周的需求量、销量、订货量、利润等详细信息。

(1) 实验结束后，同学们根据自己所扮演的角色，将历史数据导出到 Excel。

以时间 t 为横坐标，以订购量或利润作为纵坐标，画出订购量或利润随时间的变化趋势，分析自己角色的订购量或利润随时间的变化情况。

(2) 分别导出零售商、批发商和制造商的数据，参照问题(1)将不同角色的订购量或利润画在统一坐标系中，进一步理解需求信息向上级一级一级放大的牛鞭效应问题。

第7章 综合实验：库存管理与风险分担

【教学要点】

- 加深学生对供应链中风险分担的理解与认识，了解常用的风险分担策略，如供应商管理库存模式、联合库存管理等。
- 掌握“风险分担软件”的有关操作。

导入案例

联想集团 VMI 管理

联想集团 VMI 物流项目已正式启动，联想成为国内 IT 界第一个"吃螃蟹"的企业，其物流管理模式也由此脱胎换骨。

VMI 即供应商管理库存，是一种在供应链环境下的库存运作模式，它将多级供应链问题变成单级库存管理问题，相对于按照用户发出订单进行补货的传统做法，VMI 是以实际或预测的消费需求和库存量，作为市场需求预测和库存补货的解决方法，即由销售资料得到消费需求信息，供货商可以更有效地、更快速地适应市场变化和消费需求。

作为近年来在理论与实践上逐步成熟的管理思想，VMI 备受众多国际大型企业的推崇。大型零售商沃尔玛、家乐福是实施 VMI 的先驱，朗科、惠普、戴尔、诺基亚等都是成功实施 VMI 的典范。

目前，联想集团年销量达 300 多万台，名列全世界计算机生产厂商第八位，其业务规模完全达到了 VMI 模式的要求，并已经引起了供应商的重视。在国内 IT 企业中，联想第一个启用 VMI 模式，其在北京、上海、惠阳三地的 PC 生产厂的原材料供应均在项目之中，涉及的国外供应商的数目也相当大。

联想以往的物流运作管理模式是国际上通常使用的看板管理，即由我国香港联想对外订购货物，库存都放在我国香港联想仓库，当国内生产需要时由我国香港公司销售给内地公司，再根据生产计划调拨到各工厂，这样可以最大限度地减少国内材料库存。但是此模式经过 11 个物流环节，涉及多达 18 个内外部单位，运作流程复杂，不可控因素很大。同时，由于订单都是从香港联想发给供应商，所以大部分供应商在香港交货，而联想的生产信息系统只在内地的公司使用，所以生产厂统计的到货准时率不能真实反映供应商的供货水平，导致不能及时调整对供应商的考核。

按照联想 VMI 项目的要求，联想将在北京、上海、惠阳三地工厂附近设立供应商管理库存，联想根据生产要求定期向库存管理者即作为第三方物流的伯灵顿全球货运物流有限公司发送发货指令，由第三方物流公司完成对生产线的配送，从其收到通知，进行确认、分拣、海关申报及配送到生产线，时效要求为 2.5 小时。该项目将实现供应商、第三方物流与联想之间货物信息的共享与及时传递，保证生产所需物料的及时配送。实行 VMI 模式后，将使联想的供应链大大缩短，成本降低，灵活性增强。VMI 项目涉及联想的国际采购物料，为满足即时生产的需要，供应商库存物料在进口通关上将面临很多新要求，如时效、频次等。因此，海关监管方式对于 VMI 模式能否真正提高物流效率至关重要。

针对联想所提出的 VMI 物流改革方案，北京海关与联想集团多次探讨，具体参与并指导联想集团对供应商管理库存模式的管理。北京海关改革了传统的监管作业模式，在保税仓库管理、货物进出口、货物入出保税仓库、异地加工贸易成品转关等方面采取了相应监管措施。

在物流方面，货物到港后，北京海关为其提供预约通关、担保验放等便捷通关措施，保证货物通关快速畅通：同时与其他海关配合协调，实现供应商在境内加工成品的快速转关、避免所需货物"香港一日游"。另外，北京海关与深圳海关加强协调，双方起草了"VMI 货物监管草案"。

在信息系统方面，海关通关作业系统、保税仓库管理系统与联想、第三方物流企业间的电子商务平台建立连接，实现了物流信息的共享，既方便作业又强化海关的监管，联想根据生产要求向第三方物流企业发出货物进口、出库、退运等各种指令后，由第三方物流公司向海关提出相应申请。海关接到审批查验后，由第三方物流企业完成货物出库、物流配送及出口报关、装运。据预测，VMI 项目启动后，将为联想的生产与发展带来可观的效益：一是联想内部业务流程将得到精简；二是使库存更接近生产地，增强供应弹性，更好地响应市场需求变动；三是改善库存回转，进而保持库存量的最佳化，因库存量降低，减少了企业占压资金；四是通过可视化库存管理，能够在线上监控供应商的交货能力。

资料来源：http://wenku.baidu.com/view/be20fc00eff9aef8941e0618.html

【问题与思考】

1. 联想原有库存管理模式是如何实现的？存在哪些不足？
2. VMI风险分担模式给联想带来了哪些好处？

7.1.1 实验目的

教师讲解“风险分担”相关的概念和原理，帮助学生了解供应商管理库存、联合库存管理、需求变动平均值和标准方差、固定周期订货模型等供应链关键词及其原理。学生通过操作“风险分担游戏软件”，进一步认知相关的供应链概念和原理，通过软件中需求变动参数、库存策略参数、收入成本参数的调整，感受在不同的供应链环境下通过“风险分担系统”所带来的优势。

7.1.2 实验准备

1) 教师准备

通过“金文第三方物流系统”中的风险分担软件实验平台，对此项实验所需的用户资料、情景数据、实验任务的后台配置进行完善。

2) 学生准备

结合课堂所学知识，了解常见的风险分担运营模式。

7.1.3 背景知识

1. 风险分担

“风险分担”是供应链管理中的一个重要概念。风险分担表明在复杂和不确定的销售需求情况下，如果在一个地区内，一部分零售商的需求比地区平均库存高，另外一部分零售商的需求比地区平均库存低，通过风险分担概念，把各零售商的需求联合起来处理，通过高需求和低需求的抵消，可以降低需求的变动性。

2. 供应商管理库存

供应商管理库存(vendor managed inventory，VMI)是一种供应链集成化运作的决策代理模式，它把用户的库存决策权代理给供应商，由供应商代理分销商或批发商行使库存决策的权力。

VMI是一种在供应链环境下的库存运作模式，本质上，它是将多级供应链问题变成单级库存管理问题，相对于按照传统用户发出订单进行补货的传统做法。供应商管理库存是以实际或预测的消费需求和库存量，作为市场需求预测和库存补货的解决方法，即由销售资料得到消费需求信息，供货商可以更有效地计划、更快速地对市场变化和消费需求反应。

近年来，为了降低库存成本，整合供应链资源，越来越多的企业开始尝试一种新型的供应链管理模式——供应商管理库存，特别是在零售行业中，零售商长期以来饱受“牛鞭效应”的苦恼，长期以来销售某种产品，为了保证产品销售的连续性，零售商一直独自管理产品库存，单独承担库存成本，而产品一直由几家供应商负责供应，为了保证自己在市场营销方面的核心竞争力和加强企业间合作程度，同时降低成本，抑制“牛鞭效应”，重新整合企业资源，零售商决定实施供应商管理库存的供应链战略来进行企业之间的联盟。

供应商管理库存的前期准备阶段主要体现在战略层次上，包括采取哪种供应商管理库存形式，选定某一个供应商作为自己实施的合作伙伴，制定相互之间的契约关系以及供应的目标。

供应商管理库存的实施阶段是最为重要和复杂的。它主要体现在战术层次上，包括适应供应商管理库存模式的组织机构变革，买方企业和自己的合作伙伴供应商共同组建一个工作团队，设立一些新的职能部门，以及整个供应商管理库存是如何具体运作的。

供应商管理库存的评估，根据双方企业实施供应商管理库存之前制定的目标，确定一些经济指标，对实施前后作一个对比，如果达到预期效果就进入全面实施阶段，如果达不到就返回到供应商管理库存实施阶段，进行改进和完善，直至通过再进入供应商管理库存的全面实施阶段。

1) 供应商管理库存的前期准备

(1) 实施供应商管理库存的目标分析。根据供应商管理库存的经济效益和库存分析，双方企业的目标主要在以下几个方面：①降低供应链上产品库存，抑制牛鞭效应；②降低买方企业和供应商的成本，提升利润；③保证企业的核心竞争力；④提高双方合作程度和忠诚度。

(2) 供应商管理库存协议的制定有以下方面。

① 整个供应商管理库存所做出的额外投资的成本由买方企业和供应商按比例共同承担。

② 实施供应商管理库存所带来的供应链利益的上升，应由双方共享：特别是在双方企业实施供应商管理库存的前期阶段，可能会使得供应链上升的利润大部分被买方企业所攫取，所以在短期内，买方企业应该让渡部分利润给供应商来保证他实施供应商管理库存的积极性和信心。

③ 在整个供应商管理库存实施的过程中，规定一系列条款来规范双方企业的行为，如例外条款的拟订，一旦出现意外事件需要及时通告双方，包括通告的渠道和方式；付款条款的拟订，包括付款方式、付款期限的规定等；罚款条约的拟订，包括供应商如果在运输配送中出现差错，将如何对其实施罚款，买方企业如果传送错误的产品销售信息将如何对其实施罚款等。

④ 关于操作层面的协议：供应商和买方企业通过协议，来确定实施供应商管理库存过程中前置时间、订单处理时间、最低到货率、补货点等一系列操作层面的问题。

(3) 实施供应商管理库存的资源准备。这是实施供应商管理库存所必需的一些支持，主要包括以下内容。

① 电子数据交换系统(EDI)，它可以降低成本，美国通用汽车通过实施该系统，每年大概可以获得 12.5 亿美元的成本节约。

② 自动销售点信息系统，实施该系统提高了资金的周转率，可以避免缺货现象，使库存水平合理化。

③ 条形码技术，它的应用不仅提供了一套可靠的代码标示体系，还为供应链各结点提供了通用语言，解决了数据录入和数据采集经常出现的“瓶颈”问题，为供应商管理库存

的实施提供了有力支持。

除此之外，还包括实施供应商管理库存所必需的物流方面的配套支持以及产品的仓储和运输配送等。

2) 供应商管理库存的实施

(1) 实施供应商管理库存的信息沟通。实施供应商管理库存，首先必须拥有一个良好的信息沟通平台，需要在原有企业拥有的 EDI 的基础上，重新整合原有的 EDI 资源来构建一个适合于供应商管理库存的信息沟通系统。

(2) 供应商管理库存的工作流程设计。买方企业和供应商实施 VMI 后，必须进行针对 VMI 的工作流程来保证整个策略的实施。

整个供应商管理库存的实施都是透明化的，买方企业和供应商可以随时监控，主要由两个部分组成。

① 库存管理部分：是由销售预测和库存管理以及供应商生产系统共同组成的。因为实施供应商管理库存之后，这几个部分的工作主要由供应商和买方企业共同相协调来完成，所以我们把这几个部分归为一种模块来处理。

首先从买方企业处获得产品的销售数据，然后和当时的库存水平相结合及时传送给供应商，由供应商的库存管理系统做出决策，如果供应商现有的仓储系统能够满足库存管理系统做出决策所需要的产品数量，就直接由仓储与运输配送系统将产品直接及时配送给买方企业，如果供应商现有的仓储系统不能够满足库存管理系统做出决策，就必须通知生产系统生产产品后再通过运输与配送系统及时将产品配送给买方企业。其中，在正式订单生成前，还应该交由买方企业核对，调整后再得出最后订单。

② 仓储与运输配送系统：一方面负责产品的仓储、产品的分拣入库以及产品的保存；另一方面，负责产品的运输配送，产品按要求及时送达买方企业手中，同时负责编排尽量符合经济效益的运输配送计划，如批量运输和零担运输的选择，运输的线路和时间编排以及承载量的安排等。

(3) 供应商管理库存的组织结构调整。买方企业和供应商实施供应商管理库存后，为了适应新的管理模式，需要根据供应商管理库存的工作流程来对组织机构进行相应的调整。

因为供应商管理库存毕竟是对原有企业管理策略的一种“否定”，在双方企业之间肯定会有工作和职能上的合作和调整，所以为了保证供应商管理库存能够正常的运行，就有必要设立一个供应商管理库存协调与评估部门，主要的作用在于以下几个方面。

① 原有企业之间的人员在实施供应商管理库存后，可能会因为工作上的合作而导致利益冲突，所以供应商管理库存协调与评估部门就可以制定一系列的工作标准来协调和解决这些问题，可以作为双方企业之间沟通的桥梁。

② 因为实施供应商管理库存后，原有工作岗位就会适当合并和调整：如原有的买方企业库存和仓储人员的工作岗位再安排，他们可能会认为现有的供应商管理库存威胁到自己，所以供应商管理库存协调与评估部门就应该做好他们的工作，对他们的工作做出适当的安排和调整。

③ 对供应商管理库存的实施进行监控和评估，以提供合理科学的管理信息给企业高层，作为企业高层对企业调整的重要依据。

(4) 供应商管理库存实施过程中应注意的问题。

① 双方企业合作模式的发展方向问题。双方企业管理高层应该进一步加强企业之间的

合作和信任，供应商管理库存原本由快速反应(quick response，QR)、有效客户反应(effective customer response，ECR)等供应链管理策略发展而来，由于买方企业相对供应商来说是产品的需求方，所以在整个 VMI 策略实施中占主导地位，但随着双方企业合作越来越紧密，双方企业互相依赖，所以随着时间的推移，双方企业相互之间的地位也会趋于均衡，所以供应商管理库存也应当做出适当调整，一种新的供应商管理模式——联合计划预测补充很可能是 VMI 的发展方向。它和供应商管理库存主要的区别在于，它所涉及的双方企业的涵盖面更加宽广，不像供应商管理库存那样主要只涉及双方企业的销售、库存等系统，而且双方企业的地位更加均衡，可以说它应该是买方企业和供应商在长期实施供应链策略的长期选择方向。

② 产品采购数量和采购价格的调整问题。在实施供应商管理库存的期初阶段，由于客观市场环境的影响，终端市场产品的需求可能不会因为实施供应商管理库存后而发生比较大的变化，加上买方企业不会在刚刚实施供应商管理库存后，就对供应商的采购价格做出上升调整，所以，期初阶段实施供应商管理库存所带来的利益大部分被买方企业所攫取了，而在长期实行全面供应商管理库存后，买方企业会因为自己成本的下降，利用自己的核心竞争力——市场营销能力来调整自己的产品销售价格来获得更多市场份额，获得更多的消费者。那么，双方企业的采购价格和数量就会做出调整，调整的方式主要通过事先双方企业签署协议来达成，但在长期实施 VMI 过程中，调整的频率可能会比较大，所以双方企业都应该对采购的数量价格频繁变化做好充分的准备，以免在签署协议时产生矛盾和不信任。

③ 长期利益分配问题。长期实施供应商管理库存后，双方企业的利润相对于实施供应商管理库存之前，都会得到提高，但买方企业和供应商获得利益的上升却“不平等”。从整个供应商管理库存实施的过程来看，供应商承担了大部分的工作，虽然双方企业在实施前达成协议对实施供应商管理库存所需要的投资共同分担，但大部分的好处仍然被买方企业据为所有，这主要是因为买方企业相对供应商来说是产品的需求方，在整个供应链中它属于上游企业，在整个供应链管理中占主导地位，在长期内，全面实施供应商管理库存的过程中，双方企业应该对整个利润的分配在责权对等的基础上分配。分配可以根据双方企业的会计财务系统、双方企业成本大小按比例通过签署协议来执行，分配的方式多种多样，有通过实物(如投资设备)的分配，人员培训的分配或者直接的现金分配。

④ 实际工作的不断调整问题。因为供应商管理库存所带来的效益并非一朝一夕就显现出来(买方企业可能除外)，所以实施必将是一个长期的过程。因此，在长期实施供应商管理库存时，双方企业的实际工作应该不断调整来适应整个供应商管理库存的实施。

a. 产品管理应该向标准化、一致化发展。比如产品的包装、规格及质量体系应该统一口径，这样不但可以减少双方企业之间的误会，同时也使产品售后服务有据可依。

b. 员工交流和培训。因为供应商管理库存模式本身就是企业之间的协议合作模式，人员的交流和培训是必不可少的，双方企业可以定期互派员工到企业中参观和学习，进一步熟悉自己的合作伙伴，也可以通过员工之间的联谊来交流企业文化，以便增加双方企业之间的信任感，这些都可以通过企业之间的协调部门来执行。

c. 库存系统的进一步融合，真正做到 JIT(just in time，JIT)化的库存管理。如检查周期、库存维持水平、订货点水平、订单的处理和传送等一系列关于库存管理的内容，应该根据双方企业信息系统提供的准确信息不断调整。

d. 仓储和运输配送系统。刚开始实施时，仓储和运输配送可以通过第三方物流形式来执行，也可以通过自己原有的仓储和配送资源来执行，但双方企业考虑长期实施供应商管理库存的话，可以考虑通过自己原有的资源来执行仓储和运输配送，因为这样与第三方物流服务相比，双方企业的管理层能够更好地整合自己所有的资源，充分利用资源，减少资源的浪费，避免低效率。

3) 供应商管理库存的实施评估

在实施初始阶段，会有不确定性因素的存在，这样就会导致供应商管理库存开始实施时，可能不会达到双方企业的预期目的，所以我们设立一个供应商管理库存的评估体系来对供应商管理实施进行评估，然后对其进行调整和完善，以便在长期内全面地实施供应商管理库存。同时还需要制定一个评估的时间周期，通常在供应商管理库存系统的建设阶段也就是实施初期会比较频繁，双方企业需要采用一致的评估口径和基准，这样才能保证对供应商管理库存的实施效果有比较客观的评估。

具体评估过程如下。

(1) 确定评估的目标对象：供应商管理库存的实施。

(2) 确定评估的指标：主要是根据供应商管理给买方企业和供应商可以带来的利益进行设立。

① 产品库存水平满意度(0～100%)。

② 节约成本满意度(0～100%)。

③ 产品的到货率(0～100%)。

④ 双方企业合作与信任满意度(0～100%)。

⑤ 双方企业各个核心竞争力保护满意度(0～100%)。

上述指标的获得方式可能通过整个供应商管理库存的工作人员根据实施过程调查综合评定得出。

(3) 确定评估指标在整个评估系统的中权重。各指标权重分别代表上述评估指标在整个供应商管理库存中的重要程度。

因为供应商管理库存最直接最明显的作用就是减少库存和节约成本，所以我们对产品库存水平满意度的权重和节约成本满意度权重分别设立较高的权重，如分别为30%和30%，产品到货率的权重可以设为20%，而双方企业合作与信任满意度权重以及双方企业各个核心竞争力保护满意度权重可以设为10%和10%。

上述指标权重获得的方式可以通过管理专家或企业的高层管理人员根据企业的战略目标综合评定得出。

(4) 评价的等级与量化数据。一般而言，我们设立4个等级：优、良、中、差，而等级的量化数据是与等级相对应的，一般而言设为：优，80～100；良，70～80；中，60～70；差，0～60。

通过评估系统对供应商管理库存实施前后进行评估，如果实施供应商管理库存后的效果比较理想，就可以进行下一个阶段，继续实施供应商管理库存，如果得出的评估结果不满意，就必须对实施的过程进行完善和调整，直到得出理想的结果。

(5) 实际工作的不断调整问题。供应商管理库存的实施是一个长期动态的过程，因此，双方企业在实际工作中，应该不断地调整来适应整个供应商管理库存的实施。

3. 联合库存管理

联合库存管理(jointly managed inventory，JMI)是一种风险分担的库存管理模式。以地区分销中心为例，传统的分销模式是分销商根据市场需求直接向制造商订货，需要经过较长时间才能达到，由于顾客不愿等待太久，因此各个推销商不得不进行库存备货，而大量的库存使推销商难以承受，以至于破产。而采用地区分销中心，就大大减缓了库存浪费的现象。采用分销中心后，各个销售商只需要少量的库存，大量的库存由地区分销中心储备，也就是各个销售商把其库存的一部分交给地区分销中心负责，从而减轻了各个销售商的库存压力。分销中心就起到了联合库存管理的功能，分销中心既是一个商品的联合库存中心，同时也是需求信息的交流与传递枢纽。

1) 联合库存管理概述

比较传统的库存管理方式，近年来出现了一种新的供应链库存管理方法，联合库存管理。这种库存管理策略打破了各自为政的库存管理模式，有效地控制了供应链的库存风险，是一种新的有代表性的库存管理思想。

联合库存管理是一种在供应商管理库存的基础上发展起来的上游企业和下游企业权利责任平衡和风险共担的库存管理模式。联合库存管理强调供应链中各个结点同时参与，共同制订库存计划，使供应链过程中的每个库存管理者都从相互之间的协调性考虑，保持供应链各个结点之间的库存管理者对需求的预期保持一致，从而消除了需求变异放大现象。

联合库存管理的优点主要有以下几点。

(1) 由于联合库存管理将传统的多级别、多库存点的库存管理模式转化成对核心制造企业的库存管理，核心企业通过对各种原材料和产成品实施有效控制，就能达到对整个供应链库存的优化管理，简化了供应链库存管理运作程序。

(2) 联合库存管理在减少物流环节、降低物流成本的同时，提高了供应链的整体工作效率。联合库存可使供应链库存层次简化和运输路线得到优化。在传统的库存管理模式下，供应链上各企业都设立自己的库存，随着核心企业的分厂数目的增加，库存物资的运输路线将呈几何级数增加，而且重复交错，这显然会使物资的运输距离和在途车辆数目增加，其运输成本也会大大增加。

(3) 联合库存管理系统把供应链系统管理进一步集成为上游和下游两个协调管理中心，从而部分消除了由于供应链环节之间不确定性和需求信息扭曲现象导致的库存波动。通过协调管理中心，供需双方共享需求信息，因而增强了供应链的稳定性。

从供应链整体来看，联合库存管理减少了库存点和相应的库存设立费及仓储作业费，从而降低了供应链系统总的库存费用。

供应商的库存直接存放在核心企业的仓库中，不但保障核心企业原材料、零部件供应、取用方便，而且核心企业可以统一调度、统一管理、统一进行库存控制，为核心企业快速高效的生产运作提供了强有力的保障条件。

(4) 这种库存控制模式也为其他科学的供应链物流管理(如连续补充货物、快速反应、准时化供货等)创造了条件。

2) 联合库存管理的缺点

联合库存管理的缺点如下：①建立和协调成本较高；②企业合作联盟的建立较困难；③建立的协调中心运作困难；④联合库存的管理需要高度的监督。

3) 联合库存管理与供应商的区别

联合库存管理是解决供应链系统中由于各结点企业的相互独立库存运作模式而导致的需求放大现象，提高供应链同步化程度的一种有效方法。联合库存管理和供应商库存管理不同，它强调双方同时参与，共同制订库存计划，使供应链过程中的每个库存管理者(供应商、制造商、分销商)都从相互之间的协调性考虑，保持供应链相邻的两个结点之间的库存管理者对需求的预期保持一致，从而消除了需求变异放大现象。任何相邻结点需求的确定都是供需双方协调的结果，库存管理不再是各自为政的独立运作过程，而是供需连接的纽带和协调中心。

4) 联合库存管理的实施策略

(1) 建立供需协调管理机制。为了发挥联合库存管理的作用，供需双方应从合作的精神出发，建立供需协调管理机制，明确各自的目标和责任，建立合作沟通的渠道，为供应链的联合库存管理提供有效的机制。没有一个协调的管理机制，就不可能进行有效的联合库存管理。建立供需协调管理机制，要从以下几个方面着手。

① 建立共同合作目标。要建立联合库存管理模式，供需双方必须本着互惠互利的原则，建立共同的合作目标。为此，要理解供需双方在市场目标中的共同之处和冲突点，通过协商形成共同的目标，如用户满意度、利润的共同增长和风险的减少等。

② 建立联合库存的协调控制方法。联合库存管理中心担负着协调供需双方利益的角色，起协调控制器的作用。因此，需要对库存优化的方法进行明确的确定。这些内容包括库存如何在多个需求商之间调节与分配，库存的最大量和最低库存水平、安全库存的确定，需求的预测等。

③ 建立一种信息沟通的渠道或系统。信息共享是供应链管理的特色之一，为了提高整个供应链需求信息的一致性和稳定性，减少由于多重预测导致的需求信息扭曲，应增强供应链各方对需求信息获得的及时性和透明性。为此，应建立一种信息沟通的渠道或系统，以保证需求信息在供应链中的畅通和准确性。要将条形码技术、扫描技术、POS 系统和 EDI 集成起来，并且要充分利用 Internet 的优势，在供需双方之间建立一个畅通的信息沟通桥梁和联系纽带。

④ 建立利益的分配、激励机制。要有效运行基于协调中心的库存管理，必须建立一种公平的利益分配制度，并对参与协调库存管理中心的各个企业(供应商、制造商、分销商或批发商)进行有效的激励，防止机会主义行为，增强协作性和协调性。

(2) 发挥两种资源计划系统的作用。为了发挥联合管理库存的作用，在供应链库存管理中应充分利用目前比较成熟的两种资源管理系统：MRPII 和 DRP。原材料库存协调管理中心应采用制造资源计划系统 MRPII，而在产品联合库存协调管理中心则应采用物资资源配送计划 DRP。这样在供应链系统中把两种资源计划系统很好地结合起来。

(3) 建立快速反应系统。快速反应系统是在 20 世纪 80 年代末由美国服装行业发展起来的一种供应链管理策略，目的在于减少供应链中从原材料到用户过程的时间和库存，最大限度地提高供应链的运作效率。

快速反应系统在美国等西方国家的供应链管理中被认为是一种有效的管理策略，经历了 3 个发展阶段。第一阶段为商品条码化，通过对商品的标准化识别处理加快订单的传输速度；第二阶段是内部业务处理的自动化，采用自动补库与 EDI 系统提高业务自动化水平；第三阶段是采用更有效的企业间的合作，消除供应链结点企业之间的障碍，提高供应链的整体效率，如通过供需双方合作，确定库存水平和销售策略等。

目前在欧美等西方国家，快速反应系统应用已到达第三阶段，通过联合计划、预测与补货等策略进行有效的用户需求反应。美国的 Kurt Salmon 协会调查分析认为，实施快速反应系统后供应链效率大有提高：缺货大大减少，通过供应商与零售商的联合协作保证 24 小时供货；库存周转速度提高 1～2 倍；通过敏捷制造技术，企业的产品中有 20%～30%是根据用户的需求而制造的。快速反应系统需要供需双方的密切合作，因此协调库存管理中心的建立为快速反应系统发挥更大的作用创造了有利的条件。

(4) 发挥第三方物流系统的作用。第三方物流系统是供应链集成的一种技术手段。第三方物流系统又称物流服务提供者(logistics service provider，LSP)，它为用户提供各种服务，如产品运输、订单选择、库存管理等。第三方物流系统的产生是由一些大的公共仓储公司通过提供更多的附加服务演变而来，另外一种产生形式是由一些制造企业的运输和分销部门演变而来。

4. 安全库存

安全库存(safety stock，又称保险库存)是指当不确定因素(订货期间需求增长、到货延期等)已导致更高的预期需求或导致完成周期更长时的缓冲存货，安全库存用于满足提前期需求。在给定安全库存的条件下，平均存货可用订货批量的一半和安全库存来描述。

安全库存的确定是建立在数理统计理论基础上的。首先，假设库存的变动是围绕着平均消费速度发生变化，大于平均需求量和小于平均需求量的可能性各占一半，缺货概率为 50%。

安全库存越大，出现缺货的可能性越小；但库存越大，会导致剩余库存的出现。应根据不同物品的用途以及客户的要求，将缺货保持在适当的水平上，允许一定程度的缺货现象存在。安全库存的量化计算可根据顾客需求量固定、需求量变化、提前期固定、提前期发生变化等情况，利用正态分布图、标准差、期望服务水平等求得。

1) 安全库存的原则

安全库存的原则如下：①不缺料导致停产(保证物流的畅通)；②在保证生产的基础上做最少量的库存；③不呆料。

2) 确定需要安全库存的物料

运用 ABC 分析法确定了物料的 A、B、C 等级后根据 A、B、C 等级确定库存。

A 类料：一般属于成本较高，占整个物料成本的 65%左右，可采用定期定购法，尽量没有库存或只做少量的安全库存，但需在数量上做严格的控制。

B 类料：属于成本中等，占整个物料成本的 25%左右，可采用经济定量采购的方法，可以做一定的安全库存。

C 类料：其成本最少，占整个物料成本的 10%左右，可采用经济定量采购的方式，不需要做安全库存，根据采购费用和库存维持费用之和的最低点，确定一次的采购量。

降低“安全”库存的方法主要有：订货时间尽量接近需求时间；订货量尽量接近需求量；库存适量。

但是与此同时，由于意外情况发生而导致供应中断、生产中断的危险也随之加大，从而影响到为顾客服务，除非有可能使需求的不确定性和供应的不确定性消除，或减到最小限度。这样，至少有 3 种具体措施可以考虑使用。

(1) 改善需求预测。预测越准，意外需求发生的可能性就越小。还可以采取一些方法鼓励用户提前订货。

(2) 缩短订货周期与生产周期，这一周期越短，在该期间内发生意外的可能性也越小。

(3) 减少供应的不稳定性。其中途径之一是让供应商知道生产计划，以便它们能够及早做出安排。

3) 安全库存问题的应对措施

一般来说，厂商要处理两种流：物流和信息流。公司内部间的隔阂影响了信息的有效流通，信息的成批处理使得公司内“加速原理”生效，需求信息经常被扭曲或延迟，从而引起采购人员和生产计划制定者的典型反应——“前置时间或安全库存综合症”。该效应继续加强，直到增加过量，相应的成本同时随之上升。

过剩的生产能力不断蔓延至整条供应链，扭曲的需求数据开始引起“存货削减综合症”，厂商不得不选择永久降低产品的销售价格，侵蚀企业的盈利。前一种效应引起过量的存货，公司为了求出路又导致后一种结果，不进行流程改变，这两种效应将持续存在并互相推动。

在市场成长期，两种效应的结合所带来的后果常被增长的需求所掩盖，厂商可以生存甚至兴旺而不顾及震荡周期的存在：一段时间内，全力处理存货；另一段时间内却又不顾成本的加速生产。当市场进入平稳发展或下降期后，厂商开始一步步走向衰亡。在目前企业与企业存在隔阂甚至企业内各部门之间也存在隔阂的情况下，信息传递滞后、反应缓慢、成批处理和不确定性是造成上述两种效应的深层原因，应对的根本也在于减少组织隔阂、加强信息疏导并能做到迅速反应。

许多厂商已经意识到供应链中所蕴含的巨大商机，并希望借此获得新一轮竞争中的先发优势，但新的运作理念要求新的运作模式与之相匹配。从供应链管理的思想出发，根据前面的分析结果有针对性地给出了7条重要解决措施。

(1) 实施柔性化组织管理。实施柔性管理是现代企业提高其竞争力的重要手段，处于供应链上的企业特别是核心企业必须提高其所在供应链的柔性以提高其竞争能力。厂商的柔性化组织通过快速调整生产达到高效运作以支持其企业和分销网络，避免企业陷入困境并加速产品上市。当厂商面向高效的供应链运作时，又可同时获得内部和外部的效率。内部效率也是供应链运作效率的关键驱动力之一，指的是灵活，而不是经济规模大小，对工厂和分销网络进行投资有助于实现灵活性；而在厂商的外部，供应商的效率则是供应链绩效的关键。

(2) 建立联盟与合作。成功的战略联盟和战略合作伙伴关系也是供应链成功的基础。厂商应该关注整个供应链并减少供应商数量，通过实施供应商评估计划限制其数量，找出高质量运作的供应商，更密切和高效地合作，保证无论何时何地需要哪一种高质量的产品，都能及时运到。随着向单一供应商趋势的发展，厂商需要向合作伙伴全面披露诸如财务绩效、利益分配策略和联合设计的工作计划等信息，并与其建立相对一致的文化。根据一致的预测开展工作，使用一致的信息技术系统。供应商则须能连接到消费者系统以获得详细的运输数据、生产计划以及任何其他所需要的信息。联盟伙伴以整体的力量参与市场竞争，需要确保联盟的管理机制。一般在联盟中确立市场影响力最大的企业为核心企业，使联盟整体随市场因素的变化而调整战略。成功的战略联盟或伙伴关系必须建立在完全信任、忠诚、双赢、共同目标和协作的基础上，而促成联盟谈判应建立在公平的前提下。

(3) 供应链间的协调尤为重要。每个厂商可能涉及几条供应链，而每一条很可能有不同的商业需求，在给不同的供应链分配使用一些共同的资源时，必要的协调就显得十分重要。把既定大小的蛋糕公平地分给每个成员，远不如将蛋糕做大后再进行分配更令大家满意。因此，成功的协调应建立在供应链价值增值的基础上，其中最关键的因素是预测需求的能力，协调的目标受需求影响，与公司大小无关。

(4) 提高信息沟通效率。供应链的一个重要功能就是传递信息，将最终用户的信息传回到生产商处尤其重要，这可以优化消费者对产品的需求信息，提高生产运作。另外，提高成员内部以及它们之间的信息(包括新产品开发、产品改进、成本、需求、供给以及原材料等)沟通可以降低供应链上的不确定性和存货水平。在此基础上的理想买卖关系则可理顺整条供应链。

(5) 建立渠道竞争优势厂商。想在行业中获得并保持竞争优势不是一件容易的事情，竞争压力迫使企业必须时刻保持效率。许多厂商把供应链管理看做实现竞争优势的一种手段，希望将生产成本推给供应商，以剔除部分劳动成本。这种削减成本的策略提高了整个供应链竞争效率。同时，厂商变得越来越重视市场渠道，它们在观察整个渠道的活动是如何影响企业运作的。近年来，渠道的力量正移向零售商。分销渠道中零售商力量的增强是由一些大的零售商带动起来的。

(6) 外包非核心业务可以使企业获得成本效率。这种策略使得供应链中物流或生产的责任位于最有能力获得成功的成员那里，每个厂商都把有限的资源投入到自己最具核心竞争力的业务上，充分利用专业化和分工带来的好处。许多厂商现在将配送外包，并能通过第三方跟踪每一项业务。

(7) 加强存货管理。过去，为了避免断货风险，大量存货普遍存在于商业流通中。随着不断地发展，许多厂商发现存货是成本的重要组成部分，它们更愿意将存货放在生产商处，使供应商管理库存成为存货管理的一个趋势。在这种体系下。存货被推回到供货商那里，降低了供应链上其他成员的存货投资和风险。另外，对存货的快速响应导致产品生命周期变短，这种快速响应系统在消费者需要时，总可以提供适当数量的产品，从而提高了消费者服务，同时也提高了生产商的存货周转。

5. 需求变动平均值

当需求的其他影响因素不变时，价格变动所引起的需求数量变化，称为需求量的变动。需求变动的平均值可由简单平均、移动平均或指数平滑法得出。

简单平均法是依据简单平均数的原理，将预测对象过去各个时期的数据平均，以这个平均数作为预测值。这个方法只适用于没有明显波动或较大增减变化的事件的预测。

移动平均法是不断向前移动的 n 个数据的平均的方法，它通过引进越来越近的新数据，不断修改平均值作为预测值，这样就可以反映数值的变化趋势。

指数平滑法是根据本期的实际值和过去对本期的预测值，预测下一期数值，它反映了最近时期事件的数值对预测值的影响。这是一种在移动平均法的基础上发展起来的特殊的加权平均法。

6. 标准偏差

标准偏差(standard deviation)是指一种量度数据分布的分散程度的标准，用以衡量数据值偏离算术平均值的程度。标准偏差越小，这些值偏离平均值就越少，反之亦然。标准偏差的大小可通过标准偏差与平均值的倍率关系来衡量。

销售量的标准偏差公式为

$$\sigma_s = \mathrm{SQRT}(\sum fd^2/(n-1))$$

式中：σ_s——日销售量的标准偏差；

f——事件的频率；

d——事件与平均值的偏差；

n——总观察数。

7. 固定订货周期的模型

固定订货周期的模型所得出的订货数量，各期都不相同，要视其耗用速度的大小来定。

从经营角度来看，在很多情况下宁可每到一定的周期去检查一下存储并编制补充储备的订单，而不采用待存储降至再订货点时发出订单的办法。特别是这种方法便于计划工作，因为计划工作人员很容易记住，从某供货单位来的物料每两周要计算一次；另外它有利于降低订购费与运输费用，因为从同一卖主那里购买的几种物料可以同时订购与发运。

但是一般来说，固定订货周期采购制度比固定订货量的制度需要有更多的储备量。这是因为在定量采购制度下，是经常不断地监控经济订货量，一旦到达订货点时立即发出订单。相反在固定订货周期模型中，存储量仅仅按照规定的时间进行统计和记录，因此在两次检查的整个期间内，必须要有足够的保险储备来供给检查期间的需要和保证从发出订货到收到物料这段提前期内的需用量。

固定订货周期模型中订货批量的公式为

订货数量＝保护间隔期内的预期需求量＋安全库存－订货时手头现有库存量

$$= \bar{S}(\mathrm{OI}+\bar{R})+z\sigma_s\mathrm{SQRT}(\mathrm{OI}+\bar{R})-A$$

式中：$\bar{S}$——平均每天的销售量；

$\bar{R}$——平均补货周期；

z——标准偏差数；

OI——订货间隔期(前后两份订单之间的时间长度)；

A——订货时，手头现有的库存量。

7.1.4 实验步骤

“风险分担”为单人独立进行操作的软件，每个学生独立操作，操作过程中的主要任务是在系统模拟的每一周里，根据前几周的销售需求和现有库存状况设定本周分别在集中化模式和非集中化模式中向上游供应商的订购数量(也可以接受系统动态计算的默认订购量)，而其核心目的是在避免缺货发生的情况下尽量减少自己的成本(订购成本和库存持有成本)。

(1) 供应链环境参数(需求变动参数、初始库存和库存策略参数、收入成本参数等)的调整和设定，也可以使用系统动态计算的默认值。图 7.1 为供应链环境参数。

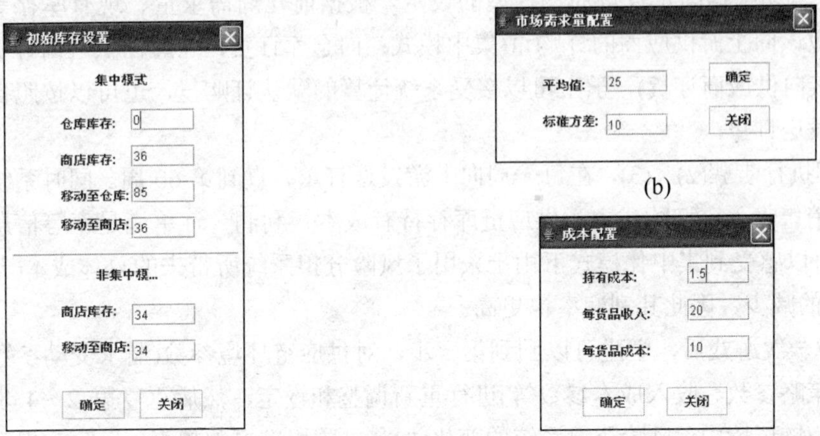

(a)　(b)　(c)

图 7.1　供应链环境参数

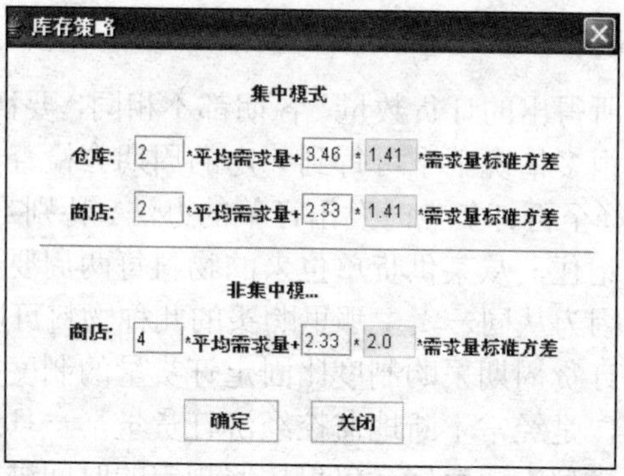

(d)

图 7.1　供应链环境参数(续)

(2) 开始游戏，系统生成 60 周的最下游消费者的随机需求量。图 7.2 为随机需求量。

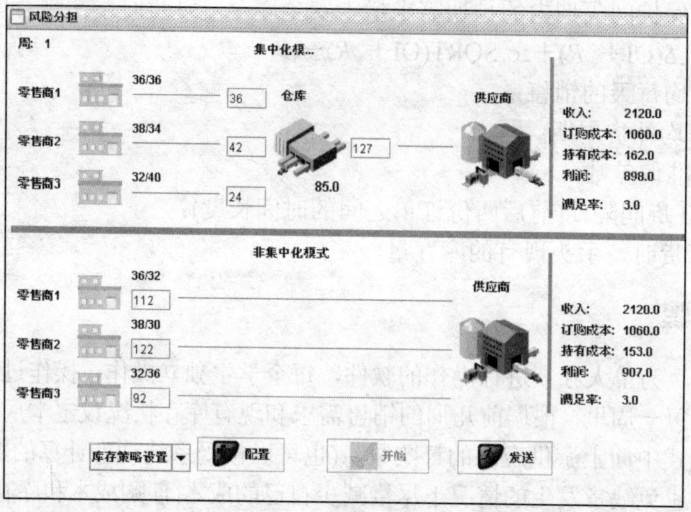

图 7.2　随机需求量

(3) 系统自动根据固定订货周期模型的设定，根据前几周需求量、现有库存等参数动态计算本周应该向上游供应商的订购量(集中模式：向仓库订货，仓库向供应商订货；非集中模式：直接向供应商订货)，学生可以接受系统计算的默认订购量，也可以按照自己的意愿修改，并发送订单。

(4) 循环执行步骤(2)、(3)，在每一周向上游发送订单，直到第 60 周。同时系统自动计算过程中的销售收入、订购成本、供应链库存持有成本、利润、订单满足率等信息，在过程中，学生可以感受到集中化模式下由于采用了风险分担系统所带来的总体成本(尤其是库存持有成本)的减少，因此其利润率也更高。

(5) 完成一次游戏后，学生可以回到第一步，对供应链环境参数(需求变动参数、初始库存和库存策略参数、收入成本参数等)进行重新调整和设定，然后重复第 2～4 步，了解在不同的供应链环境中，风险分担系统的变化(如需求的标准方差越大，风险分担系统的优势越明显等)所带来的结果变化。

本章小结

本章讲解了“风险分担”相关的概念和原理，着重探讨了风险分担、联合库存、需求变动平均值和标准方差、固定订货周期模型等实验涉及的关键词及其原理。

通过操作“风险分担游戏软件”，学生进一步认知供应链的有关概念和原理，同时通过软件的实际操作，增强了学生的实际操作能力，使学生理解在风险分担系统下，需求变动参数、库存策略参数、收入成本参数的调整给供应链所带来的优势。

关键术语

供应商管理库存	vendor managed inventory
联合库存管理	joint managed inventory
安全库存	safety stock
标准偏差	standard deviation

实际操作训练

实验报告

通过设定供应链环境参数(需求变动参数、初始库存和库存策略参数、收入成本参数等)，输出集中化模式和非集中化模式下的销售收入、订购成本、供应链库存持有成本、利润、订单满足率等信息。

进一步分析在不同的供应链环境中，风险分担系统的变化(如需求的标准方差越大，风险分担系统的优势越明显等)所带来的结果变化。

参考文献

[1] Rushton Alan,Croucher Phil,Baker Peter. *The handbook of logistics & distribution management* (4th edition) [M]. Kogan Page Publishers, 2010.

[2] Ailawadi C Satish ,Singh Rakesh. *Logistics Management* [M]. PHI Learning Pvt. Ltd, 2005.

[3] Langford W John . *Logistics: principles and applications* [M]. McGraw-Hill Professional, 2006.

[4] Long C Douglas . *International logistics: global supply chain management* [M]. Kluwer Academic Publishers, 2003.

[5] Ballou H Ronald. *Business Logistics/Supply Chain Management* [M]. Oversea Publishing House, 2003.

[6] 荆浩．物流实验教程[M]．北京：清华大学出版社，2011.

[7] 陈久梅，等．物流业务流程实验教程[M]．成都：西南财经大学出版社，2012.

[8] 郑平，等．基于 SCM 的物流综合实验[M]．北京：人民出版社，2011.

[9] 李向文．第三方物流及信息化管理模拟实验教程[M]．北京：中国人民大学出版社，2010.

[10] 杨浩雄，等．物流管理实验教程[M]．北京：科学出版社，2010.

[11] 吴灼亮．物流管理实验教程[M]．天津：天津大学出版社，2009.

[12] 乜堪雄．物流管理实验实训教程[M]．南京：东南大学出版社，2007.

[13] 马士华，林勇．供应链管理[M]．北京：机械工业出版社，2010.

[14] 刘伟．物流与供应链管理案例[M]．成都：四川人民出版社，2009.

[15] 蒋长兵，吴承健．现代物流理论与供应链管理实践[M]．杭州：浙江大学出版社，2006.

[16] 崔介何．物流学概论[M]．4 版．北京：北京大学出版社，2010.

[17] 周启蕾．物流学概论[M]．2 版．北京：清华大学出版社，2009.

[18] 唐玉兰，苏胜强．物流学概论[M]．北京：中国人民大学出版社，2011.

[19] 魏葵．物流管理学概论[M]．北京：清华大学出版社，2010.

[20] 谢雪梅．物流仓储与配送[M]．北京：北京理工大学出版社，2010.

[21] 赵家俊，于宝琴．现代物流配送管理[M]．北京：北京大学出版社，2004.

[22] 徐丽群．运输物流管理[M]．北京：机械工业出版社，2007.

[23] 宋丽娟，马俊．仓储管理与库存控制[M]．北京：对外经济贸易大学出版社，2009.

[24] 蒋长兵，白丽君，吴承健．仓储管理战略规划与运营[M]．北京：中国物资出版社，2010.

[25] 田源．仓储管理[M]． 北京：机械工业出版社，2009.

21 世纪全国高等院校物流专业创新型应用人才培养规划教材

序 号	书 名	书 号	编著者	定 价	出版日期
1	物流工程	7-301-15045-0	林丽华　刘占峰	30.00	2012.5
2	现代物流决策技术	7-301-15868-5	王道平　王　煦	30.00	2009.10
3	物流管理信息系统	7-301-16564-5	杜彦华　吴秀丽	33.00	2010.1
4	物流信息管理	7-301-16699-4	王汉新	38.00	2010.1
5	现代物流学	7-301-16662-8	吴　健	42.00	2010.2
6	物流英语	7-301-16807-3	阚功俭	28.00	2010.2
7	第三方物流	7-301-16663-5	张旭辉　杨勇攀	35.00	2010.2
8	物流运作管理	7-301-16913-1	董千里	28.00	2010.2
9	采购管理与库存控制	7-301-16921-6	张　浩	30.00	2010.2
10	物流管理基础	7-301-16906-3	李蔚田	36.00	2010.2
11	供应链管理	7-301-16714-4	曹翠珍	40.00	2010.3
12	物流技术装备	7-301-16808-0	于　英	38.00	2010.4
13	现代物流信息技术	7-301-16049-7	王道平　周　叶	30.00	2010.4
14	现代物流仿真技术	7-301-17571-2	王道平　张学龙	34.00	2010.8
15	物流信息系统应用实例教程	7-301-17581-1	徐　琪	32.00	2010.8
16	物流项目招投标管理	7-301-17615-3	孟祥茹	30.00	2010.8
17	物流运筹学实用教程	7-301-17610-8	赵丽君　马建华	33.00	2010.8
18	现代物流基础	7-301-17611-5	王　侃	37.00	2010.8
19	现代企业物流管理实用教程	7-301-17612-2	乔志强　程宪春	40.00	2010.8
20	现代物流管理学	7-301-17672-6	丁小龙	42.00	2010.8
21	物流运筹学	7-301-17674-0	郝　海　熊德国	36.00	2010.8
22	供应链库存管理与控制	7-301-17929-1	王道平　侯美玲	28.00	2010.11
23	物流信息系统	7-301-18500-1	修桂华　姜　颖	32.00	2011.1
24	城市物流	7-301-18523-0	张　潜　吴汉波	24.00	2011.1
25	营销物流管理	7-301-18658-9	李学工　王学军	45.00	2011.4
26	物流信息技术概论	7-301-18670-1	张　磊　吴　忠	28.00	2011.4
27	物流配送中心运作管理	7-301-18671-8	陈　虎	40.00	2011.4
28	物流项目管理	7-301-18801-9	周晓晔	35.00	2011.5
29	物流工程与管理	7-301-18960-3	高举红	39.00	2011.6
30	交通运输工程学	7-301-19405-8	于　英	43.00	2011.8
31	国际物流管理	7-301-19431-7	柴庆春	40.00	2011.8
32	商品检验与质量认证	7-301-10563-4	陈红丽　缪　瑞	32.00	2011.12
33	供应链管理	7-301-19734-9	刘永胜　杜志平	49.00	2012.1
34	逆向物流	7-301-19809-4	甘卫华	33.00	2012.1
35	供应链设计理论与方法	7-301-20018-6	王道平　李　淼	32.00	2012.1
36	物流管理概论	7-301-20095-7	李传荣	44.00	2012.3
37	供应链管理	7-301-20094-0	高举红	38.00	2012.3
38	企业物流管理	7-301-20818-2	孔继利	45.00	2012.7
39	物流项目管理	7-301-20851-9	王道平　李建立	30.00	2012.7
40	供应链管理	7-301-20901-1	王道平　杨　岑	35.00	2012.7
41	现代仓储管理与实务	7-301-21043-7	周兴建　张北平	45.00	2012.8
42	物流学概论	7-301-21098-7	李　创　王丽萍	44.00	2012.8
43	航空物流管理	7-301-21118-2	刘元洪	32.00	2012.8
44	物流管理实验教程	7-301-21094-9	李晓龙	25.00	2012.8
45	物流系统仿真案例	7-301-21072-7	赵　宁	25.00	2012.9
46	物流与供应链金融	7-301-21135-9	李向文　冯茹梅	30.00	2012.9
47	物流信息系统	7-301-20989-9	王道平　关忠兴	28.00	2012.9
48	物料学	7-301-17476-0	肖生苓　孙术发	44.00	2012.9